Report on the administrative enforcement and judi
of Anti-monopoly Law in C
(2016)

中国反垄断
行政执法和司法报告
(2016)

林文 甘蜜 著

知识产权出版社
全国百佳图书出版单位

图书在版编目（CIP）数据

中国反垄断行政执法和司法报告. 2016/林文，甘蜜著. —北京：知识产权出版社，2017. 10

ISBN 978-7-5130-5249-8

Ⅰ. ①中… Ⅱ. ①林… ②甘… Ⅲ. ①反垄断法—行政执法—研究报告—中国—2016 Ⅳ. ①D922. 294. 4

中国版本图书馆 CIP 数据核字（2017）第 262786 号

内容提要

本书分为两部分：一部分整理分析了 2016 年度工商行政管理机关，国家发展和改革委员会、商务部三大反垄断执法机构的执法案例，总结出 2016 年度反垄断执法机构重点查处的行业、地域、处罚标准等信息；另一部分整理分析了从 2008 年《反垄断法》实施至 2016 年年底已公开的反垄断民事诉讼案件和行政诉讼案件，总结出目前《反垄断法》司法适用过程中人民法院对垄断行为的认定情况。全书以可视化图表展示分析结果，为读者提供中国反垄断行政执法及司法适用情况的第一手信息。

责任编辑：崔　玲　　　　　　　　　责任校对：谷　洋

装帧设计：**sun**工作室　韩建文　　　　责任出版：刘译文

中国反垄断行政执法和司法报告（2016）

林文　甘蜜　著

出版发行：知识产权出版社有限责任公司	网　　址：http://www.ipph.cn
社　　址：北京市海淀区气象路 50 号院	邮　　编：100081
责编电话：010-82000860 转 8121	责编邮箱：cuiling@cnipr.com
发行电话：010-82000860 转 8101/8102	发行传真：010-82000893/82005070/82000270
印　　刷：北京科信印刷有限公司	经　　销：各大网上书店、新华书店及相关专业书店
开　　本：787mm×1092mm　1/16	印　　张：18
版　　次：2017 年 10 月第 1 版	印　　次：2017 年 10 月第 1 次印刷
字　　数：336 千字	定　　价：48.00 元
ISBN 978-7-5130-5249-8	

序　言

　　去年应林文律师之邀为其《中国反垄断执法报告（2008～2015）》一书作序，今年看到该书系列的第二本出版，对中国反垄断执法情况的分析总结得以延续，为读者感到十分高兴，同时也为林文律师团队能在繁忙的律师工作之余保持一年出版一本著作的高效率和所付出的辛劳所感动，这确实非常不容易。

　　与去年第一本报告相比，今年此书除整理分析2016年度中国反垄断执法情况以外，还增加了对2008年《反垄断法》实施以来至2016年年底《反垄断法》司法适用情况的整理分析，使读者对中国反垄断司法情况有了一个初步了解。

　　2016年中国反垄断大事件中最具里程碑意义的便是公平竞争审查制度的建立。国务院发布《关于在市场体系建设中建立公平竞争审查制度的意见》明确提出，政策制定机关在政策制定过程中，都要进行公平竞争审查。市场准入、产业发展、招商引资、招标投标、政府采购、经营行为规范、资质标准等涉及市场主体经济活动的规章、规范性文件和其他政策措施都要纳入审查范围。公平竞争审查制度的建立，是全面构建国家竞争政策体系的关键之举，也是规制行政性垄断的破冰之举。此外，中国反垄断行政执法也在诸多行业实现零突破，其中对供水、供电、供气、电信等公用企业垄断行为的大力查处更体现了反垄断执法机构维护公平竞争市场秩序的决心。具体内容均在本书前三章得以体现，且延续去年风格，林文律师团队通过反垄断行政执法案例相关要素的提炼整理，进行了统计分析，并通过图表展示，一目了然。

　　本书第四章、第五章对中国《反垄断法》司法适用情况进行了分析总结，林文律师团队整理了2008年《反垄断法》实施以来至2016年年底发生的反垄断民事诉讼案例及行政诉讼案例，针对反垄断民事诉讼案例，分析了案例中当事人类型、地域分布、行业分布、诉讼代理人类型、涉案垄断行为类型、一审法院认定情况、判赔情况等因素；针对反垄断行政诉讼案例，分析了案例中当事人类型、诉讼代理人类型、被告行政机关负责人出庭应诉情况、原告申请行政复议情况、一审法院认定情况、一审审理期限等因素。根据民事诉讼与行政诉讼两类诉讼的不同特点分别分析，尽管目前涉及垄断纠纷的案例数量相较其他类型的案件数量较少，但林文律师团队的分析还是相当细致与全面的。

对案例原始信息的处理分析需要投入大量精力，我作为读者也希望林律师团队可将此项工作坚持下去，此系列著作也是对我国《反垄断法》发展历程的一种记录。

在此仍寄望通过竞争法研究者、执法机构和律师等法律从业者的共同努力，不断促进我国反垄断法的完善和进步，为营造一个自由公平的市场竞争环境尽最大的努力。

王先林

上海交通大学特聘教授、竞争法律与政策研究中心主任

国务院反垄断委员会专家咨询组成员、中国经济法学研究会副会长

2017 年 10 月 17 日

目 录

第1章 背景概述

1.1 项目概述

1.1.1 项目背景和意义

2016 年是《反垄断法》实施的第八年,中国反垄断执法机构在积累了一定的执法经验的基础上,执法风格也逐渐兼具稳健和突进。2016 年反垄断行政执法在多个领域有所突破,如 2016 年 12 月 8 日国家发展与改革委员会(下称"国家发改委")查处了医疗器械领域第一件垄断案件,即美敦力(上海)管理有限公司与其交易相对人达成并实施心脏血管、恢复性疗法和糖尿病业务领域医疗器械产品价格垄断协议案,美敦力(上海)管理有限公司被处罚款 1.185 亿元;又如内蒙古工商行政管理局查处的盐业领域第一件垄断案件,对赤峰市盐业公司滥用市场支配地位行为处以没收违法所得及罚款共计近 300 万元;江苏省工商行政管理局则查处了供电行业第一件垄断案件,即江苏省电力公司海安县供电公司涉嫌垄断行为案,该案因当事人及时整改最终中止调查。

此外,2016 年国家发改委查出的第一件协同行为垄断案,同样值得关注。1 月 28 日,国家发改委对重庆青阳、重庆大同、江苏世贸天阶、上海信谊联合、商丘华杰等五家公司操纵价格、达成并实施别嘌醇片垄断协议案,依法作出合计罚款 399.54 万元的处罚决定。别嘌醇片是治疗因尿酸过高引起的高尿酸血症、痛风的常用药物,属于国家基本医疗保险药品目录中的甲类药品,被列入国家基本药物目录和国家低价药目录,价格低廉,在临床上广泛使用,是老百姓常用的"救命药"。

2016 年年底,国家工商行政管理总局(下称"工商总局")在长达 4 年多的调查之后,对液体食品纸基无菌包装拥有绝对市场支配地位的利乐案件也有了结果,决定对利乐集团有关企业滥用市场支配地位行为依法作出行政处罚,处罚款近 6.7 亿元。

2016 年受资本市场投资并购业务快速增长的影响,商务部反垄断审查的经营者集中案件数量显著增加,共收到经营者集中申报 378 件,立案 360 件,审结 395 件，同比分别增长 7.4%、6.5% 和 19%，均创《反垄断法》实施以来新高。

2016 年 6 月，国务院发布《关于在市场体系建设中建立公平竞争审查制度的意见》（下称《意见》），要求建立公平竞争审查制度，以规范政府有关行为，防止出台排除、限制竞争的政策措施，逐步清理废除妨碍全国统一市场和公平竞争的规定和做法。随后各地政府出台并实施有关公平竞争审查制度，我国竞争文化和竞争政策有了明显提升和加速。随着公平竞争审查制度的建立，反垄断执法机构也加大了对滥用行政权力排除、限制竞争行为的查处力度，不少省份对行政垄断案件的查处实现了"零突破"，继河北、山东、云南、安徽、四川、浙江之后，陕西、湖北等 4 个省也公布了本省内首个行政垄断执法案例。

笔者团队在从事反垄断法律服务过程中，于 2016 年出版了《中国反垄断行政执法报告（2008~2015）》一书，该书的出版受到业界极大的关注，得到众多反垄断知名学者和执法者的好评。今年我们在总结 2016 年度行政执法情况的基础上，增加了对《反垄断法》实施以来中国反垄断司法审判案件（包括反垄断民事诉讼和反垄断行政诉讼）的统计和分析❶，并通过可视化分析，来观察中国反垄断行政执法和司法审判的发展历程，以及执法实践与法律规定之间的差异，同时总结出反垄断执法机构、司法审判各自的执法、司法特点及潜在困境，以便国内外同行、相关机构、学者在研究我国反垄断问题时能更具针对性，进而推动中国反垄断相关立法、行政执法和司法审判的进步。同时，本书亦可为非专业人士、读者全面了解和理解中国反垄断法提供帮助，给有关经营者在反垄断法律风险防范方面提供合规指引。

1.1.2 项目目标

本书搜集了自 2016 年 1 月 1 日起至 2016 年 12 月 31 日三大反垄断行政执法机构公布的全部行政处罚决定书、公告、案件新闻，部分省级执法机关官网公布的反垄断行政执法信息，以及其他媒体报道的较为详细的反垄断行政执法信息，截至 2016 年 12 月 31 日人民法院公开的涉及垄断纠纷的民事判决书和行政判决书（均未包括裁定书）。

---

❶ 2008 年至 2015 年期间我国反垄断行政执法情况分析见：林文．中国反垄断行政执法报告（2008~2015）［M］．北京：知识产权出版社，2016.

1.2 数据资源

1.2.1 检索资源

工商部门的反垄断执法信息来源于工商总局官网"竞争执法公告"栏目（http：//www.saic.gov.cn/zwgk/gggs/jzzf/）公布的行政处罚决定书。

国家发改委反垄断执法信息来源于国家发改委价格监督检查与反垄断局官网、部分省级价格主管部门官网公布的反垄断行政处罚决定书、反垄断行政执法案件新闻，以及通过百度检索到的反垄断行政执法信息。

商务部反垄断执法信息来源于商务部反垄断局官网公布的无条件批准经营者集中案件、附条件批准经营者集中案件、禁止经营者集中案件、未经申报受到反垄断行政处罚的经营者集中案件。

法院反垄断诉讼案件是以"反垄断法"为关键词在中国裁判文书网检索民事诉讼判决和行政诉讼判决书，经数据清洗（删除了数据平台统计中认为为"反垄断"案由，而实际上为反不正当竞争案由，以及撤诉裁定书）后统计得出的。

1.2.2 项目数据及说明

1.2.2.1 反垄断行政执法部分

本书共统计了 2016 年度工商行政管理机关反垄断行政执法案件 51 件；国家发改委反垄断行政执法案件 16 件；商务部经营者集中反垄断申报案件 378 件，立案 360 件，审结 395 件（包括部分 2015 年度申报的案件），未依法申报经营者集中案件 6 件。本书在统计工商局、发改委两机构的反垄断行政执法案件数量时，并不以行政处罚决定书的数量为准，而是以受罚经营者数量计数（行政执法机关以执法案件号为统计口径，即一般同行业、同地区，因同一违法行为的经营者全部作为一件案件统计，而不论被处罚的经营者人数），1 位经营者计 1 件。

数据统计时间：2016 年 1 月 1 日起至 2016 年 12 月 31 日止。

1.2.2.2 反垄断诉讼部分

本书共统计反垄断民事诉讼案件 117 件、反垄断行政诉讼案件 45 件。需要说明的是，同一案件如果发生二审、再审的均是计为 1 件案件。同时由于我们对垄断纠纷诉讼案件的分析，重在分析人民法院对反垄断纠纷的实体审理，故未统计法院基于程序审理作出的裁定书以及准许原告撤诉的裁定书。

1.3 中国竞争政策及立法

1.3.1 公平竞争审查制度

1.3.1.1 国务院确立公平竞争审查制度

2016 年 6 月 1 日，《国务院关于在市场体系建设中建立公平竞争审查制度的意见》（国发〔2016〕34 号）出台，标志着中国正式确立了公平竞争审查制度（具体内容如表 1-1 所示）。公平竞争审查制度的确立是中国对维护市场公平竞争作出的重大制度性安排，是推进社会主义市场经济发展过程中具有里程碑意义的事件。《国务院关于在市场体系建设中建立公平竞争审查制度的意见》对建立公平竞争审查制度作出了顶层设计，明确了审查对象、审查方式、审查标准、实施步骤、保障措施等内容，可以将其概括为"三个结合、四类标准、五项措施"。

（1）三个结合。一是自我审查与外部监督相结合，政策制定机关在制定涉及市场主体经济活动的政策措施时要严格按照标准进行自我审查，没有进行公平竞争审查的，不得出台。同时，强化外部监督，保障公平竞争审查的效果。二是原则禁止与例外规定相结合，既明确了原则禁止的标准和内容，又明确了例外规定，增强了可操作性。三是规范增量与清理存量相结合。在着力规范新出台政策措施的同时，对逐步清理现有政策提出了要求。

（2）四类标准。《国务院关于在市场体系建设中建立公平竞争审查制度的意见》主要从 4 个方面提出 18 条标准，为行政权力划定 18 个"不得"，包括市场准入和退出标准 5 项，商品和要素自由流动标准 5 项，影响经营生产成本标准 4 项，影响生产经营行为标准 4 项。同时，《国务院关于在市场体系建设中建立公平竞争审查制度的意见》还提出了两条兜底性条款：一是没有法律法规依据，不得制定减损市场主体合法权益或增加其义务的政策措施；二是不得违反《反垄断法》制定含有排除限制竞争的政策措施。这些标准全面系统地为公平审查提供了遵循，为政府行为列出了负面清单。

（3）五项措施。从 5 个方面采取有效措施，保障制度有效落实：一是分步实施，自 2016 年 7 月 1 日起，国务院各部门省级政府及所属部门先行实施，2017 年起县市政府及各个部门在省级政府指导下全面推开。二是加强指导，国家发改委、国务院法制办、商务部、工商总局要会同有关部门建立工作机制，加强对制度实施的协调和指导。三是定级评估实施效果对市场竞争的影响。条件成熟时要组织开展第三方评估。四是抓紧研究制定实施细则，进一步明确审查程序和机制，确保公平竞争审查制度有序实施。五是强化执法，要根据《反垄断法》大力查处滥用行政权力排除限制竞争行为，及时公布案件情况，督促政府制定机关规范开展公平竞争审查。

表 1-1 公平竞争审查制度中的审查对象、方式及标准

审查对象	行政机关和法律、法规授权的具有管理公共事务职能的组织（以下统称"政策制定机关"）制定市场准入、产业发展、招商引资、招标投标、政府采购、经营行为规范、资质标准等涉及市场主体经济活动的规章、规范性文件及其他政策措施
审查方式	政策制定机关在政策制定过程中，要严格对照审查标准进行自我审查。经审查认为不具有排除、限制竞争效果的，可以实施；具有排除、限制竞争效果的，应当不予出台，或调整至符合相关要求后出台。没有进行公平竞争审查的，不得出台。制定政策措施及开展公平竞争审查应当听取利害关系人的意见，或者向社会公开征求意见。有关政策措施出台后，要按照《政府信息公开条例》要求向社会公开
审查标准	
市场准入和退出标准	（1）不得设置不合理和歧视性的准入和退出条件； （2）公布特许经营权目录清单，且未经公平竞争，不得授予经营者特许经营权； （3）不得限定经营、购买、使用特定经营者提供的商品和服务； （4）不得设置没有法律法规依据的审批或者事前备案程序； （5）不得对市场准入负面清单以外的行业、领域、业务等设置审批程序
商品和要素自由流动标准	（1）不得对外地和进口商品、服务实行歧视性价格和歧视性补贴政策； （2）不得限制外地和进口商品、服务进入本地市场或者阻碍本地商品运出、服务输出； （3）不得排斥或者限制外地经营者参加本地招标投标活动； （4）不得排斥、限制或者强制外地经营者在本地投资或者设立分支机构； （5）不得对外地经营者在本地的投资或者设立的分支机构实行歧视性待遇，侵害其合法权益
影响生产经营成本标准	（1）不得违法给予特定经营者优惠政策； （2）安排财政支出一般不得与企业缴纳的税收或非税收入挂钩； （3）不得违法免除特定经营者需要缴纳的社会保险费用； （4）不得在法律规定之外要求经营者提供或者扣留经营者各类保证金

续表

影响生产经营行为标准	（1）不得强制经营者从事《反垄断法》规定的垄断行为； （2）不得违法披露或者要求经营者披露生产经营敏感信息，为经营者从事垄断行为提供便利条件； （3）不得超越定价权限进行政府定价； （4）不得违法干预实行市场调节价的商品和服务的价格水平。 没有法律、法规依据，各地区、各部门不得制定减损市场主体合法权益或者增加其义务的政策措施；不得违反《反垄断法》，制定含有排除、限制竞争内容的政策措施
例外规定	（1）维护国家经济安全、文化安全或者涉及国防建设的； （2）为实现扶贫开发、救灾救助等社会保障目的的； （3）为实现节约能源资源、保护生态环境等社会公共利益的； （4）法律、行政法规规定的其他情形。 政策制定机关应当说明相关政策措施对实现政策目的不可或缺，且不会严重排除和限制市场竞争，并明确实施期限。 政策制定机关要逐年评估相关政策措施的实施效果。实施期限到期或未达到预期效果的政策措施，应当及时停止执行或者进行调整

为贯彻落实《国务院关于在市场体系建设中建立公平竞争审查制度的意见》，切实加强对公平竞争审查工作的协调指导，推进公平竞争审查制度有效落实，经国务院同意，建立公平竞争审查工作部际联席会议（下称"联席会议"）制度。2016年12月22日，国务院办公厅下发《关于同意建立公平竞争审查工作部际联席会议制度的函》（国办函〔2016〕109号），该函明确，国务院同意建立由国家发改委牵头的公平竞争审查工作部际联席会议制度。联席会议由国家发改委、教育部、科技部、工业和信息化部、民政部、财政部、国土资源部、环境保护部、住房城乡建设部、交通运输部、水利部、农业部、商务部、文化部、卫生计生委、人民银行、国资委、税务总局、工商总局、质检总局、新闻出版广电总局、食品药品监管总局、国家知识产权局、法制办、银监会、证监会、保监会、能源局等28个部门和单位组成。联席会议由国家发改委主要负责同志担任召集人，国家发改委、财政部、商务部、工商总局分管负责同志担任副召集人，其他成员单位分管负责同志为联席会议成员。联席会议办公室设在国家发改委，承担联席会议日常工作，完成召集人、副召集人交办的其他工作。联席会议设联络员，由各成员单位有关司局负责同志担任。

1.3.1.2 省级政府确立公平竞争审查制度

表1-2 各省级人民政府发布的关于实施公平竞争审查制度的文件

序号	区域	名称	发布时间	性质
1	广东	广东省人民政府转发《国务院关于在市场体系建设中建立公平竞争审查制度意见》的通知	2016.7.25	转发
2	江苏	江苏省人民政府关于在市场体系建设中建立公平竞争审查制度的实施意见	2016.8.22	/
3	湖南	湖南省人民政府办公厅关于在市场体系建设中建立公平竞争审查制度的实施意见	2016.8.26	/
4	河北	河北省人民政府关于在市场体系建设中建立公平竞争审查制度的实施意见	2016.9.21	/
5	福建	福建省人民政府转发《国务院关于在市场体系建设中建立公平竞争审查制度意见》的通知	2016.9.25	转发
6	四川	四川省人民政府转发《国务院关于在市场体系建设中建立公平竞争审查制度的意见》的通知	2016.9.29	转发
7	辽宁	辽宁省人民政府关于在市场体系建设中建立公平竞争审查制度的实施意见	2016.10.9	/
8	宁夏	宁夏回族自治区人民政府关于在市场体系建设中建立公平竞争审查制度的实施意见	2016.10.10	/
9	贵州	贵州省人民政府办公厅关于在市场体系建设中建立公平竞争审查制度的实施意见	2016.10.19	/
10	广西	广西壮族自治区人民政府关于在市场体系建设中建立公平竞争审查制度的实施意见	2016.11.14	/
11	北京	北京市人民政府关于在市场体系建设中建立公平竞争审查制度的实施意见	2016.11.21	/
12	陕西	陕西省人民政府关于在市场体系建设中建立公平竞争审查制度的实施意见	2016.11.25	/
13	湖北	湖北省人民政府关于在市场体系建设中建立公平竞争审查制度的通知	2016.12.1	/
14	浙江	浙江省人民政府关于在市场体系建设中建立公平竞争审查制度的实施意见	2016.12.12	/
15	黑龙江	黑龙江省人民政府关于在市场体系建设中建立公平竞争审查制度的通知	2016.12.23	/

续表

序号	区域	名称	发布时间	性质
16	甘肃	甘肃省人民政府关于在市场体系建设中建立公平竞争审查制度的实施意见	2017.1.10	／
17	内蒙古	内蒙古自治区人民政府关于在市场体系中建立公平竞争审查制度的实施意见	2017.1.10	／
18	山西	山西省人民政府关于在市场体系建设中建立公平竞争审查制度的实施意见	2017.1.19	／
19	吉林	吉林省人民政府关于在市场体系建设中建立公平竞争审查制度的实施意见	2017.1.26	／
20	天津	天津市人民政府关于在市场体系建设中建立公平竞争审查制度的实施意见	2017.2.18	／
21	上海	上海市人民政府关于贯彻《国务院关于在市场体系建设中建立公平竞争审查制度的意见》的实施意见	2017.2.18	／
22	山东	山东省人民政府关于贯彻国发〔2016〕34号文件在市场体系建设中建立公平竞争审查制度的实施意见	2017.2.27	／
23	安徽	安徽省人民政府关于在市场体系建设中建立公平竞争审查制度的实施意见	2017.3.17	／
24	海南	海南省人民政府关于在市场体系建设中建立公平竞争审查制度的工作方案	2017.3.28	未公开
25	云南	云南省人民政府办公厅关于在市场体系建设中建立公平竞争审查制度的通知	2017.3.30	／
26	河南	河南省关于在市场体系建设中建立公平竞争审查制度的实施意见	2017.4.3	／
27	重庆	重庆市人民政府办公厅关于在市场体系建设中建立公平竞争审查制度的通知	／	未公开
28	青海	青海省人民政府关于在市场体系建设中建立公平竞争审查制度的实施意见	2017.5.4	／
29	新疆	新疆维吾尔自治区人民政府办公厅关于贯彻落实国务院关于在市场体系建设中建立公平竞争审查制度的意见的通知	／	未公开

　　如表 1-2 所示，截至 2017 年 6 月底，有 30 个省级人民政府发布了关于在市场体系建设中建立公平竞争审查制度的实施意见，其中广东、福建、四川三个省级人民政府是直接向下级转发《关于在市场体系建设中建立公平竞争审查制度意见》，海南省、重庆市、新疆维吾尔自治区三个省级人民政府关于在市场体系建设中建立公平竞争审查制度的文件并未公开，笔者是从其下辖的区、市所发布的关于建立公平竞争审查制度的相关文件中发现。需要说明的是，各省级政府自行研究制定的关于在市场体系中建立公平竞争审查制度的文件内容大多大同小异，基本照搬国务院文件内容，没有针对实际情况，采取实质性的落地措施和保障办法。

1.3.2　国务院竞争政策文件

表 1-3　2016 年度国务院发布的涉及竞争政策的文件

序号	名称	相关内容	发布时间
1	中华人民共和国国民经济和社会发展第十三个五年规划纲要	第八章　第三节　营造激励创新的市场竞争环境，清理妨碍创新的制度规定和行业标准，加快创新薄弱环节和领域立法，强化产业技术政策和标准的执行监管。 第十一章　第四节　废除对非公有制经济各种形式的不合理规定，消除各种隐性壁垒，保证依法平等使用生产要素、公平参与市场竞争、同等受到法律保护、共同履行社会责任。鼓励民营企业依法进入更多领域。 第十三章　健全现代市场体系 加快形成统一开放、竞争有序的市场体系，建立公平竞争保障机制，打破地域分割和行业垄断，着力清除市场壁垒，促进商品和要素自由有序流动、平等交换。	2016.3.16

续表

序号	名称	相关内容	发布时间
1	中华人民共和国国民经济和社会发展第十三个五年规划纲要	第十三章　第二节　推进价格形成机制改革 减少政府对价格形成的干预，全面放开竞争性领域商品和服务价格，放开电力、石油、天然气、交通运输、电信等领域竞争性环节价格。理顺医疗服务价格。完善水价形成机制。完善居民阶梯电价，全面推行居民阶梯水价、气价。健全物价补贴联动机制。建立健全公用事业和公益性服务政府投入与价格调整相协调机制。规范定价程序，加强成本监审，推进成本公开。 第十三章　第三节　维护公平竞争 清理废除妨碍统一市场和公平竞争的各种规定和做法。健全竞争政策，完善市场竞争规则，实施公平竞争审查制度。放宽市场准入，健全市场退出机制。健全统一规范、权责明确、公正高效、法治保障的市场监管和反垄断执法体系。严格产品质量、安全生产、能源消耗、环境损害的强制性标准，建立健全市场主体行为规则和监管办法。健全社会化监管机制，畅通投诉举报渠道。强化互联网交易监管。严厉打击制假售假行为。 第十五章　第一节　加强知识产权保护和反垄断执法，深化执法国际合作。 第六十三章　第三节　保护合法收入，规范隐性收入，遏制以权力、行政垄断等非市场因素获取收入，取缔非法收入	2016.3.16
2	国务院关于印发"十三五"深化医药卫生体制改革规划的通知	（五）加强对市场竞争不充分的药品和高值医用耗材的价格监管。对价格变动频繁、变动幅度较大的，适时开展专项调查，对价格垄断、欺诈、串通等违法行为依法予以查处	2016.12.27

序号	名称	相关内容	发布时间
3	国家发改委、民政部、中央组织部、中央直属机关工委、中央国家机关工委、外交部、财政部、人力资源社会保障部、国务院国资委、国家机关事务管理局关于印发《行业协会商会综合监管办法》的通知	18. 协会商会之间应公平竞争，不得恶意诋毁、虚假宣传，或以代行政府职能等名义排挤竞争者。协会商会不得组织本行业内经营者达成垄断协议。 34. 对协会商会组织本行业经营者达成垄断协议的，按照《中华人民共和国反垄断法》《反价格垄断规定》等相关法律法规及规章处理	2016.12.19
4	国务院办公厅关于推动实体零售创新转型的意见	（十四）依法禁止以排挤竞争对手为目的的低于成本价销售行为，依法打击垄断协议、滥用市场支配地位等排除、限制竞争行为	2016.11.2
5	国务院关于加快发展康复辅助器具产业的若干意见	（七）严格执行反不正当竞争法、反垄断法，严肃查处违法违规行为，打击侵犯知识产权和制售假冒伪劣商品行为，维护公平竞争市场秩序	2016.10.23
6	国务院关于印发降低实体经济企业成本工作方案的通知	四、着力降低制度性交易成本 （十四）打破地域分割和行业垄断，加强公平竞争市场环境建设。清理废除地方自行制定的影响统一市场形成的限制性规定，加快放开垄断行业竞争性环节。开展市场准入负面清单制度试点，从2018年起正式实行全国统一的市场准入负面清单制度。对连锁企业要求设立非企业法人门店和配送中心的，所在地政府及有关部门不得以任何形式设置障碍。组织实施公平竞争审查制度，从源头上防止排除和限制市场竞争的行为。健全竞争政策，完善市场竞争规则，加强反垄断和反不正当竞	2016.8.8

续表

序号	名称	相关内容	发布时间
6	国务院关于印发降低实体经济企业成本工作方案的通知	争执法。强化价格检查，优化市场环境，健全经营者自主定价领域的市场规则。（牵头单位：国家发改委、商务部、工商总局，参加单位：工业和信息化部、国务院国资委、国家能源局） （三十九）降低监管成本。加强反垄断、反不正当竞争、知识产权保护、质量安全监督等市场监管；充分运用大数据手段，加强对市场主体的监管，提高监管效率。整合优化执法资源，有效避免多层多头重复执法	2016.8.8
7	国务院办公厅印发《国务院关于新形势下加快知识产权强国建设的若干意见》重点任务分工方案的通知	（五）规制知识产权滥用行为。 36.完善规制知识产权滥用行为的法律制度，制定相关反垄断执法指南。（发展改革委、商务部、工商总局、知识产权局、法制办按职责分别负责） 37.完善知识产权反垄断监管机制，依法查处滥用知识产权排除和限制竞争等垄断行为。（发展改革委、商务部、工商总局按职责分别负责） 38.完善标准必要专利的公平、合理、无歧视许可政策和停止侵权适用规则。（质检总局、国家知识产权局、工业和信息化部、最高人民法院负责）	2016.7.8
8	中共中央、国务院关于深化投融资体制改革的意见	（三）加快推进中介服务市场化进程，打破行业、地区壁垒和部门垄断，切断中介服务机构与政府部门间的利益关联，建立公开透明的中介服务市场	2016.7.5
9	国务院办公厅关于发挥品牌引领作用推动供需结构升级的意见	四、打破部门垄断和行业壁垒，营造检验检测机构平等参与竞争的良好环境，尽快形成具有权威性和公信力的第三方检验检测机构。 （五）严厉打击侵犯知识产权和制售假冒伪劣商品行为，依法惩治违法犯罪分子。破除地方保护和行业壁垒，有效预防和制止各类垄断行为和不正当竞争行为，维护公平竞争市场秩序	2016.6.10
10	国务院关于在市场体系建设中建立公平竞争审查制度的意见	全文（省略）	2016.6.1

续表

序号	名称	相关内容	发布时间
11	国家创新驱动发展战略纲要	（六）培育创新友好的社会环境 健全保护创新的法治环境。加快创新薄弱环节和领域的立法进程，修改不符合创新导向的法规文件，废除制约创新的制度规定，构建综合配套精细化的法治保障体系。 培育开放公平的市场环境。加快突破行业垄断和市场分割	2016.5.19
12	关于做好2016年减轻企业负担工作的通知	（二）以整治"红顶中介"为重点，进一步清理取消与行政职权和垄断挂钩的不合理中介服务项目 4. 全面落实"红顶中介"收费监管有关要求。按照《国务院办公厅关于清理规范国务院部门行政审批中介服务的通知》（国办发〔2015〕31号）和《国家发改委、财政部、国务院审改办关于加强行政审批中介服务收费监管的通知》（发改价格〔2015〕2404号）要求，加强行政审批中介服务收费监管，结合审改部门开展的行政审批中介服务事项清理工作，规范与行政职权挂钩的中介服务，破除各种指定实施机构的垄断行为，严禁借监督检查名义设立中介服务收费项目，切开中介服务收费与行政职权的联系。按照《行业协会商会与行政机关脱钩总体方案》，稳妥推进脱钩试点工作，推动行业协会商会在机构、职能、资产财务、人员管理、党建、外事等事项与行政机关分离，从源头规范行业协会商会涉企收费行为。（国家发改委、财政部、工业和信息化部、民政部牵头，各成员单位按职责分别负责） 6. 继续规范进出口、金融、建设等重点领域收费。巩固进出口环节收费清理成果，查处国际班轮运价备案违规行为，加大市场监管和反垄断执法力度，维护公平公正的进出口竞争环境。继续促进金融机构规范经营，整顿各种以贷转存、存贷挂钩等的不规范经营行为，降低企业融资成本。继续清理投资建设领域的中介服务，压减各种前置评估和中介服务项目，制止与行政职权挂钩的垄断收费。（国家发改委、交通运输部、银监会、住房城乡建设部分别牵头）	2016.4.14

续表

序号	名称	相关内容	发布时间
13	国务院批转国家发改委关于2016年深化经济体制改革重点工作意见的通知	（十七）健全市场公平竞争保障机制。在上海、广东、天津、福建开展市场准入负面清单制度试点。研究制定公平竞争审查制度，完善产业政策与竞争政策的协调机制，打破地域分割和行业垄断。建立健全中央储备与地方储备、政府储备与商业储备互为补充的储备制度	2016.3.25
14	国务院办公厅关于加强旅游市场综合监管的通知	工商部门：依法查处旅游市场中的虚假广告、虚假或者引人误解的宣传、销售假冒伪劣商品、利用合同格式条款侵害消费者合法权益、垄断行为（价格垄断行为除外）、商业贿赂等不正当竞争行为及其他违法违规行为等。 价格主管部门：负责旅游市场价格行为监管，严肃查处旅游行业经营者不执行政府定价和政府指导价、不按规定明码标价、欺诈宰客、低价倾销，以及达成垄断协议、滥用市场支配地位等问题	2016.2.4
15	国务院关于煤炭行业化解过剩产能实现脱困发展的意见	（十八）严格执行反不正当竞争法、反垄断法，严肃查处违法违规竞争行为，维护公平竞争市场秩序	2016.2.1

如表1-3所示，在2016年度国务院发布的规范性文件中，涉及竞争政策的共计15份。而在《中华人民共和国国民经济和社会发展第十三个五年规划纲要》中，"竞争"二字出现共计42次，"垄断"出现4次，说明国务院对打破市场垄断、促进市场经济自由公平竞争的决心。

1.3.3 反垄断法律法规

表1-4　2016年度法律法规修订中的反垄断条款

序号	名称	相关
1	中华人民共和国旅游法（2016年修订）	第6条　国家建立健全旅游服务标准和市场规则，禁止行业垄断和地区垄断。旅游经营者应当诚信经营，公平竞争，承担社会责任，为旅游者提供安全、健康、卫生、方便的旅游服务

续表

序号	名　　称	相　　关
2	中华人民共和国体育法（2016年修订）	第34条　体育竞赛实行公平竞争的原则
3	中华人民共和国对外贸易法（2016年修订）	第30条　知识产权权利人有阻止被许可人对许可合同中的知识产权的有效性提出质疑、进行强制性一揽子许可、在许可合同中规定排他性返授条件等行为之一，并危害对外贸易公平竞争秩序的，国务院对外贸易主管部门可以采取必要的措施消除危害。 第32条　在对外贸易经营活动中，不得违反有关反垄断的法律、行政法规的规定实施垄断行为。 在对外贸易经营活动中实施垄断行为，危害市场公平竞争的，依照有关反垄断的法律、行政法规的规定处理。有前款违法行为，并危害对外贸易秩序的，国务院对外贸易主管部门可以采取必要的措施消除危害。 第33条　在对外贸易经营活动中，不得实施以不正当的低价销售商品、串通投标、发布虚假广告、进行商业贿赂等不正当竞争行为。 在对外贸易经营活动中实施不正当竞争行为的，依照有关反不正当竞争的法律、行政法规的规定处理。 有前款违法行为，并危害对外贸易秩序的，国务院对外贸易主管部门可以采取禁止该经营者有关货物、技术进出口等措施消除危害。 第37条　为了维护对外贸易秩序，国务院对外贸易主管部门可以自行或者会同国务院其他有关部门，依照法律、行政法规的规定对下列事项进行调查： （一）货物进出口、技术进出口、国际服务贸易对国内产业及其竞争力的影响
4	中华人民共和国电影产业促进法（2016年修订）	第5条　国家制定电影及其相关产业政策，引导形成统一开放、公平竞争的电影市场，促进电影市场繁荣发展
5	中华人民共和国电信条例（2016年修订）	第4条　电信监督管理遵循政企分开、破除垄断、鼓励竞争、促进发展和公开、公平、公正的原则
6	中华人民共和国烟草专卖法实施条例（2016年修订）	第2条　烟草专卖是指国家对烟草专卖品的生产、销售和进出口业务实行垄断经营、统一管理的制度

如表 1-4 所示，在 2016 年度修订的法律法规中，有 6 部法律法规修订涉及反垄断条款。2016 年 3 月 17 日，国务院办公厅《关于印发国务院 2016 年立法工作计划的通知》（国办发〔2016〕16 号）指出，有关适应经济发展新常态要求，促进经济持续健康发展和对外开放的立法项目 26 件，其中包括《价格法（修订）》（国家发改委起草），《反垄断法（修订）》（商务部、国家发改委、工商总局起草）。

此外，2016 年《反不正当竞争法》迎来时隔 24 年的首次修订，已发布的《反不正当竞争法（修订草案）》中删除了与《反垄断法》重合的条款，但也保留了部分规制排除、限制竞争行为的条款。有学者认为，《反不正当竞争法》本次修订的重要任务就是要把《反垄断法》已经规定的不合理的地方在《反不正当竞争法》中进行规范。与现行《反不正当竞争法》相比较，《反不正当竞争法（修订草案）》删除了 5 种排除、限制竞争行为中的 4 种，保留串通招投标的问题，这是完全不应该的，也应该删掉这种行为，原因有二：第一，《招投标法》规定得更加全面，没有必要再作规定；第二，串通招投标的行为可以依照《反垄断法》界定，在反法中保留这个规定可能存在交叉隐患。因此，从协调角度来讲，删除 4 种还不够彻底。关于《反不正当竞争法》与《反垄断法》两者之间的衔接问题，市场交易双方间的关系有三个层次：一是按照《合同法》适用；二是具有支配地位的按照《反垄断法》执行；三是两者之间没有明显的支配地位，但是又有明确的相对优势地位，且在双方存在明显依赖关系的这种情况下通过反法从维护公平竞争出发进行适当的规制是非常有必要的。❶

表 1-5　《反不正当竞争法（修订草案）》中涉及反垄断条款修订前后对比

《反不正当竞争法（1993 年）》	《反不正当竞争法（修订草案）》
第 6 条　公用企业或者其他依法具有独占地位的经营者，不得限定他人购买其指定的经营者的商品，以排挤其他经营者的公平竞争	删除

---

❶　参见：专家解读《反不正当竞争法》（修订草案）中的热点条款［EB/OL］．［2017-7-1］. http://www.senior-rm.com/detail.aspx?nid=16&pid=36&tid=0&id=30246.

续表

《反不正当竞争法（1993 年）》	《反不正当竞争法（修订草案）》
第 7 条 政府及其所属部门不得滥用行政权力，限定他人购买其指定的经营者的商品，限制其他经营者正当的经营活动。 政府及其所属部门不得滥用行政权力，限制外地商品进入本地市场，或者本地商品流向外地市场	删除
第 11 条 经营者不得以排挤竞争对手为目的，以低于成本的价格销售商品。 有下列情形之一的，不属于不正当竞争行为： （一）销售鲜活商品； （二）处理有效期限即将到期的商品或者其他积压的商品； （三）季节性降价； （四）因清偿债务、转产、歇业降价销售商品	删除
第 12 条 经营者销售商品，不得违背消费者意愿搭售商品或者附加其他不合理的条件	第 11 条 经营者销售商品，不得违背消费者意愿搭售商品，不得附加其他不合理的条件
第 15 条 投标者不得串通投标，抬高标价或者压低标价。 投标者和招标者不得相互勾结，以排挤竞争对手的公平竞争	删除
第 23 条 公用企业或者其他依法具有独占地位的经营者，限定他人购买其指定的经营者的商品，以排挤其他经营者的公平竞争的，省级或者设区的市的监督检查部门应当责令停止违法行为，可以根据情节处以五万元以上二十万元以下的罚款。被指定的经营者借此销售质次价高商品或者滥收费用的，监督检查部门应当没收违法所得，可以根据情节处以违法所得一倍以上三倍以下的罚款	删除
第 27 条 投标者串通投标，抬高标价或者压低标价；投标者和招标者相互勾结，以排挤竞争对手的公平竞争的，其中标无效。监督检查部门可以根据情节处以一万元以上二十万元以下的罚款	删除

1.3.4 国务院反垄断委员会颁布的文件

《反垄断法》❶规定国务院反垄断委员会负责制定反垄断指南。2017年3月23日，根据国务院反垄断委员会工作部署，为对滥用知识产权行为适用《反垄断法》提供指引，提高反垄断执法工作透明度，国家发改委、商务部、工商总局、国家知识产权局结合各自职能和实践经验，各自起草《关于滥用知识产权的反垄断指南（草案建议稿）》，委员会办公室在四家单位草案建议稿的基础上会同委员会专家咨询组研究提出了新的《关于滥用知识产权的反垄断指南（征求意见稿）》。

《关于滥用知识产权反垄断指南》已经提交反垄断委员会办公室进行统稿。《反垄断案件经营者承诺指南》《横向垄断协议案件宽大制度适用指南》《汽车业反垄断指南》《垄断协议豁免的一般性条件和程序的指南》已经进入会签程序，正在与有关部门作进一步沟通；《认定违法所得和明确罚款的指南》即将会签各成员单位。这些指南不管由哪个单位起草，但最终均由国务院反垄断委员会发布。

在本书即将出版之际，一则新闻报道引人注意："为配合国家和广东省医药改革各项政策措施的贯彻落实，对广东省不断出现的药房托管现象作出执法指引，维护好医药行业公平竞争秩序，广东省发改委价监局起草了《药房托管行为反垄断执法指南》。7月21日，价监局第一次组织高校学者、公立医疗机构和医药企业进行公开征求意见和研讨。会议由价监局陈波局长主持，反垄断调查组有关人员和部分地市价监机构负责人参加了研讨。"❷ 从《反垄断法》的规定分析，广东省发改委价监局没有权限制定《药房托管行为反垄断执法指南》，截至目前，没有见到国家发改委或国务院反垄断委员会就《药房托管行为反垄断执法指南》发表意见。

---

❶ 《反垄断法》第9条规定："国务院设立反垄断委员会，负责组织、协调、指导反垄断工作，履行下列职责：（一）研究拟订有关竞争政策；（二）组织调查、评估市场总体竞争状况，发布评估报告；（三）制定、发布反垄断指南；（四）协调反垄断行政执法工作；（五）国务院规定的其他职责。国务院反垄断委员会的组成和工作规则由国务院规定。"

❷ 冯能文，李少辉，罗勉. 广东省发改委价监局召开《药房托管行为反垄断执法指南》专题研讨会［EB/OL］.［2017-07-10］. http://www.ceh.com.cn/fgwxx/2017/07/1038936.shtml.

表 1-6　截至 2016 年年底国务院反垄断委员会发布的反垄断指南（征求意见稿）

序号	指南名称	发布时间	起草单位	说明
1	关于滥用知识产权的反垄断指南	2015.12.31	国家发改委价监局、工商总局、商务部、国家知识产权局	四部门各自起草，反垄断委员会统稿
2	反垄断案件经营者承诺指南	2016.2.3	国家发改委价监局	
3	关于横向垄断协议案件宽大制度适用指南	2016.2.3	国家发改委价监局	
4	关于滥用知识产权的反垄断执法指南	2016.2.4	工商总局	
5	关于汽车业反垄断指南	2016.3.23	国家发改委价监局	
6	关于垄断协议豁免的一般性条件和程序的指南	2016.5.12	国家发改委价监局	
7	关于认定经营者违法所得和明确罚款的指南	2016.6.17	国家发改委价监局	

1.3.5　工商总局反垄断文件

2016 年 2 月 4 日，工商总局发布《关于滥用知识产权的反垄断执法指南（国家工商总局第七稿）》征求意见，共七章 32 条。早在 2009 年，工商总局就已率先启动了《关于滥用知识产权的反垄断执法指南》的制定工作。通过多年来的系统研究、实地调研、走访等工作，工商总局系统了解和掌握了我国现阶段滥用知识产权排除、限制竞争行为的总体状况及表现形式，几经征求意见和修订，在 2012 年形成了《关于滥用知识产权的反垄断执法指南（第五稿）》，并于 2015 年 4 月立足执法需要，先行出台了《关于禁止滥用知识产权排除、限制竞争行为的规定》。在《关于滥用知识产权的反垄断执法指南》起草过程中，工商总局以前期起草的《关于滥用知识产权的反垄断执法指南（第五稿）》的总体框架为基础，并结合国内外知识产权领域的最新发展，起草了《关于滥用知识产权的反垄断执法指南（第六稿）》。随后，通过书面征求意见、召开座谈会、组织专题研讨等方式征求了各方对《关于滥用知识产权的反垄断执法指南（第六稿）》的意见和建议，在充分研究和吸收各方对《关于滥用知识产权的反垄断执法指南（第六稿）》的意见和建议的基础上，制定了《关于滥用知识产权的反垄断执法指南（第七稿）》。

2016 年 4 月 7 日，工商总局发布《关于公用企业限制竞争和垄断行为突出问题的公告》，工商总局决定自 2016 年 4 月至 10 月在全国范围内开展集中整治公用企业限制竞争和垄断行为专项执法行动。

1.3.6　国家发改委反垄断文件

2016 年 1 月 1 日至 2016 年 1 月 20 日，国家发改委价监局公布《关于滥用知识产权的反垄断指南》（征求意见稿）。

2016 年 2 月 3 日至 2016 年 2 月 22 日，根据国务院反垄断委员会的工作计划，国家发改委价监局起草的《反垄断案件经营者承诺指南》（征求意见稿）开始征求意见。

2016 年 2 月 3 日至 2016 年 2 月 22 日，根据国务院反垄断委员会的工作计划，国家发改委价监局起草的《横向垄断协议案件宽大制度适用指南》（征求意见稿）公开征求意见

2016 年 3 月 23 日，国家发改委官网发布了《关于汽车业的反垄断指南》（征求意见稿），并面向社会公开征求意见。

2016 年 5 月 12 日至 2016 年 6 月 1 日，根据国务院反垄断委员会的工作计划，国家发改委价监局起草的《关于垄断协议豁免一般性条件和程序的指南》（征求意见稿）公开征求意见。

2016 年 6 月 17 日至 2016 年 7 月 6 日，根据国务院反垄断委员会的工作计划，国家发改委价监局起草的《关于认定经营者垄断行为违法所得和确定罚款的指南》（征求意见稿）公开征求意见。

为了不断提高网络交易价格举报办理质量和效率，切实维护消费者和经营者的合法权益，根据《价格行政处罚程序规定》《价格违法行为举报处理规定》，国家发改委制定了《网络交易价格举报管辖规定（试行）》。2016 年 10 月 25 日国家发改委印发的《网络交易价格举报管辖规定（试行）的通知》（发改价监规〔2016〕2245 号）共计 12 条。

2016 年 10 月 15 日，国家发改委发布《关于明确储气设施相关价格政策的通知》（发改价格规〔2016〕2176 号），该文件要求，各级价格主管部门要加强市场价格监测，依法查处通过改变计价方式、增设环节、强制服务等方式提高或变相提高价格，以及达成并实施垄断协议、滥用市场支配地位等违法违规行为，切实维护市场秩序。消费者可通过 12358 价格监管平台举报价格违法行为。

2016 年 10 月 9 日，为贯彻落实《中共中央国务院关于推进价格机制改革的若干意见》（中发〔2015〕28 号）精神，加强和完善天然气管道运输价格管

理，规范定价成本监审行为，发改委制定了《天然气管道运输价格管理办法（试行）》和《天然气管道运输定价成本监审办法（试行）》。

2016 年 6 月 5 日，为落实《中共中央国务院关于推进价格机制改革的若干意见》（中发〔2015〕28 号）关于"对存在市场竞争不充分、交易双方地位不对等、市场信息不对称等问题的领域，要研究制定相应价格行为规范和指南，合理引导经营者价格行为"的要求，发改委总结价格主管部门多年执法实践，研究制定了《商业银行收费行为执法指南》。

1.3.7 商务部反垄断文件

商务部起草的《关于滥用知识产权的反垄断指南》中的经营者集中部分，未见公开征求意见和公布。

2016 年 10 月 10 日，商务部启用《经营者集中反垄断审查申报表》软件客户端的通知。

1.3.8 国家知识产权局反垄断文件

国家知识产权局起草的《关于滥用知识产权的反垄断指南》，未见公开征求意见和公布。

1.4 反垄断执法机构

1.4.1 国务院反垄断委员会

依据《国务院办公厅关于国务院反垄断委员会主要职责和组成人员的通知》（国办发〔2008〕104 号），国务院反垄断委员会的主要职责有：研究拟订有关竞争政策；组织调查、评估市场总体竞争状况，发布评估报告；制定、发布反垄断指南；协调反垄断行政执法工作；国务院规定的其他职责。

由中国行政体制改革研究会及社会科学文献出版社共同举办的《行政改革蓝皮书：中国行政体制改革报告 No. 5（2016）》发布会在京举行，蓝皮书指出，简政放权改革进入"深水区"，触及监管转型滞后的深层次矛盾。以建立国家反垄断局为例，应该统一反垄断职能、建立统一的国家反垄断局、实行统一的反垄断体制。中国（海南）改革发展研究院院长迟福林表示，自 2007 年我国《反垄断法》出台以来，反垄断执法工作在国务院反垄断委员会领导下由商务部反垄断局、国家发改委价格监督检查和反垄断局、国家工商行政管理总局反垄断与反不正当竞争执法局三个机构行使反垄断职能，存在多头执法和执

法标准不统一的问题。❶

1.4.2　国家工商总局

依据《国务院办公厅关于印发国家工商行政管理总局主要职责内设机构和人员编制规定的通知》（国办发〔2008〕88号），工商总局负责垄断协议、滥用市场支配地位、滥用行政权力排除限制竞争方面的反垄断执法工作（价格垄断行为除外）。依法查处不正当竞争、商业贿赂、走私贩私等经济违法行为。《工商行政管理机关查处垄断协议、滥用市场支配地位案件程序规定》和《工商行政管理机关制止滥用行政权力排除、限制竞争行为程序规定》规定，由工商总局统一负责反垄断执法，非重大影响的垄断行为案可根据需要采取"个案授权"的方式，授权省级工商局查处。在反垄断查处过程中，省级工商行政管理局发挥了重要的实际作用。

1.4.3　国家发改委

依据《国务院办公厅关于印发国家发展和改革委员会主要职责内设机构和人员编制规定的通知》（国办发〔2008〕102号），发改委在反垄断方面的主要职责为：拟订并组织实施价格政策。监督检查价格政策的执行。负责组织制定和调整少数由国家管理的重要商品价格和重要收费标准，依法查处价格违法行为和价格垄断行为等。价格监督检查与反垄断局下设三个负责反价格垄断工作的处室，包括反价格垄断调查一处、反价格垄断调查二处、竞争政策与国际合作处。反价格垄断调查一处负责服务领域价格垄断案件的查处工作；反价格垄断调查二处负责商品领域价格垄断案件的查处工作；竞争政策与国际合作处负责有关竞争政策研究、起草反价格垄断指南、国际交流合作和滥用行政权力案件的查处工作。

1.4.4　商务部

依据《国务院办公厅关于印发商务部主要职责内设机构和人员编制规定的通知》（国办发〔2008〕77号），商务部在反垄断方面的主要职责包括：依法对经营者集中行为进行反垄断审查，指导企业在国外的反垄断应诉工作，开展多双边竞争政策交流与合作。

---

❶　反垄断多头执法致其效果大打折扣　专家呼吁建立国家反垄断局统一反垄断体制［EB/OL］.［2017-07-01］. http：//www. legaldaily. com. cn/Finance_ and_ Economics/content/2016-05/23/content_6641020. htm？node=75684。

第2章 2016年工商及发改委反垄断执法分析

2.1 执法概况

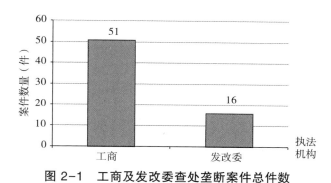

图 2-1 工商及发改委查处垄断案件总件数

如图 2-1 所示，根据国家工商总局官网、国家发改委价格监督检查与反垄断局官网以及各省级工商局官网、省级价格主管部门官网公开的反垄断行政执法信息，截至 2017 年 4 月 30 日，经统计得出，2016 年度工商部门共查处反垄断行政案件 51 件，发改委共查处反垄断行政案件 16 件，工商及发改委合计查处反垄断行政案件 67 件。❶

而依据反垄断执法机构人员在中国竞争政策与法律年会（2016/2017）上披露的信息显示，2016 年发改委共完成对 17 起行政垄断案件的调查，其中对新建居民小区供配电设施建设管理中存在的统一建设、统一收费问题进行调查，督促 12 个省级政府部门对照《反垄断法》和公平竞争审查制度调整相关政策，目前 12 起案件已经完成整改。根据不完全统计，地方政府依据法律的授权查处了 21 起行政垄断案件，并已经审结。2016 年工商机关共立案调查涉嫌垄断案件 14 件，结案 12 件。其中，针对利乐滥用市场支配地位案件的查处，

---

❶ 在统计执法机构查处（已结案）的垄断案件数量时，与官方统计案件数量方式不同，笔者以受罚经营者数量为标准来统计，一位被处罚经营者计 1 件案件（便于后续分析执法机构在反垄断执法时适用没收违法所得、罚款等行政处罚的情况）。

罚款 6.68 亿元，受到社会广泛关注。❶

自 2008 年《反垄断法》实施以来，截至 2015 年 12 月 31 日，工商行政管理机关反垄断竞争执法公告 34 件，34 件执法公告中包含反垄断行政处罚案件 101 件。❷ 国家发改委共查处价格垄断案件 97 件。❸

2016 年工商及发改委查处的垄断案件中值得关注的新型垄断案件较多，如 2016 年 7 月 27 日，国家发改委发布了 3 份处罚决定书，对华中药业股份有限公司（"华中"）、山东信谊制药有限公司（"信谊"）及常州四药制药有限公司（"常四"）违反《反垄断法》达成并实施垄断协议的行为进行处罚，合计罚款人民币 260 余万元。该案是我国反垄断执法机构认定经营者达成并实施了"其他协同行为"并予以处罚的第一案。我国《反垄断法》第 13 条第 2 款明确规定，"本法所称垄断协议，是指排除、限制竞争的协议、决定或者其他协同行为"。国家发改委发布的《反价格垄断规定》和工商总局《工商行政管理机关禁止垄断协议行为的规定》都对于经营者的行为是否构成"其他协同行为"的判断因素予以了说明，具体包括相关市场行为是否具有一致性，是否进行过任何正式或非正式的意思联络或信息交流，相关市场结构及经营者能否对一致行为作出其他合理的解释等。在该案的认定中，发改委也综合考虑了上述因素和证据，进一步印证了协同行为的认定标准。

再如 2016 年 11 月 16 日，工商总局网站公布了对利乐有关企业滥用市场支配地位案件依法作出行政处罚的结果：经过 4 年多的深入调查，工商总局认定利乐违反了《反垄断法》的有关规定，工商总局责令利乐停止违法行为，不得制定和实施排除、限制包材市场竞争的忠诚折扣，处罚款人民币计 667 724 176.88 元。该案涉及忠诚折扣的排除、限制竞争影响被工商反垄断执法机构首次予以认定和处罚，堪称该案的一大亮点。同时，价格折扣作为市场竞争的重要手段，该案对忠诚折扣的查处可能对广大企业对合作方的折扣策略产生重要影响。

此外，2016 年反垄断行政执法成果中还有许多"零突破"，如国内医疗器械领域反垄断第一案在 12 月产生；盐业专营企业滥用市场支配地位反垄断处罚第一案在内蒙古产生；供电公用企业滥用市场支配地位反垄断调查第一案在江苏产生，以及 2016 年反垄断最具标杆意义的事件——"公平竞争审查意见"的出台。2016 年 6 月 14 日，国务院发布《关于在市场体系建设中建立公平竞

---

❶ 万静 . 2016 年反垄断案件显著增加　六部反垄断指南将出台［N］. 法制日报，2017-02-07.

❷ 林文 . 中国反垄断行政执法（2008～2015）［M］. 北京：知识产权出版社，2016：60.

❸ 林文 . 中国反垄断行政执法（2008～2015）［M］. 北京：知识产权出版社，2016：127.

争审查制度的意见》，要求建立公平竞争审查制度，以规范政府有关行为，防止出台排除、限制竞争的政策措施，逐步清理废除妨碍全国统一市场和公平竞争的规定和做法。而随着公平竞争审查制度的建立，地方政府的行政垄断案例"零"的突破数目在增加，继河北、山东、云南、安徽、四川、浙江之后，2016年年末，陕西、湖北、辽宁四个省，也公布了各自的首个行政垄断执法案例。❶

可以看到的是，2016年度中国反垄断执法机构的执法力度明显加强。这既是中国反垄断执法机构经验积累到一定程度的必然反映，也是对各方面要求和期待的回应，更表明目前中国市场上垄断行为的严重性和普遍性。❷

2.2　地域分布

2.2.1　反垄断行政处罚整体地域分布

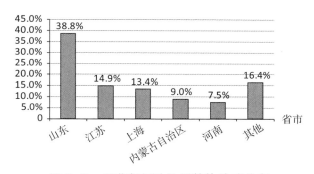

图 2-2　反垄断行政处罚整体地域分布

如图 2-2 所示，在 2016 年度工商及发改委查处的 67 件垄断案件中，按照被查处的经营者所在地进行区分，发生在山东省内的案件最多，共计 26 件，占 38.8%；案件数量排名第二的是江苏省 10 件，占 14.9%；排名第三的上海市共计查处垄断案件 9 件，占 13.4%；排名第四的内蒙古自治区查处垄断案件 6 件，占 9.0%；排名第五的河南省查处垄断案件 5 件，占 7.5%；余下其他省份查处的垄断案件共计 11 件，占 16.4%。

2016 年度山东省内查处的垄断案件数量最多，系因在"山东天元同泰会计师事务所有限公司临沂分所等涉嫌达成、实施划分销售市场的垄断协议案"一

---

❶ 万静.2016中国反垄断执法外冷内热［N］.法制日报，2016-12-28.
❷ 王先林.我国反垄断执法中的平等适用问题［N］.中国经济导报，2014-11-13.

案中一并有 23 家会计师事务所受到山东省工商局查处。2016 年度江苏省内和内蒙古自治区内查处的垄断案件多见于对省内公用企业垄断行为的查处，包括供水企业、供电企业及燃气供应企业等。上海市内查处的垄断案件垄断类型则以纵向垄断为主。

2.2.2 工商反垄断行政处罚地域分布

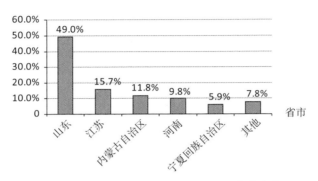

图 2-3 工商机关反垄断行政处罚地域分布

如图 2-3 所示，在 2016 年度工商查处的 51 件垄断案件中，按照被查处的经营者所在地进行区分，发生在山东省内的案件最多，共计 25 件，占 49.0%；其次被查处的经营者在江苏省内的案件共计 8 件，占 15.7%；被查处的经营者在内蒙古自治区内的案件 6 件，占 11.8%；被查处的经营者在河南省内案件共计 5 件，占 9.8%；被查处的经营者在宁夏回族自治区的案件 3 件，占 5.9%；被查处的经营者在其他省份案件 4 件，占 7.8%。

如前所述，被查处的经营者在山东省内案件数量最多系因"山东天元同泰会计师事务所有限公司临沂分所等涉嫌达成、实施划分销售市场的垄断协议案"一案中受罚当事人数量较多。被查处的经营者在河南省 5 件垄断案件则源于"固始县烟花爆竹厂等烟花爆竹企业垄断协议案"中有 5 个当事人受罚。被查处的经营者在宁夏回族自治区的 3 件垄断案件则分别是中国铁通集团有限公司宁夏分公司滥用市场支配地位案、中国联合网络通信有限公司宁夏回族自治区分公司滥用市场支配地位案、中国电信股份有限公司宁夏分公司滥用市场支配地位案，3 件案件均终止调查。

被查处的经营者为其他省份的 4 件案件分别为"重庆西南制药二厂有限责任公司滥用市场支配地位案""湖北省保险行业协会组织经营者达成垄断协议案""湖南盐业股份有限公司永州市分公司滥用市场支配地位案"及"利乐滥用市场支配地位案"。

2.2.3　发改委反垄断行政处罚地域分布

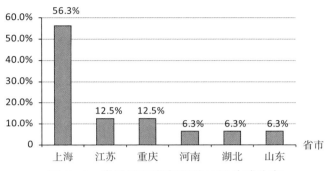

图 2-4　发改委反垄断行政处罚地域分布

如图 2-4 所示，在 2016 年度国家发改委及各省级价格主管部门查处的 16 件垄断案件中，按照被查处的经营者所在地进行区分，上海市共计查处 9 件（见表 2-1），占 56.3%；江苏省和重庆市各查处垄断案件 2 件，分别占 12.5%；河南省、湖北省、山东省各查处垄断案件 1 件，分别占 6.3%。

当事人所在地在上海的 9 件案件均为纵向价格垄断案件，笔者认为上海市成为纵向垄断案件的爆发地，一方面由于类似于美敦力、上汽、施乐辉这些大型企业一般都出于贸易便利的原因将其总部设在上海；另一方面上海市经济市场化程度高、竞争激烈，生产型企业为谋求更高的利润会加强对下游经销商的价格控制，故容易触发纵向垄断风险。上海工商行政管理机关本年度未查处反垄断行政案件，截至本书付梓前，上海工商行政管理机关未公布其查处反垄断案件信息。

美敦力（上海）管理有限公司与交易相对人达成并实施垄断协议案为中国医疗器械领域反垄断第一案。

表 2-1　2016 年度发改委查处上海地区反垄断行政处罚案件

序号	案件名称	行业
1	美敦力（上海）管理有限公司纵向垄断案	医药及医疗器材批发
2	上海信谊联合医药药材有限公司横向垄断案	医药制造业
3	重庆新日日顺家电销售有限公司上海分公司纵向垄断案	纺织、服装及家庭用品批发

续表

序号	案件名称	行业
4	重庆海尔家电销售有限公司上海分公司纵向垄断案	纺织、服装及家庭用品批发
5	重庆海尔电器销售有限公司上海分公司纵向垄断案	纺织、服装及家庭用品批发
6	上海韩泰轮胎销售有限公司纵向垄断案	机械设备、五金产品及电子产品批发
7	上海领鲜物流有限公司纵向垄断案	食品、饮料及烟草制品批发
8	上汽通用汽车销售有限公司纵向垄断案	机械设备、五金产品及电子产品批发
9	施乐辉医用产品国际贸易（上海）有限公司纵向垄断案	医药及医疗器材批发

2.3 行业分布

2.3.1 工商及发改委反垄断查处垄断案件行业分布

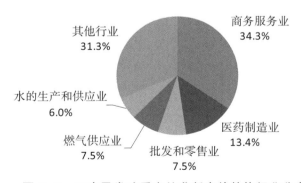

图 2-5 工商及发改委查处垄断案件整体行业分布情况

如图 2-5 所示，在 2016 年度工商及发改委查处的 67 件垄断案件中，商务服务业的垄断案件数量最多，共计 23 件，占 34.3%（即"山东省临沂市会计师事务所达成实施垄断协议案"一案所涉的会计行业）；其次是医药制造业共查处垄断案件 9 件，占 13.4%；批发和零售业、燃气供应业各查处垄断案件 5件，分别占 7.5%；水的生产和供应业共查处垄断案件 4 件，占 6.0%；其他行业共查处垄断案件 21 件，占 31.3%。这说明商贸服务业、医药制造行业、批发和零售业、燃气供应业和水的生产和供应业行业仍然是反垄断高发领域，医药因其关系民生在一定时期反垄断风险仍然不会降低，燃气供应业和水的生产和供应业，本身就属于公用领域，具有自然垄断性质，属于工商部门重点关注执法对象，前述行业应当特别重视反垄断带来的风险。

2.3.2 工商查处垄断案件行业分布

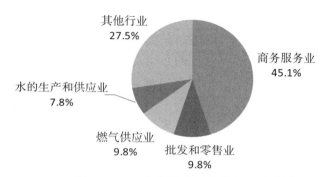

图 2-6 工商查处垄断案件行业分布情况

如图 2-6 所示，在 2016 年度工商查处的 51 件垄断案件中，商务服务业的案件共计 23 件，占 45.1%❶（即"山东省临沂市会计师事务所达成实施垄断协议案"一案所涉的会计行业）；批发和零售业案件共计 5 件，占 10.6%；水的生产和供应业案件共计 4 件，占 8.5%；软件和信息技术服务业案件、电信传输、软件和信息技术服务业案件均为 3 件，各占 6.4%；其他行业查处的垄断案件共计 9 件，占 19.1%。

综合来看，工商机关 2016 年度反垄断执法重点主要放在了对公用企业垄断行为的查处上。2016 年 4 月 7 日，国家工商总局发布通知，决定于 2016 年4~10月在全国范围内开展集中整治公用企业限制竞争和垄断行为专项执法行动。通知指出，目前供水、供电、供气、公共交通、殡葬等行业的强制交易、滥收费用、搭售商品、附加不合理交易条件等限制竞争和垄断行为十分突出，社会反映强烈。2016 年将以上述行业为重点，开展整治公用企业限制竞争和垄断行为专项执法行动，查处一批扰乱市场竞争秩序、损害经营者和消费者权益的案件，实现查处一批案件、规范一个行业的目标。❷

---

❶ 此处的 23 件商务服务反垄断案指向的是山东省临沂市 23 家会计师事务所横向垄断协议案。
❷ 工商总局集中整治公用企业限制竞争和垄断行为 ［EB/OL］. ［2017-05-01］. http://news.xin-huanet.com/politics/2016-04/12/c_ 128886602.htm.

2017 年 1 月 11 日国家工商总局公布了利用、攀附公权力，强制或变相强制经营者消费者接受不必要服务或指定经营者服务的公用企业典型限制竞争行为类型，如表 2-2 所示。同时还披露，2016 年度国家工商总局组织全国工商和市场监管系统开展了集中整治公用企业限制竞争和垄断行为的专项执法行动，共立案 1 267 件，结案 585 件，罚没金额 1.67 亿元，退赔多收费用及减少消费者经营者损失 4.7 亿元。❶

表 2-2　公用企业典型限制竞争行为类型*

公用企业类型	典型限制竞争行为类型
水电气等拥有自有管网的公用企业	1. 限定用户购买指定的施工单位提供的产权分界处以内的设施安装服务；2. 强制用户购买公用企业提供的安装材料或计量器具；3. 限定施工单位只能向公用企业指定（备案）的设备供应企业购买供水材料、设备，否则对施工工程不予验收和供水；4. 强制用户接受不必要的计量设施、报警装置等；5. 强制收取用户缴纳本应由公用企业负担的主管道材料费、换表费、检定费、线损费、测试费及农村电网改造施工工程人工费及其他国家命令取消的用电保证金、接电费等涉农收费；6. 强制收取用户保证金、预付费、最低用水费、制定超高的违约金、滞纳金标准；7. 强制收取设备恢复拆装费、拆复费、培训费、IC 卡费等；8. 产权意识模糊，在提供公用产品时，要求用户将产权分界的以内自己出资建设，相关设施无偿转让
公共交通行业	1. 城市公共交通企业或公交 IC 卡发行企业未经审批，收取公交 IC 卡押金；2. 强制收取公交 IC 卡租金、工本费；3. 发放公交 IC 卡过程中强制搭售公交 IC 卡卡套；4. 公共客运企业违背乘客意愿强制或变相强制搭售人身意外伤害保险；5. 铁路公司以专用线委托管理费、货物装卸管理费等名义，强制收取费用
殡葬行业	1. 限定墓穴购买者必须购买其提供的墓碑；2. 公墓或殡仪馆强制购买者必须到其指定的经营单位购买丧葬产品，如骨灰盒、祭奠用品等；3. 殡仪馆违反相关规定，强制或变相强制逝者家属接受其提供的其他收费祭奠服务或商品，如休息室、卫生棺、保洁垫、耐火垫等；4. 殡仪馆超出核定的标准收取费用，如火化炉费、火化尸体加班费、遗容瞻仰费、遗物及丧葬用品焚烧费等

　*　依据 2016 年 4 月 7 日国家工商总局就发布开展集中整治公用企业限制竞争和垄断行为专项执法通知整理。

---

❶ 国家工商总局公布公用企业典型限制竞争行为类型［EB/OL］.［2017-05-01］. http://news.xinhuanet.com/2017-01/11/c_ 1120289213.htm.

2.3.3　发改委查处垄断案件行业分布

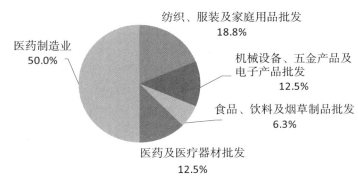

图 2-7　发改委查处垄断案件行业分布情况

如图 2-7 所示，在 2016 年度发改委查处的 16 件垄断案件中，医药制造业的案件共计 8 件，占 50%；其次为纺织、服装及家庭用品批发业，共计 3 件案件，占 18.8%；医药及医疗器材批发业，机械设备、五金产品及电子产品批发业，两者案件均为 2 件，各占 12.5%；另有食品、饮料及烟草制品批发业 1 件案件，占 6.3%。

由上述分析可知，发改委 2016 年度反垄断执法重点在医药行业。依据 2015 年 5 月 4 日国家发改委连同其他几家主管部门共同发布的《推进药品价格改革意见》，自 2015 年 6 月 1 日起除麻醉药品和第一类精神药品外，取消药品政府定价，由生产经营者根据生产经营成本和市场供求情况，自主制定价格，药品实际交易价格主要由市场竞争完成。《推进药品价格改进意见》的发布标志着中国药品定价自由化时代的到来，然而药品作为一种与国民身体健康息息相关的特殊商品，药品价格也一直是全民关注的重点事项，定价自由化并不意味着医药生产经营企业可以任意决定药品价格，反而意味着国家发改委对药品价格的监督会更加严格，医药生产经营企业在进行药品定价等其他经营活动时需要更加谨慎，否则极有可能面临反垄断调查风险。

在一定时期内，医药及医疗器材行业仍然是反垄断的重灾区，有关企业应当尽早做好反垄断风险预案。

2.4 行政处罚主体分类

2.4.1 工商及发改委反垄断案件主体分类

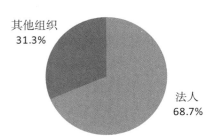

图 2-8 工商及发改委反垄断案件主体分类

如图 2-8 所示，在 2016 年度工商及发改委查处的 67 件垄断案件中，当事人为法人的案件共计 46 件，占 68.7%；当事人为其他组织❶的案件共计 21 件，占 31.3%。这说明法人经营者是反垄断中的主要违法者，其他组织当中的行业协会，也应当引起重视。

依据《反垄断法》第 12 条，经营者是指从事商品生产、经营或者提供服务的自然人、法人和其他组织。因为自然人和其他组织相对法人数量较少，故本书将自然人并入其他组织当中。

2.4.2 工商反垄断案件主体分类

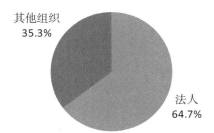

图 2-9 工商反垄断案件主体分类

---

❶ 根据有关规定，其他组织是指合法成立、有一定的组织机构和财产，但又不具备法人资格的组织。但是，这里的"其他组织"，不同于《反不正当竞争法》上所称的"其他经济组织"，实践中，其他经济组织往往以是否领取营业执照为必要条件，没有营业执照的就不属于"经济组织"。而《反垄断法》中所说的"其他组织"，则不必局限于是否有营业执照。同时，反垄断法上所说的经营者，并不要求其是否以营利为目的。

如图 2-9 所示，在 2016 年度工商查处的 51 件垄断案件中，当事人为法人的案件共计 33 件，占 64.7%；当事人为其他组织的案件共计 18 件，占 35.3%。具体到案件中，当事人为其他组织的案件主要系"山东省临沂市会计师事务所达成实施垄断协议案"一案中大部分会计师事务所为合伙制而不具备法人资格，同时受罚的会计师事务所中也包含部分公司制会计师事务所分所，因而也不具备法人资格。"湖北省保险行业协会组织经营者达成垄断协议案"一案中湖北省保险行业协会也是不具备法人资格的社会团体。

2008 年至 2015 年间，工商反垄断处罚主体中的法人经营者因占 48.5% 为第一；其次为其他组织，占 31.4%；受罚当事人为自然人的占 11.9%。从以上分析得出，近年工商反垄断处罚主体中的法人经营者呈现出上升趋势。

2.4.3　发改委反垄断案件主体分类

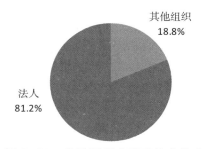

图 2-10　发改委反垄断案件主体分类

如图 2-10 所示，在 2016 年度发改委及省级价格主管部门查处的 16 件垄断案件中，当事人为法人❶的案件共计 13 件，占 81.2%；当事人为其他组织的案件共计 3 件，占 18.8%，分别为"重庆新日日顺家电销售有限公司上海分公司纵向垄断案""重庆海尔家电销售有限公司上海分公司纵向垄断案""重庆海尔电器销售有限公司上海分公司纵向垄断案"。这说明在发改委查处的垄断案件中，法人主体比例明显高于工商查处的案件。

---

❶ 《民法总则》（2017 年）第 57 条规定：法人是具有民事权利能力和民事行为能力，依法独立享有民事权利和承担民事义务的组织。

2.5　行政处罚主体性质

2.5.1　工商及发改委反垄断案件主体性质

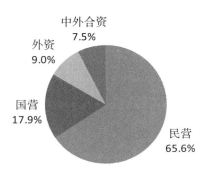

图 2-11　工商及发改委反垄断案件主体性质分类

如图 2-11 所示，在 2016 年度工商及发改委查处的 67 件垄断案件中，当事人为民营性质的共计 44 件，占 65.6%；当事人为国营性质的共计 12 件，占 17.9%；当事人为外资性质的共计 6 件，占 9.0%；当事人为中外合资性质的共计 5 件，占 7.5%。整体来看，反垄断行政处罚对象仍以民营性质为主，国营性质及外资性质较少，笔者认为尽管在我国市场经济大环境中民营性质本身所占比例就较多，但上述分析还是在一定程度上能够反映出相较于国营与外资来说，民营性质的经营者法律风险合规意识较差。同时，前述数据也说明我国反垄断执法机构在进行反垄断执法时并没有特别针对外资企业。

2.5.2　工商反垄断当事人主体性质

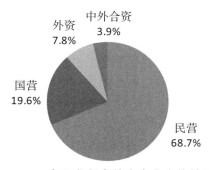

图 2-12　工商反垄断案件当事人主体性质分类

如图 2-12 所示，在 2016 年度工商查处的 51 件垄断案件中，当事人为民营性质的共计 35 件，占 68.7%；当事人为国营性质的共计 10 件，占 19.6%；当事人为外资性质的共计 4 件，占 7.8%；当事人为中外合资性质的共计 2 件，占 3.9%。而 2008 年至 2015 年年底，工商反垄断被处罚的民营性质经营者为 81 件，占 80.2%；其次社会团体或行业协会为 12 件，占 11.9%；国有性质为 8 件，占 7.9%。

由上述分析可知，工商机关反垄断执法查处的对象仍以民营性质为主，且在 2016 年度，民营性质经营者稍有下降。而 2016 年度国营性质受工商机关反垄断查处较多的原因主要是工商机关加大了对公用企业限制竞争及垄断行为的查处力度，公用企业多为国营性质。2016 年度受工商机关反垄断行政处罚的外资性质经营者（含中外合资）如表 2-3 所示。

表 2-3 工商查处的外资（含中外合资）经营者

序号	案　号	受罚外资单位
1	皖工商公处字（2016）3 号	北京兆日科技有限责任公司
2	苏工商案（2016）00025 号	宿迁银控自来水有限公司
3	鲁工商公处字（2016）第 24 号	青岛新奥新城燃气有限公司
4	苏工商案（2016）00050 号	吴江华衍水务有限公司
5	工商竞争案字（2016）1 号	利乐
6	宁工商竞争处字（2017）第 2 号	中国联合网络通信有限公司宁夏回族自治区分公司

2.5.3 发改委反垄断案件主体性质

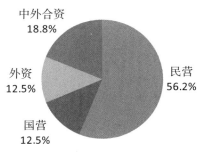

图 2-13 发改委查处垄断案件当事人主体性质分类

如图 2-13 所示，在 2016 年度发改委及省级价格主管部门查处的 16 件垄断案件中，当事人为民营性质的案件数量共计 9 件，占 56.2%；当事人为国营性质和外资性质的案件数量均为 2 件，分别占 12.5%；当事人为中外合资性质的案件数量 3 件，占 18.8%。2008 年至 2015 年年底，排名第一的民营性质经营者案件数量 135 件，占 71.4%；其次外资性质案件数量 40 件，占 20.6%；国营性质案件数量 8 件，占 4.2%；行政单位案件数量 7 件，占 3.7%。

　　由上述分析可知，发改委反垄断执法查处的对象同样以民营性质为主。2016 年度受发改委反垄断行政处罚的两家国营性质经营者为重庆青阳药业有限公司和上海信谊联合医药药材有限公司，这两家单位均参与了别嘌醇片横向垄断协议案。2016 年度受到发改委反垄断行政处罚的外资性质经营者（含中外合资）如表 2-4 所示。

表 2-4　发改委查处的外资性质经营者（含中外合资）

序号	案　号	受罚外资单位
1	发改办价监处（2016）7 号	常州四药制药有限公司
2	发改办价监处（2016）8 号	美敦力（上海）管理有限公司
3	上海市物价局行政处罚决定书第 2520160001 号	上海韩泰轮胎销售有限公司
4	上海市物价局行政处罚决定书第 2520160027 号	上汽通用汽车销售有限公司
5	上海市物价局行政处罚决定书第 2520160028 号	施乐辉医用产品国际贸易（上海）有限公司

2.6　行政调查案件来源

2.6.1　工商及发改委反垄断案件来源

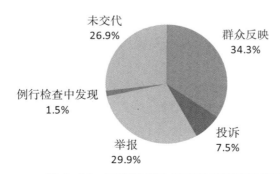

图 2-14　工商及发改委查处垄断案件来源

如图 2-14 所示，在 2016 年度工商及发改委查处的 67 件垄断案件中，来源于群众反映的案件共计 23 件，占 34.3%；来源于举报的案件共计 20 件，占 29.9%；来源于投诉的案件共计 5 件，占 7.5%；行政执法机关在例行检查中发现的垄断案件 1 件，占 1.5%；其余未交代案件来源的共计 18 件，占 26.9%。

投诉举报的主要法律依据为《反垄断法》第 38 条。该条第 1 款、第 2 款中规定："反垄断执行机构依法对涉嫌垄断行为进行调查。对涉嫌垄断行为，任何单位和个人有权向反垄断执法机构举报。"同时第 3 款还规定："举报采用书面形式并提供相关事实和证据的，反垄断执法机构应当进行必要的调查。"为免除举报人的后顾之忧，第 38 条还规定，反垄断执法机构应当为举报人保密。

尽管《行政处罚法》并未明文规定行政机构在出具行政处罚决定书时是否必须交代案件来源信息，但《价格违法行为举报处理规定》（国家发改委令〔2014〕第 6 号）详细规定了举报的方式、条件和要求等，《国家发展改革委办公厅关于印发〈价格举报文书示范文本〉的通知》（发改办价监〔2014〕120 号）第 3 条规定，价格主管部门对受理的价格举报予以立案调查的，价格举报文书应作为案件来源材料归入价格行政处罚案卷。同时国家工商行政管理总局《关于印发〈工商行政管理机关行政处罚文书、行政复议文书和行政赔偿文书〉的通知》（工商法字〔2008〕229 号）也规定行政处罚文书包括案件来源登记表。

但在实际执行中，还存在案件来源信息披露不全的问题。

2.6.2　工商反垄断案件来源

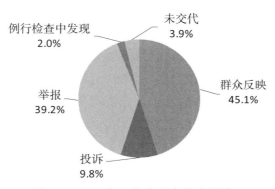

图 2-15　工商查处垄断案件来源情况

如图 2-15 所示，在 2016 年度工商查处的 51 件垄断案件中，来源于群众反映的案件共计 23 件，占 45.1%；来源于举报的案件共计 20 件，占 39.2%；来源于投诉的案件共计 5 件，占 9.8%；工商部门在例行检查中发现的垄断案件 1 件，即 "内蒙古广播电视网络集团有限公司锡林郭勒分公司滥用市场支配地位案"；另有未交代案件来源案件 2 件，分别为 "湖北省保险行业协会组织经营者达成垄断协议案" 和 "青岛新奥新城燃气有限公司滥用市场支配地位案"。

2008 年《反垄断法》实施以来截至 2015 年年底，工商查处的 101 件垄断案件中，来源于投诉占 31.7%，来源于举报占 11.9%，来源于媒体曝光占 5.9%，来源于其他部门移送占 3%，未交代案件来源占 45.5%。❶ 结合 2016 年度工商查处垄断案件来源情况来看，投诉、举报、群众反映依然是反垄断执法机构获取垄断案件线索的主要途径，同时也说明了公平的市场竞争环境离不开大众的监督。

工商反垄断行政执法中，在完善行政处罚文书方面，就案件来源信息方面明显有大的进步和改善。

2.6.3　发改委查处垄断案件来源

2016 年度国家发改委及省级价格主管部门查处的 16 件垄断案件，行政处罚决定书中均未交代案件来源。在发改委以往查处垄断案件中，行政处罚决定书中也多未公开案件来源。

2008 年《反垄断法》实施以来截至 2015 年年底发改委查处的 190 件垄断案件中，48% 的案件未交代案件来源；51.4% 的案件来源于举报；2 件案件来源为媒体报道，即 "山东省交通运输厅滥用行政权力排除限制竞争行政处罚案" 与 "湖北盐业集团有限公司武昌分公司强制搭售案"。❷

这说明发改委在行政处罚过程中，没有重视行政处罚决定书中案件来源信息公开问题，建议应当引起重视。

---

❶ 林文. 中国反垄断行政执法（2008~2015）[M]. 北京：知识产权出版社，2016：68.
❷ 林文. 中国反垄断行政执法（2008~2015）[M]. 北京：知识产权出版社，2016：136.

2.7　行政处罚立案期限

2.7.1　工商及发改委反垄断立案期限

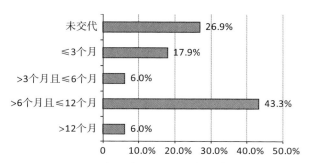

图2-16　工商及发改委反垄断立案期限分析

注：此处统计的立案期限为反垄断执法机构获得案件线索之日到正式立案调查之日之间的期间。

由于计算中采取了四舍五入，故计算结果有误差，图中各数据之和为100.1%。

如图2-16所示，在2016年度工商及发改委查处的67件垄断案件中，未交代立案期限的案件共计18件，占26.9%；立案期限在3个月以内的案件共计12件，占17.9%；立案期限超过3个月且在6个月以内的案件共计4件，占6.0%；立案期限超过6个月且在12个月以内的案件共计29件，占43.3%；立案期限超过12个月的案件共计4件，占6.0%。

由上述分析可知，反垄断执法机构查处的垄断案件大部分会在执法机构收到案件线索后6个月至12个月期间进行立案调查，立案期限较长。笔者认为主要有以下方面原因：（1）一旦正式立案便须立即展开调查，反垄断执法机构人员有限，在人手不足的情况下执法机构会更加谨慎地考虑是否立案；（2）最先获得垄断案件线索的一般是基层价格、工商等机构，而基层工商局和物价主管部门必须对垄断案件线索层层上报，最终报至国家工商总局、省级价格主管部门，才能决定是否对该案进行立案调查；（3）反垄断案件本身十分复杂，不仅涉及经济学，还往往与知识产权、标准混杂一起，需要大量的调查人员和专业人员协同完成。

2.7.2 工商反垄断立案期限

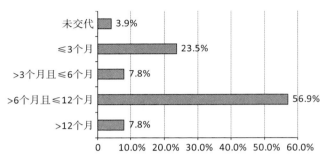

图 2-17 工商查处垄断案件立案期限分布

如图 2-17 所示，在 2016 年度工商查处的 51 件垄断案件中，未交代立案期限的案件 2 件，分别为"湖北省保险行业协会组织经营者达成垄断协议案"与"青岛新奥新城燃气有限公司滥用市场支配地位案"，占 3.9%；立案期限在 3 个月以内的案件 12 件，占 23.5%；立案期限超过 3 个月且在 6 个月以内的案件共计 4 件，占 7.8%；立案期限超过 6 个月且在 12 个月以内的案件共计 29 件，占 56.9%；立案期限超过 12 个月的案件共计 4 件（见表 2-5），占 7.8%。

从以上分析得出，立案期限较长的案件全部是由工商行政管理机关查处，这与工商在反垄断行政执法中的个案授权制具有密切关系，如果基层发现反垄断线索，得层层汇报至省级工商行政管理局，省级再向国家工商总局汇报，导致立案期限过长。建议尽快改变个案授权制度，提升立案效率。

表 2-5 2016 年度工商查处垄断案件中立案期限超过 12 个月的案件

序号	案　号	案件名称
1	苏工商案（2016）00050 号	吴江华衍水务有限公司滥用市场支配地位案
2	宁工商竞争处字〔2017〕第 1 号	中国铁通集团有限公司宁夏分公司滥用市场支配地位案
3	宁工商竞争处字〔2017〕第 2 号	中国联合网络通信有限公司宁夏回族自治区分公司滥用市场支配地位案
4	宁工商竞争处字〔2017〕第 3 号	中国电信股份有限公司宁夏分公司滥用市场支配地位案

2008 年《反垄断法》实施以来截至 2015 年年底，工商反垄断 34 件竞争执法公告中只有 21 件明确了立案时间，21 件竞争执法公告中 10 件竞争执法公告立案时限在 3 个月以内，约占 50%。❶

反垄断立案期限越来越长，说明案件难度在增加，执法人员数量与反垄断形势矛盾加剧，迫切需要解决执法过程中的立案时限过长问题。

《工商行政管理机关查处垄断协议、滥用市场支配地位案件程序规定》第 6 条规定：国家工商行政管理总局和省级工商行政管理局负责举报材料的受理。省级以下工商行政管理机关收到举报材料的，应当在 5 个工作日内将有关举报材料报送省级工商行政管理局。第 7 条规定：省级工商行政管理局应当对主要发生在本行政区域内涉嫌垄断行为的举报进行核查，并将核查的情况以及是否立案的意见报国家工商行政管理总局。省级工商行政管理局对举报材料齐全、涉及两个以上省级行政区域的涉嫌垄断行为的举报，应当及时将举报材料报送国家工商行政管理总局。第 8 条规定：国家工商行政管理总局根据对举报内容核查的情况，决定立案查处工作。国家工商行政管理总局可以自己立案查处，也可以根据该规定第 3 条的规定授权有关省级工商行政管理局立案查处。由此可知工商机关对于垄断案件的立案程序规定较为繁琐，是导致垄断案件立案期限较长的主要原因。不过值得肯定的是，工商行政管理机关在行政处罚决定书中对垄断案件的程序处理信息进行了充分公开，能够为之后案例提供参考。

2.7.3　发改委反垄断立案期限

如前所述，2016 年度国家发改委及省级价格主管部门查处的 16 件垄断案件行政处罚决定书中均未交代案件来源，故立案期限无法统计。

2008 年《反垄断法》实施以来截至 2015 年年底，发改委查处的大部分垄断案件也未公开立案信息，从行政处罚决定文书信息公开的充分性上来看，建议国家发改委及省级价格主管部门增加对案件程序信息的公开，以保障反垄断行政处罚决定的公信力。

---

❶　林文．中国反垄断行政执法（2008~2015）［M］．北京：知识产权出版社，2016：70.

2.8 行政调查期限

2.8.1 工商及发改委反垄断调查期限

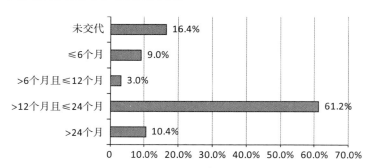

图 2-18 工商及发改委查处垄断案件调查期限分布*

注：此处统计的调查期限为反垄断执法机构对垄断案件立案调查之日至作出行政处罚决定之日之间的期间。

如图 2-18 所示，在 2016 年度工商及发改委查处的 67 件垄断案件中，未交代调查期限的案件共计 11 件，占 16.4%；调查期限在 6 个月以内的案件共计 6 件，占 9.0%；调查期限超过 6 个月且在 12 个月以内的案件共计 2 件，占 3.0%；调查期限超过 12 个月且在 24 个月以内的案件共计 41 件，占 61.2%；调查期限超过 24 个月的案件共计 7 件，占 10.4%。

由上述分析可知，由于垄断行为认定的复杂性和调查难度大，以及反垄断执法人员不足，大部分垄断案件的调查期限在在 12 个月至 24 个月，漫长的调查期间更涉及多方利益的博弈。同时我国《反垄断法》以及反垄断执法机构发布的相关规范性文件中也均未对垄断案件调查时限进行规定，一方面由于我国《反垄断法》实施不久，执法部门缺乏执法经验，强行限定调查期限缺乏实际意义；另一方面《反垄断法》中多为原则性规定，在实际执法过程中可操作性极低，需要执法部门通过制定部门规章及规范性文件进行细化，但执法部门介于调查垄断案件的难度都没有明确规定。

2.8.2　工商反垄断调查期限

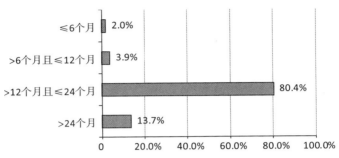

图 2-19　工商查处垄断案件调查期限分布

如图 2-19 所示，在 2016 年度工商查处的 51 件垄断案件中，调查期限在 6 个月以内的案件 1 件，占 2.0%；调查期限超过 6 个月且在 12 个月以内的案件共计 2 件，占 3.9%；调查期限超过 12 个月且在 24 个月以内的案件共计 41 件，占 80.4%；调查期限超过 24 个月的案件共计 7 件，占 13.7%。如表 2-6 所示，除利乐案件因调查难度大而令工商机关消耗很长时间外，其他案件当事人则多以公用企业为主，这也直接说明了工商机关在查处公用企业限制竞争及垄断行为时面临很大阻力。

表 2-6　工商反垄断调查期限超过 24 个月的案件

序号	案　　号	案件名称	调查期限
1	工商竞争案字（2016）1 号	利乐滥用市场支配地位案	约 59 个月
2	鄂工商处字（2016）201 号	湖北省保险行业协会组织经营者达成垄断协议案	约 37 个月
3	苏工商案终字（2016）1 号	江苏省电力公司海安县供电公司滥用市场支配地位案	约 36 个月
4	宁工商竞争处字（2017）第 1 号	中国铁通集团有限公司宁夏分公司滥用市场支配地位案	约 30 个月
5	宁工商竞争处字（2017）第 2 号	中国联合网络通信有限公司宁夏回族自治区分公司滥用市场支配地位案	约 30 个月
6	宁工商竞争处字（2017）第 3 号	中国电信股份有限公司宁夏分公司滥用市场支配地位案	约 30 个月
7	鲁工商公处字（2016）第 29 号	国网山东省电力公司烟台市牟平区供电公司滥用市场支配地位案	约 27 个月

2.8.3　发改委反垄断调查期限

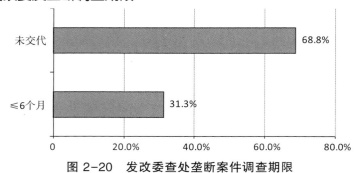

图 2-20　发改委查处垄断案件调查期限

注：由于计算中采取了四舍五入，故计算结果有误差。图中各数据之和为 100. 1%。

如图 2-20 所示，在 2016 年度发改委及省级价格主管部门查处的 16 件垄断案件中，未交代调查期限的案件共计 11 件（见表 2-7），占 68.8%；调查期限在 6 个月以内的案件共计 5 件（即"别嘌醇片垄断协议案"，该案 5 个当事人受罚），占 31.3%。发改委查处的垄断案件调查期限难于统计主要在于大部分案件均未公开立案日期。

表 2-7　2016 年度发改委查处垄断案件中调查期限不明的案件

序号	案　　号	案件名称
1	发改办价监（2016）5 号	华中药业股份有限公司横向垄断案
2	发改办价监（2016）6 号	山东信谊制药有限公司横向垄断案
3	发改办价监（2016）7 号	常州四药制药有限公司横向垄断案
4	发改办价监（2016）8 号	美敦力（上海）管理有限公司纵向垄断案
5	上海市物价局行政处罚决定书第 2520160009 号	重庆新日日顺家电销售有限公司上海分公司纵向垄断案
6	上海市物价局行政处罚决定书第 2520160009 号	重庆海尔家电销售有限公司上海分公司纵向垄断案
7	上海市物价局行政处罚决定书第 2520160009 号	重庆海尔电器销售有限公司上海分公司纵向垄断案
8	上海市物价局行政处罚决定书第 2520160001 号	上海韩泰轮胎销售有限公司纵向垄断案
9	上海市物价局行政处罚决定书第 2520160030 号	上海领鲜物流有限公司纵向垄断案

续表

序号	案 号	案件名称
10	上海市物价局行政处罚决定书第 2520160027 号	上汽通用汽车销售有限公司纵向垄断案
11	上海市物价局行政处罚决定书第 2520160028 号	施乐辉医用产品国际贸易（上海）有限公司纵向垄断案

2.9 垄断类型分析

2.9.1 工商及发改委反垄断类型

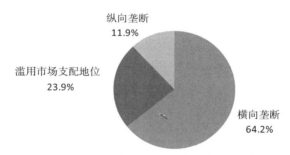

图 2-21 工商及发改委查处垄断案件垄断类型

如图 2-21 所示，在 2016 年度工商及发改委查处的 67 件垄断案件中，横向垄断协议案件 43 件，占 64.2%；纵向垄断协议案件 8 件，占 11.9%；滥用市场支配地位案件 16 件，占 23.9%。

从以上分析得出，垄断协议依然是反垄断执法机构重点查处的垄断案件类型，同时也是经营者在经营过程中为谋求利润最易触发的反垄断风险。

我国《反垄断法》第 14 条就纵向垄断协议只明确规定"维持转售价格"一种违法形式，随着反垄断法执法实践的不断深入，经营者之间的纵向协议越来越受到竞争执法机构的关注。2016 年 3 月 23 日发布的《关于汽车业的反垄断指南》（征求意见稿）中，国家发改委列举了汽车行业可能受《反垄断法》第 14 条规制的除"维持转售价格"以外的其他纵向协议。此外，国家发改委发布的《关于滥用知识产权的反垄断指南》（征求意见稿）以及工商总局发布的《关于滥用知识产权的反垄断执法指南（国家工商总局第七稿）》中，也要求对"维持转售价格"以外的一些纵向协议进行规制。

表 2-8　《反垄断法》规定的横向垄断协议行为具体类型

序号	主体	横向垄断协议行为
1	具有竞争关系的经营者	固定或者变更商品价格
2		限制商品的生产数量或者销售数量
3		分割销售市场或者原材料采购市场
4		限制购买新技术、新设备或者限制开发新技术、新产品
5		联合抵制交易
6		国务院反垄断执法机构认定的其他垄断协议

表 2-9　《反垄断法》规定的纵向垄断协议行为具体类型

序号	主体	横向垄断协议行为
1	经营者与交易相对人	固定向第三人转售商品的价格
2		限定向第三人转售商品的最低价格
3		国务院反垄断执法机构认定的其他垄断协议

表 2-10　《反垄断法》规定的滥用市场支配地位行为具体类型

序号	主体	滥用市场支配地位行为
1	具有市场支配地位的经营者	以不公平的高价销售商品或者以不公平的低价购买商品
2		没有正当理由，以低于成本的价格销售商品
3		没有正当理由，拒绝与交易相对人进行交易
4		没有正当理由，限定交易相对人只能与其进行交易或者只能与其指定的经营者进行交易
5		没有正当理由搭售商品，或者在交易时附加其他不合理的交易条件
6		没有正当理由，对条件相同的交易相对人在交易价格等交易条件上实行差别待遇
7		国务院反垄断执法机构认定的其他滥用市场支配地位的行为

2.9.2　工商反垄断案件类型

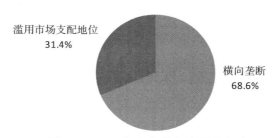

滥用市场支配地位
31.4%

横向垄断
68.6%

图 2-22　工商查处垄断案件垄断类型

如图 2-22 所示，在 2016 年度工商查处的 51 件垄断案件中，横向垄断协议案件 35 件，占 68.6%；滥用市场支配地位案件 16 件，占 31.4%。由此可知 2016 年度工商查处的垄断案件类型依然以横向垄断为主，同时由于加大了对公用企业垄断行为的查处力度，故该年度滥用市场支配地位案件也较多。

纵向垄断案件一般主要表现为经营者与其下游经销商之间签订固定转售价格或限定最低转售价格的价格垄断协议，价格垄断属于国家发改委的管辖范围，故在工商反垄断行政处罚案件中纵向垄断协议案件较为少见。同时，2016 年度未见查处行政垄断类型的案件。

2.9.2.1　工商查处滥用市场支配地位案件类型

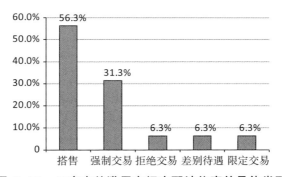

图 2-23　工商查处滥用市场支配地位案件具体类型

如图 2-23 所示，在 2016 年度工商查处的 16 件滥用市场支配地位案件中，9 件案件涉及搭售，占 56.3%；5 件案件涉及强制交易，占 31.3%；1 件案件涉及拒绝交易，即"重庆西南制药二厂有限责任公司滥用市场支配地位案"，占 6.3%；1 件案件涉及差别待遇，即"内蒙古赤峰市盐业公司滥用市场支配地位案"，占 6.3%；1 件案件涉及限定交易，"宿迁中石油昆仑燃气有限公司滥用市场支配地位案"，占 6.3%。

从上述分析可知，在 2016 年度工商查处的滥用市场支配地位案件中搭售是经营者滥用市场支配地位的主要表现形式，同时搭售行为相较于其他滥用市场支配地位行为较容易调查取证。5 件涉及强制交易的案件中，除"利乐滥用市场支配地位案"以外，其余 4 件案件当事人均为公用企业，说明公用企业在其长期形成的自然垄断情况下，缺乏竞争压力，没有改变传统经营模式和管理方式的动力，这也印证了工商机关加大对公用企业限制竞争和垄断行为查处力度的必要性。

2016 年度工商查处的滥用市场支配地位案件中最引起关注的莫过于"利乐滥用市场支配地位案"，该案涉及"独家供应"和"独家采购"两种行为。一方面，利乐作为液体纸基无菌包装材料（下称"包材"）经营者通过签署协议的方式限制上游牛底纸供应商佛山华新包装股份有限公司及其子公司珠海经济特区红塔仁恒纸业有限公司，仅为利乐及其关联公司生产液态包装原纸，属于独家供应安排；另一方面，利乐通过给予客户忠诚折扣，短期内对竞争对手造成封锁，导致竞争对手长期无法与利乐以相同或相似的成本竞争，属于独家采购安排。因此，工商总局以《反垄断法》第 17 条第 1 款第（4）项认定利乐的两项独家安排构成了限定交易的滥用行为。

"利乐滥用市场支配地位案"是中国反垄断执法机构首次突破性地将"忠诚折扣"作为《反垄断法》第 17 条第 1 款第（7）项"国务院反垄断执法机构认定的其他滥用市场支配地位的行为"进行规制。该案的查处对经营者合规提出了新的挑战和要求。

在滥用市场支配地位的案件中，界定相关市场是执法的第一步，工商总局在"利乐滥用市场支配地位案"中界定了三个相关产品市场，即设备市场、技术服务市场和包材市场，同时将相关地域市场界定为中国大陆。在进行市场界定时，工商总局遵循《国务院反垄断委员会关于相关市场界定的指南》中的原则，主要从需求替代性和供给替代性两个角度进行考虑。具体分析请见表 2-11。

表 2-11　国家工商总局对"利乐滥用市场支配地位案"中相关市场的分析

理由 产品市场界定	设备市场	技术服务市场 （备件+维修服务）	包材市场
需求分析	1. 与非无菌包装设备、其他材料无菌包装设备在技术特征、包装内容物方面存在明显差异； 2. 需求者转换成本高	设备之间具有显著差异性，针对不同类型设备的技术服务没有替代关系	在无菌性能、包装内容物、系统成本、适配的设备等方面与其他包材存在明显差别
供给分析	1. 进入市场需要大量资金、专有技术和成熟的销售渠道；高端设备核心技术壁垒； 2. 由于技术原理不同、生产工艺迥异、相邻包装设备行业的厂商无法实现迅速转产	设备复杂性、备件专有性等市场壁垒	1. 包材市场存在较高的资金、技术门槛； 2. 客户习惯、部分原材料采购困难成为现实的进入障碍
理由 地域市场界定	中国大陆市场		
需求分析	大陆液体食品生产商对设备、技术服务、包材有长期、稳定独特的市场需求		
供给分析	供应上有明显的地域性，均通过大陆销售渠道进入国内市场		

在滥用市场支配地位反垄断查处中，首例 PPP 供水项目因滥用市场支配地位被处巨额罚款，即华衍水务反垄断案件为公用事业 PPP 投资项目敲响警钟。华衍水务成立于 2005 年，是香港中华煤气有限公司在内地以 PPP 模式投资运营的第一个水务项目的项目公司。根据与当地政府签署的《吴江市区域供水特许经营协议》，华衍水务享有吴江区域 30 年供水特许经营权，该项目总投资 9.7 亿元。据悉，对华衍水务的上述处罚为首例 PPP 供水项目违反反垄断法滥用市场支配地位被处罚的公开案例。该处罚引起 PPP 界及公用事业行业的巨大反响。PPP 模式、特许经营打破了政府对水、电、燃气、交通等众多公用事业的垄断，为各类社会资本提供了进入公用事业领域的机会。公用事业本身具有自然垄断属性，一旦企业获得某类公共产品或服务的特许经营权，该企业则成为一定区域范围内特定产品或服务的垄断经营者，获得市场支配地位。市场支

配地位保证了项目的投资回报，但滥用市场支配地位将面临巨大法律和经营风险。❶

2.9.2.2　工商查处横向垄断协议类型

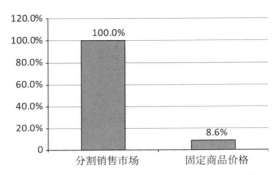

图 2-24　工商查处横向垄断协议案件具体类型

注：有 3 件案件即涉及分割销售市场，又涉及固定商品价格。

如图 2-24 所示，2016 年度工商查处的 35 件横向垄断协议案件❷均涉及分割销售市场，其中还有 3 件案件涉及固定商品价格（即"鄂尔多斯市三亚液化石油气有限公司等 3 家公司涉嫌垄断经营行为案"）。

2008 年至 2015 年年底，在工商查处的 87 件横向垄断协议案件中，涉及分割市场的垄断案件有 64 件，占 73.6%；其次为涉及限制商品数量的垄断案件 21，占 34.5%；固定商品价格的垄断案件仅有 2 件。❸ 这说明反垄断法禁止的分割销售市场的违法行为未引起经营者的普遍重视，这也是目前市场竞争中的主要违法行为之一，分割销售市场相对于其他如限制销售区域、固定价格等行为，均容易被发现和调查取证。

在"鄂尔多斯市三亚液化石油气有限公司等 3 家公司涉嫌垄断经营行为

---

❶　首例 PPP 供水项目滥用市场支配地位被罚 2 000 余万，敲响 PPP 项目反垄断风险警钟 ［EB/OL］．［2017-07-01］．http：//www．king-capital．com/content/details49_ 12502．html．

❷　《反垄断法》第 13 条规定："禁止具有竞争关系的经营者达成下列垄断协议：（1）固定或者变更商品价格；（2）限制商品的生产数量或者销售数量；（3）分割销售市场或者原材料采购市场；（4）限制购买新技术、新设备或者限制开发新技术、新产品；（5）联合抵制交易；（6）国务院反垄断执法机构认定的其他垄断协议。本法所称垄断协议，是指排除、限制竞争的协议、决定或者其他协同行为。"纵向垄断协议主要为《反垄断法》第 14 条，即"禁止经营者与交易相对人达成下列垄断协议：（1）固定向第三人转售商品的价格；（2）限定向第三人转售商品的最低价格；（3）国务院反垄断执法机构认定的其他垄断协议。"该规定主要为价格方面，因工商行政管理机关无价格垄断执法权，故不对其进行分析。

❸　林文．中国反垄断行政执法（2008~2015）［M］．北京：知识产权出版社，2016：82．

案"中，三亚、荣美、现代三家液化石油气公司为避免相互激烈竞争，经协商后达成协议，于 2013 年 11 月 20 日与相关责任人牛某签订《三公司合伙经营液化石油气一致同意转租他人合同》，将三家液化石油气公司各自转租给牛某，牛某每月给付三家公司承包费每家公司每月各 6 万元，共 18 万元。该承包合同的签订，将东胜区具有竞争关系的液化石油气市场归一个经营者承包，使东胜区变成了一个没有竞争关系的液化石油气市场。牛某通过与三家公司签订承包协议形成对液化石油气市场的垄断，形成了在东胜区液化气市场的市场支配地位。于是在 2015 年 4 月 15 日，牛某与三家公司协商后决定涨价，从原先的 80 元/瓶提高到 100 元/瓶。同时，承包人牛某承包以后，以安全为由拒绝三家公司以前用户使用的液化气罐，要求用户必须购买其经销的液化气罐，否则不予灌气。❶ 该案中相关责任人牛某涉嫌滥用市场支配地位，但对三亚、荣美、现代三家液化石油气公司与牛某签订承包协议的行为进行分析，三家公司之间实质上是达成了横向垄断协议，对鄂尔多斯市东胜区的液化石油气销售市场进行了分割，同时固定了液化石油气的商品价格。

值得关注的是，"鄂尔多斯市三亚液化石油气有限公司等 3 家公司涉嫌垄断经营行为案"一案中当事人既有非价格垄断协议行为，又有价格垄断行为，而工商机关对垄断案件的查处权限限于非价格垄断协议、非价格滥用市场支配地位、滥用行政权力排除限制竞争行为。但本着一事不再罚的行政处罚原则，该案中内蒙古自治区工商局对当事人分割销售市场及固定商品价格的行为均进行了调查，3 个当事人最终提交了《鄂尔多斯三亚、荣美、现代三家液化石油气公司关于中止涉嫌垄断行为调查的申请》。并承诺如下整改措施：一是取消《三公司合伙经营液化石油气一致同意转租他人合同》，恢复原来三个公司各自独立的经营方式；二是严格执行当地价格主管部门制定的价格标准。按照鄂价发（2007）149 号文件的规定，由 100 元/瓶降为 80 元/瓶；三是对原来用户使用的液化气罐在检测合格后继续使用。内蒙古自治区工商局在核实了整改承诺措施落实情况后最终对该案决定终止调查。

发改委在查处高通案件过程中，同样也对非价格行为一并进行查处。

如若对同一当事人涉及价格与非价格垄断同时存在，如既有价格垄断又有分割市场垄断协议的违法行为由不同的执法部门各自进行查处，不仅造成执法部门人、财、物的浪费，而且多部门重复执法涉案当事人也难以承受。例如在处理案件性质、操作模式基本一致的新车保险垄断案时，因娄底被央视曝光由发改委处理，发改委偏重于对保险公司统一执行 95% 折扣优惠价格垄断行为的

---

❶　参见内蒙古自治区工商行政管理局内工商竞争处字（2016）4 号垄断案件终止调查决定书。

查处，工商部门对于其划分销售商品数量垄断协议的行为不再另行查处。而工商部门处理永州、郴州同类型保险垄断案时，因对统一折扣价格问题无权处理，只偏重于查处制止当事人划分销售商品数量垄断协议的行为。如此，仅以价格和非价格划分工商与发改委执法权限，易造成职能交叉和监管盲区，导致一些违法行为难以得到及时制止。❶

2.9.3　发改委查处垄断案件类型

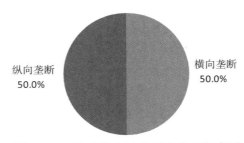

图 2-25　发改委查处垄断案件垄断类型

如图 2-25 所示，在 2016 年度发改委及各省级价格主管部门查处的 16 件垄断案件中，横向垄断协议案件 8 件，纵向垄断协议案件 8 件，各占 50.0%。

2.9.3.1　发改委查处横向垄断类型

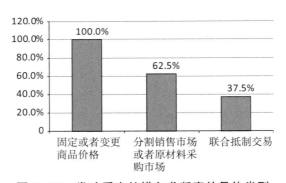

图 2-26　发改委查处横向垄断案件具体类型

注：8 件横向垄断协议案件均涉及固定或者变更商品价格。

如图 2-26 所示，在 2016 年度发改委查处的 8 件横向垄断协议案件中，均涉及固定或者变更商品价格；其中 5 件案件涉及分割销售市场或者原材料采购

---

❶ 永州市局协助省局查办垄断案件的探索实践 ［EB/OL］.［2016-05-20］. http://www.cneu.org. cn/lunwen/show6246.html.

市场，占 62.5%；3 件案件涉及联合抵制交易，占 37.5%。

5 件涉及分割销售市场或原材料采购市场的案件实为"别嘌醇片垄断协议案"，该案有 5 个当事人受罚，分别为重庆青阳药业有限公司、重庆大同医药有限公司、世贸天阶制药（江苏）有限责任公司、上海信谊联合医药药材有限公司、商丘市华杰医药有限公司，这 5 个当事人作为生产销售三个品牌别嘌醇片的独立市场主体，属于具有竞争关系的经营者。2014 年 4 月 1 日至该案立案调查前，5 个当事人就销售包装规格为 0.1 克×100 片/瓶的别嘌醇片多次进行协商，达成了上涨销售价格和分割销售市场的垄断协议。

2014 年 4 月 1 日，世贸天阶与重庆青阳及重庆大同、上海信谊联合在上海市召开市场运行会议，会上达成如下协议：一是统一上涨别嘌醇片销售价格。通过此次会议，当事人与重庆青阳及重庆大同、上海信谊联合协商统一提高别嘌醇片销售价格，将销售价格提到每瓶不低于 18 元，投标价格不低于 20 元。二是分割别嘌醇片销售市场。会上，当事人与重庆青阳及重庆大同、上海信谊联合协商划分了别嘌醇片销售市场，其中当事人负责江苏、湖南、湖北、福建、贵州、吉林、辽宁、黑龙江；重庆青阳一方负责四川、重庆、广东、云南、山东、安徽、陕甘宁、新疆、西藏、内蒙古；上海信谊联合负责上海、浙江、京津、河南、河北、海南、广西、江西、山西。会议还协商调整了别嘌醇原料药价格。重庆青阳同意向当事人和上海信谊联合供应别嘌醇原料药，价格由每公斤 240 元左右调整到 500 元。2014 年 6 月上海信谊联合与商丘华杰签订别嘌醇片独家经销协议后，商丘华杰也与上海信谊联合一同加入了协商会议。2014 年 7 月 18 日，当事人与重庆青阳及重庆大同、上海信谊联合及商丘华杰在江苏省盐城市开会。会议主要讨论各家公司别嘌醇片的销售价格和市场运行情况，同时要求各家公司销售别嘌醇片的区域不要超过上次会议所划分的市场范围，不要低于约定价格进行销售。2014 年 12 月 5 日，当事人与重庆青阳及重庆大同、上海信谊联合及商丘华杰在上海开会，通过会议协商，决定从 2015 年 1 月 1 日起将别嘌醇片销售价格由每瓶最低 18 元上调至 23.8 元。2015 年 4 月 22 日，当事人与重庆青阳及重庆大同、上海信谊联合及商丘华杰在上海召开会议，对别嘌醇片销售继续达成三点约定：一是划分三方区域。继续强调三方销售区域的划分，划分范围与 2014 年 4 月 1 日第一次会议确定的范围相同。二是约定招投标工作。合作三方必须在划定区域内进行招投标，不得到其他区域投标或议价。三是统一出厂开票价格。对列入基本药物的省份，销售价格不得低于每瓶 23.8 元；对列为低价药的省份，不得低于每瓶 50 元。同时强调，

如违反约定，重庆青阳将取消合作并不予供应原料药。❶

　　值得关注的是，"别嘌醇片垄断协议案"一案中既涉及价格垄断行为，又涉及非价格垄断行为，而发改委对垄断案件的查处权限限于价格垄断案件。依据一事不再罚的行政处罚原则，发改委责令该案当事人停止上涨价格、分割销售市场的违法行为，并处以罚款。

　　2016 年反垄断中，值得一提的是华中药业、山东信谊、常州四药等 3 家公司达成并实施艾司唑仑原料药、片剂垄断协议案，该案是我国反垄断执法机构认定经营者达成并实施了"其他协同行为"并予以处罚的第一案。我国《反垄断法》第 13 条第 2 款明确规定："本法所称垄断协议，是指排除、限制竞争的协议、决定或者其他协同行为"。发改委发布的《反价格垄断规定》和国家工商总局《工商行政管理机关禁止垄断协议行为的规定》都对于经营者的行为是否构成"其他协同行为"的判断因素予以了说明，具体包括相关市场行为是否具有一致性，是否进行过任何正式或非正式的意思联络或信息交流，相关市场结构，及经营者能否对一致行为作出其他合理的解释等。在该案的认定中，发改委也综合考虑了上述因素和证据，进一步印证了协同行为的认定标准。

　　该案中，尽管常州四药在会上并未明确表示同意或反对华中提出的联合抵制和涨价安排，在调查过程中，常州四药也曾主张：（1）其决定停止供货是由于其原料药生产存在产能限制；（2）其艾司唑仑片剂的价格是根据国家政策和市场竞争状况独立制定的，提价是基于市场上收集到的艾司唑仑片涨价的信息作出的，但发改委并不认可上述主张。首先，发改委认定，艾司唑仑原料药市场是一个典型的寡头垄断市场，而三家涉案企业对原料药市场的封锁，使得下游片剂市场的竞争者也急剧减少，市场竞争十分有限。其次，常州四药参加了协商不对外供货和联合涨价的会议，与竞争者就未来业务安排和价格等敏感信息进行了交流，对于华中提议的联合抵制及涨价并未表示明确反对，也没有向反垄断执法机构主动报告。此外，常州四药停止供货和涨价的时间点与华中和信谊也是高度一致的，且涨价幅度与华中在会上的提议也基本一致。鉴于上述理由，尽管发改委认为常四"在垄断协议的达成、实施过程中属于跟随者"，但仍认定常州四药实施了联合抵制和固定价格的垄断协议。❷

　　经营者尽可能避免参加任何竞争者之间交流价格、产量等敏感信息的会

---

❶　参见国家发展和改革委员会（2016）1 号行政处罚决定书。

❷　详见国家发展和改革委员会（2016）5 号行政处罚决定书、国家发展和改革委员会（2016）6 号行政处罚决定书、国家发展和改革委员会（2016）7 号行政处罚决定书。

议，确保在任何会议中一旦接触到此类信息要立即离席；对竞争者在会议中提出的任何违法安排明确表示反对；要求会议记录人将你的离席或反对意见明确且完整地记载在会议记录上；如果无法实现，则在会后应及时向公司内部法务汇报相关情况，留下记录。高度关注可能存在的敏感信息交换问题，咨询公司内部法务部门或者外部律师。❶

据国家发改委价格监督检查和反垄断局副局长李青透露，我国的成品药有1 500种原料药，其中50种原料药只有一家企业取得审批资格可以生产，44种原料药只有两家企业可以生产，40种原料药只有三家企业可以生产。10%的原料药只能由个位数的生产企业生产，原料药生产掌握在特别少数的生产企业手中。而根据原料药对制剂生产厂商的对应比例抽样调查结果显示，一家原料药最多对应169家制剂企业，足见其对制剂市场的支配力。其实因原料药市场垄断地位引发的下游医药制剂价格垄断，已经成为大多数医药垄断案件的共同特点。❷

国家发改委已于2016年6月印发《关于在全国开展药品价格专项检查的通知》（发改价监〔2016〕1101号），重点检查价格出现异常波动的原料药、药品品种，集中力量解决群众和企业反映强烈的问题，切实维护医药市场公平竞争秩序，保护广大患者的合法权益。医药领域的经营者应当充分重视该通知。

2.9.3.2　发改委查处纵向垄断类型

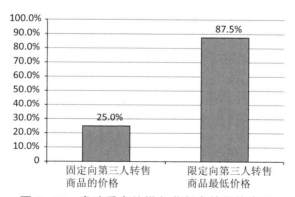

图2-27　发改委查处纵向垄断案件具体类型

❶　宁宣凤，冉冉，吴涵等.“墨”守成规——协同行为反垄断处罚第一案［EB/OL］.［2017-07-01］. http://www.kwm.com/zh/cn/knowledge/insights/first-case-of-concerted-practice-20160809.

❷　万静.原料药垄断已成公开秘密：一家原料药对应169家制剂企业［N］.法制日报，2017-01-24.

如图 2-27 所示，在 2016 年度发改委查处的 8 件纵向垄断协议案件中，2 件案件涉及固定向第三人转售商品价格，占 25.5%；7 件案件涉及限定向第三人转售商品最低价格，占 87.5%。

由此可知，限定向第三人转售商品最低价格是发改委查处的纵向垄断协议纵向垄断的主要表现形式。如"上汽通用汽车销售有限公司纵向垄断案"一案中上汽通用汽车销售有限公司通过发布区域价格通知、市场竞争动态和价格指导公告等，与经销商达成限定向第三人转售商品最低价格的垄断协议，涉及凯迪拉克 SRX、雪佛兰创酷、别克威朗和全新英朗等车系，最终被罚款 2.01 亿元。

2016 年查处的通用案件实施垄断行为的方式多样，一定程度也代表当下汽车行业普遍做法。通用汽车案中披露的价格控制手段出现了多元化和网络化紧密结合的转售价格控制体系，首次出现通过"神秘客调研"来维持转售价格。首先通过区域价格通知、市场竞争动态以及价格指导公告之类的文件告知经销商价格信息。其次，通过"神秘客调研"也就是委托第三方暗访并制作严密的分析报告进行监督价格执行情况；再次，通过网络价格信息监控掌握经销商销售价格；第四，利用"神秘客调研"和网络等手段监控的价格信息迫使经销商遵守价格管制；最后，对不遵守价格管理的经销商进行警告和处罚。这是继奥迪、东风日产、奔驰、克莱斯勒等车企之后，我国反垄断执法机构再次针对汽车领域作出反垄断行政处罚。

自 2014 年我国反垄断逐步深入汽车行业以来，限制转售价格就成为监控和处罚的重点。据《每日经济新闻》记者了解，2016 年 5 月前在汽车行业查处的 7 起垄断案例中，其中 5 起是因为限制转售价格。"因此，《关于汽车业的反垄断指南》（征求意见稿）的制定也将纵向垄断作为重要内容之一。"国家发改委价格监督与反垄断局调查二处副处长吴东美表示。而在纵向垄断中，限制"转售价格"则成为规范重点。❶

如果汽车行业仍然不重视和修改惯常经营模式，还会出现类似案例。截至 2015 年年底，中国反垄断执法机构针对汽车行业的调查所涉罚款金额已接近 20 亿元，涉案企业位于汽车产业链的各个部分，包括不同品牌的汽车制造商、配件供应商和经销商。以此为背景，经国务院反垄断委员会授权，国家发改委自 2015 年 6 月开始负责起草《关于汽车业的反垄断指南》，旨在为行业和市场提供更加明确的反垄断法问题合规指引。2016 年 3 月 23 日，国家发改委正式公布了《关于汽车业的反垄断指南》（征求意见稿）（下称《征求意见稿》），

---

❶ 刘卫琰. 反垄断指南剑指转售价格重灾区 推定豁免存难题 ［N］. 中国经济报，2016-04-25.

公开向社会征询意见，此前，国家发改委曾就该指南多次征求汽车行业的企业、协会、专家学者及中外律师的意见。其他法规和政策文件已经与《关于汽车业的反垄断指南》进行衔接，以保证后者正式出台后法规环境的一致性。例如，在《征求意见稿》出台前，商务部于2016年1月6日发布了《汽车销售管理办法》（征求意见稿），公开征求意见并预计年内实施，该管理办法所包含的规则已与《征求意见稿》中所述规则大体一致。同时，由交通运输部等部委联合制定的《汽车维修技术信息公开实施管理办法》（2016年1月1日正式实施），已将《征求意见稿》中要求的维修技术信息公开在程序及细节上予以明确。此外，我们也了解到，售后配件的标准化工作已由中国汽车维修行业协会负责开展，这将解决同质配件的认定问题。❶

需要说明的是，2013年年初国家发改委价格监督部门针对茅台五粮液的罚单是反垄断法实施以来首次关于纵向垄断协议作出的处罚，而在2012年5月，上海市第一中级人民法院对"锐邦公司诉强生医疗器械一案"的判决则是我国首例以纵向垄断协议为案由的司法判例。❷

2.10 法律责任

2.10.1 没收违法所得

2.10.1.1 工商及发改委没收违法所得

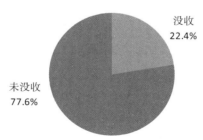

图2-28 工商及发改委反垄断没收违法所得情况

如图2-28所示，在2016年度工商及发改委查处的67件垄断案件中，执法机构没收当事人违法所得的案件共计15件，占22.4%；未没收当事人违法

❶ 魏瑛玲，白雪斐.《关于汽车业的反垄断指南》（征求意见稿）解读［DB/OL］.［2016-03-30］. http://law.wkinfo.com.cn/.
❷ 胡瑕. 论我国《反垄断法》对纵向垄断协议的规制［D］. 上海：复旦大学，2013.

所得的案件 52 件，占 77.6%。由此可知，大部分反垄断行政处罚案件中执法机构并未没收当事人违法所得。而依据《反垄断法》第 46 条和第 47 条的规定，经营者无论是实施垄断协议，还是滥用市场支配地位，都应"由反垄断执法机构责令停止违法行为，没收违法所得，并处上一年度销售额 1% 以上 10% 以下的罚款"。如果"尚未实施所达成的垄断协议的，则可以处 50 万元以下的罚款"。在法律条文中，"没收违法所得"和"处以罚款"之间用的是"并"而非"或"，这也就是说，执法部门在对违法者进行处罚时，首先应该没收违法所得，而且应该是全部，然后，再依据实际情况进行罚款。

表 2-12　2016 年度工商及发改委反垄断案件没收违法所得金额

反垄断执法机构	没收违法所得总额
工商	3 744.5 万元
发改委	0 元

　　如表 2-12 所示，2016 年度工商查处的 51 件垄断案件共计没收违法所得总额 3 744.5 万元，发改委及各省级价格主管部门查处的 16 件垄断案件中，均未没收当事人违法所得。

　　目前我国反垄断法律法规中对没收违法所得制度的现行规定都比较原则性，缺乏指引性和确定性，对于"违法所得"的具体定义及"违法所得"如何计算都没有进行明确规定，明显增加了反垄断执法机构的执法难度，降低了反垄断行政处罚的公信力。为解决违法所得的计算问题，受国务院反垄断委员会委托，国家发改委起草了《关于认定经营者垄断行为违法所得和确定罚款的指南》（征求意见稿），并已于 2016 年 6 月向公众公开征求意见。《关于认定经营者垄断行为违法所得和确定罚款的指南》（征求意见稿）首次对"违法所得"给出了明确定义，是指"经营者实施《反垄断法》禁止的垄断协议和滥用市场支配地位行为，垄断行为存续期间因该行为多得的收入或减少的支出。一般情况下，反垄断执法机构没收经营者在中国境内经济活动中产生的违法所得。如果经营者的经济活动不在中国境内，反垄断执法机构可以没收经营者涉及中国市场的经济活动中产生的违法所得。"同时还规定了认定违法所得时主要考虑因素，计算违法所得的具体方法，认定违法所得特殊情形，可认定无违法所得情形和不予没收违法所得的情形，让没收违法所得制度变得具体化和可操作化。

2.10.1.2　工商没收违法所得

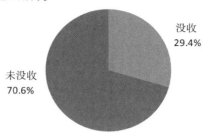

图 2-29　工商查处垄断案件没收违法所得情况

如图 2-29 所示，在 2016 年度工商查处的 51 件垄断案件中，没收当事人违法所得的案件共计 15 件（见表 2-13），占 29.4%；未没收违法所得案件共计 36 件，占 70.6%，但未没收违法所得案件的行政处罚决定文书中并未交代未没收当事人违法所得的具体理由和原因。

表 2-13　工商反垄断没收当事人违法所得的案件

序号	案　号	受罚当事人	没收违法所得金额/万元
1	鲁工商公处字（2016）第 24 号	青岛新奥新城燃气有限公司	5.2
2	内工商处罚字（2016）002 号	内蒙古广播电视网络集团有限公司锡林郭勒分公司	9.2
3	豫工商处字（2016）第 13 号	固始百盛花炮有限公司	17.3
4	豫工商处字（2016）第 15 号	固始县悦东商贸有限公司	17.3
5	豫工商处字（2016）第 12 号	固始县烟花爆竹厂	17.3
6	豫工商处字（2016）第 14 号	固始县辰泰烟花爆竹专营有限公司	17.3
7	豫工商处字（2016）第 11 号	固始兆祥烟花爆竹有限责任公司	17.3
8	内工商处罚字（2016）1 号	阿拉善左旗城市给排水公司	30.1
9	渝工商经处字（2016）15 号	重庆西南制药二厂有限责任公司	48.3
10	湘工商竞处字（2016）2 号	湖南盐业股份有限公司永州市分公司	69.8
11	内工商处罚字（2016）4 号	内蒙古赤峰市盐业公司	194.1

续表

序号	案　　号	受罚当事人	没收违法所得金额/万元
12	苏工商案（2016）00025 号	宿迁银控自来水有限公司	366.5
13	皖工商公处字（2016）2 号	信雅达系统工程股份有限公司	411.4
14	皖工商公处字（2016）3 号	北京兆日科技有限责任公司	538.0
15	皖工商公处字（2016）1 号	上海海基业高科技有限公司	1 985.5

　　2008 年至 2015 年年底，工商反垄断只有"江西省泰和县液化石油气经营者从事垄断协议案""广东惠州大亚湾溢源净水有限公司滥用市场支配地位案""海南省东方市自来水公司垄断案"三个案件的行政处罚文书中详细阐明了违法所得的计算过程，介绍了当事人 2008 年 8 月 1 日以后实施垄断行为期间所得收入，扣除缴纳的税费、经营支出后所得利润。尤其"海南省东方市自来水公司垄断案"一案中对违法所得的计算最为严谨和规范，海南省工商局委托了专业会计师事务所进行审计。如果与《关于认定经营者垄断行为违法所得和确定罚款的指南》（征求意见稿）对"违法所得"的定义对比，工商机关在反垄断执法过程中对违法所得计算显然不符。

　　《关于认定经营者垄断行为违法所得和确定罚款的指南》（征求意见稿）第 5 条规定，垄断行为违法所得是指经营者实施《反垄断法》禁止的垄断协议和滥用市场支配地位行为，垄断行为存续期间因该行为多得的收入或减少的支出。对于违法所得为因垄断行为多得收入的情形，反垄断执法机构可以将经营者的实际收入扣除假定收入后的余额，认定为垄断行为违法所得；对于违法所得为因垄断行为减少支出的情形，反垄断执法机构可以将假定支出减去实际支出的余额，认定为垄断行为违法所得。实际收入/支出可参考经营者根据会计制度确定的金额，假定收入/支出用对照价格乘以对照数量的方法计算，也可通过综合考虑该经营者在垄断行为发生前市场占有率、购买量、历史利润率以及本行业利润率、近似市场利润率等因素来确定。反垄断执法机构认定违法所得时通常会综合考虑因实施垄断行为导致的相关商品价格变化、销售量变化、经营者在相关市场的份额变化、经营者的利润率变化以及行业特点等因素，必要时借助经济学方法进行分析。

　　相较于国家工商总局 2008 年发布的《工商行政管理机关行政处罚案件违法所得认定办法》第 2 条对违法所得的规定："工商行政管理机关认定违法所得的基本原则是：以当事人违法生产、销售商品或者提供服务所获得的全部收入扣除当事人直接用于经营活动的适当的合理支出，为违法所得"，《关于认定经营者垄断行为违法所得和确定罚款的指南》（征求意见稿）规定得更加科学、合理、细致。

2.10.1.3　发改委没收违法所得

2016 年度发改委查处的 16 件垄断案件中，均未没收当事人违法所得，且未提及不予没收的具体原因。

2008 年至 2015 年年底，发改委查处的案件中仅 8 件案件当事人被处以没收违法所得，占 4.6%；95.4% 的案件未处以没收违法所得。❶ 这说明发改委在反垄断行政执法中，一般并不注重对当事人违法所得没收的处罚，这样尽管提高行政执法效率，但对于反垄断法实施的权威性和公正性容易受到外界所质疑。

2.10.2　反垄断罚款

2.10.2.1　工商及发改委罚款

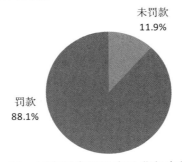

图 2-30　工商及发改委查处垄断案件罚款情况

如图 2-30 所示，在 2016 年度工商及发改委查处的 67 件垄断案件中，执法机构对当事人处以罚款的案件共计 59 件，占 88.1%；未对当事人罚款的案件共计 8 件，占 11.9%。如表 2-14 所示，2016 年度工商查处 51 件垄断案件共计罚款72 949.03万元，国家发改委及各省级价格主管部门查处 16 件垄断案件共计罚款22 571.72万元。

---

❶　林文. 中国反垄断行政执法（2008～2015）［M］. 北京：知识产权出版社，2016：149.

表 2-14   2016 年度工商及发改委反垄断案件罚款总额

反垄断执法机构	罚款总额
工商	72 949.03 万元
发改委	22 571.72 万元

依据《反垄断法》第 46 条对于达成并实施垄断协议的，处上一年度销售额 1% 以上 10% 以下的罚款；对于尚未实施所达成的垄断协议的，可以处 50 万元以下的罚款。除此之外，垄断行为的严重程度也对罚款数额的确定构成影响，即违法行为程度越深、性质越恶劣、持续时间越长，相应的行政罚款数额就会越大。根据《反垄断法》第 49 条规定反垄断执法机构确定具体的罚款金额时，还应将违法行为的性质、程度和持续的时间等因素纳入考量范围。

《关于认定经营者垄断行为违法所得和确定罚款的指南》（征求意见稿）明确了反垄断执法机构对经营者确定罚款的基本方法，即反垄断执法机构分三步确定对经营者的罚款：第一步，确定违法经营者的上一年度销售额；第二步，考虑违法行为性质和持续时间确定基础罚款比例；第三步，考虑其他从重、从轻、减轻因素对基础罚款比例进行调整，并根据违法行为的程度进行调整，确定最终罚款比例，据此计算出罚款数额。具体内容如表 2-15 所示。

表 2-15   《关于认定经营者垄断行为违法所得和确定罚款的指南》（征求意见稿）
确定罚款的基本方法

序号	步骤	确定标准
1	确定违法经营者上一年度销售额	1. 通常以启动调查时的上一个会计年度来计算经营者销售额。 2. 垄断行为在反垄断执法机构启动调查时已经停止的，"上一年度"为垄断行为停止时的上一个会计年度。 3. 会计年度自公历 1 月 1 日起至 12 月 31 日止。经营者采用不同会计年度的，按照中国的会计年度进行调整后使用。 4. 一般情况下，以经营者在实施垄断行为的地域范围内涉案商品的销售收入作为计算罚款所依据的销售额。如果这个地域范围大于中国境内市场，一般以境内相关商品的销售收入作为确定罚款所依据的销售额。特定情形下，如果根据前款确定的销售额难以反映经营者实施垄断行为对市场竞争和消费者权益的损害程度，据此确定罚款难以体现过罚相当原则和反垄断执法的威慑力，可以选择不超过经营者全部销售收入作为计算罚款所依据的销售额

续表

序号	步骤	确定标准	
2	确定基础罚款比例	垄断行为持续时间在1年以内	
		垄断行为类型	初始罚款比例
		《反垄断法》第13条第（1）项、第（2）项、第（3）项所禁止的垄断协议	3%
		《反垄断法》第13条第（4）项、第（5）项、第（6）项所禁止的垄断协议	2%
		《反垄断法》第14条所禁止的垄断协议	1%
		依法取得市场支配地位的经营者滥用市场支配地位	3%
		通过市场竞争取得市场支配地位的经营者滥用市场支配地位	2%
		垄断行为持续时间超过1年	
		每延长1年	增加1%
		延长不足6个月的	增加0.5%
		超过6个月且不足1年的	增加1%
3	调整基础罚款比例	从重情节	增加1%或者0.5%
		从轻减轻情节	减少1%或者0.5%
		调整限度： 1. 违法程度严重的，调整后的罚款比例不低于6%；损害很小的，不高于3%。 2. 最终罚款比例不得高于10%，除适用宽大政策以及按照《行政处罚法》减轻处罚外，不得低于1%	

2.10.2.2　工商罚款

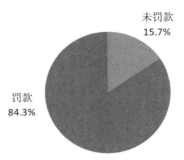

未罚款
15.7%

罚款
84.3%

图 2-31　工商反垄断案件罚款情况

如图 2-31 所示，在 2016 年度工商查处的 51 件垄断案件中，仅 8 件案件因中止调查未对当事人处以罚款，占 15.7%；对当事人进行罚款处罚的案件共计 43 件，占 84.3%。

（1）工商罚款比例。

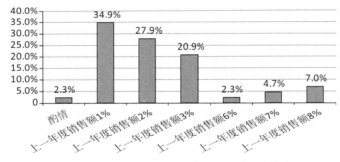

图 2-32　工商查处垄断案件罚款标准分布

如图 2-32 所示，在 2016 年度工商对经营者处以罚款的 43 件垄断案件中，酌情确定罚款数额的案件仅 1 件，即"湖北省保险行业组织经营者达成垄断协议案"，该案也是 2016 年度工商查处的垄断案件中唯一一件当事人为行业协会的案件。《反垄断法》第 43 条第 3 款规定："行业协会违反本法规定，组织本行业的经营者达成垄断协议的，反垄断执法机构可以处 50 万元以下的罚款；情节严重的，社会团体登记管理机关可以依法撤销登记。"截至目前，还没有社会团体登记管理机关依法撤销登记的案例。

依据《反垄断法》第 46 条第 1 款及第 47 条规定，反垄断执法机构对达成并实施垄断协议的经营者、滥用市场支配地位的经营者，除责令停止违法行为、没收违法所得外还应并处上一年度销售额 1% 以上 10% 以下的罚款。罚款数额为上一年度销售额 1% 的案件最多，共计 15 件，占 34.9%；其次是罚款数额为上一年度销售额的 2% 的案件共计 12 件，占 27.9%；罚款数额为上一年度销售额 3% 的案件共计 9 件，占 20.9%；罚款数额为上一年度销售额 5% 的案件 1 件，即"宿迁中石油昆仑燃气有限公司滥用市场支配地位案"，占 2.3%；罚款数额为上一年度销售额 7% 的案件共计 2 件，即"吴江华衍水务有限公司滥用市场支配地位案"和"利乐滥用市场支配地位案"，占 4.8%；罚款数额为上一年度销售额 8% 的案件共计 3 件，即"安徽信雅达等三家密码器企业垄断协议案"，该案有 3 个当事人，分别为信雅达系统工程股份有限公司、北京兆日科技有限责任公司、上海海基业高科技有限公司，占 7.1%。

从上述分析可知，在 2016 年度工商机关对经营者进行罚款处罚的 43 件案件中，大部分案件罚款标准在上一年度销售额 3% 以下。同时值得一提的是，在"安徽信雅达等三家密码器企业垄断协议案"一案中，信雅达因与具有竞争关系的经营者之间的协同行为（垄断协议）领罚 7.617 万元，而在一年前的同一天，其因拒绝提供材料不配合调查而领罚 20 万元并引起热议。两张罚单相加，信雅达成为该案中受罚金额最高的涉案主体。信雅达因违反法定义务而承担的罚款金额远高于其因不当市场行为所承担的罚款；此外，其作为"全国工商系统开出的首张不配合反垄断执法调查罚单"的主角还要承受反面教材带来的负面社会评价，这对一个上市公司来说，不能不说是一个很大的教训。信雅达的受罚也给经济社会中的其他市场主体敲响了警钟，即企业应对我国法律尤其是竞争法保持高度的敬畏心——既要敬畏实体方面的法定责任义务，也要敬畏程序方面的法定责任义务。❶

2008 年至 2015 年年底，工商反垄断对于 121 名❷行政处罚经营者，工商行政管理机关适用最多即"酌情"处罚，"酌情"处罚为 32 件，占 26.4%。❸ 而 2016 年酌情适用明显减少，不得不说是工商反垄断行政执法中的进步。

---

❶ 安徽查处信雅达等 3 家密码器公司垄断协议案评析（下）[EB/OL].[2017-07-01]. http://www.saic.gov.cn/fldyfbzdjz/dxal/201706/t20170608_266046.html.

❷ 101 件工商行政管理机关反垄断行政处罚案件中，由于有 4 件案件——"河南省安阳市旧机动车经营者从事垄断协议案"（11 名经营者）、"浙江省江山市混凝土经营者从事垄断协议案"（3 名经营者）、"内蒙古自治区赤峰中心城区烟花爆竹批发企业实施垄断行为案"（6 名受罚经营者）、"重庆巫溪县东翰采石场等四家采石场垄断协议案"（4 名受罚经营者）行政处罚文书未分案，故本次工商反垄断执法大数据分析实际受调查经营者共计 121 名。

❸ 林文. 中国反垄断行政执法（2008~2015）[M]. 北京：知识产权出版社，2016：95.

（2）上一年度时间计算。

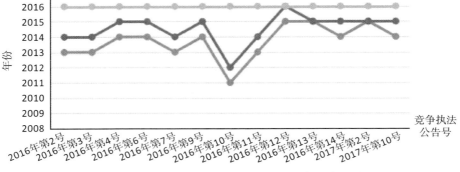

图 2-33　工商查处垄断案件中罚款基数销售额的年份

注：本报告所采取的案件计数方式与反垄断执法机构不同，此表横坐标为 2016 年度工商对经营者处以罚款的 41 件垄断案件（"湖北省保险行业组织经营者达成垄断协议案"除外，因该案罚款不涉及上一年度销售额的计算）所对应的 12 件竞争执法公告的公告号。

　　如图 2-33 所示，在 2016 年度工商对经营者处以罚款的案件中，为确定罚款的销售额基数采用的是立案审查该年的上一年度销售额，而不是行政处罚决定该年的上一年度销售额。

　　由上述分析可知，这与国务院反垄断委员会《关于认定经营者垄断行为违法所得和确定罚款的指南（征求意见稿）》中的规定是相符的。《关于认定经营者垄断行为违法所得和确定罚款的指南（征求意见稿）》第 17 条规定了《反垄断法》第 46 条第 1 款中"上一年度"的含义，即反垄断执法机构通常以启动调查时的上一个会计年度来计算经营者销售额。垄断行为在反垄断执法机构启动调查时已经停止的，"上一年度"为垄断行为停止时的上一个会计年度。会计年度自公历 1 月 1 日起至 12 月 31 日止。经营者采用不同会计年度的，按照中国的会计年度进行调整后使用。

（3）销售额的计算。

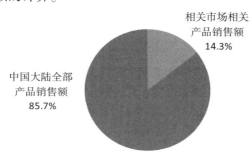

图2-34　工商查处垄断案件中"销售额"的范围分布

如图2-34所示，在2016年度工商对经营者处以罚款的42件垄断案件（此处不含行业协会）中，执法机构作为计算罚款依据的销售额是经营者在垄断行为相关市场相关产品的销售额的案件仅6件，占14.3%；其余36件案件中，执法机构所采取的销售额均是经营者上一年度在中国大陆境内全部产品的销售额。

在销售额的产品维度方面，是只计算与违法企业直接或间接相关的产品或服务的销售额还是计算涉案企业全部产品和服务的销售额是一个问题。在执法实践中，销售额计算范围选定为经营者所有产品或服务的销售额更便于反垄断执法机构执法。但这一做法的合理性仍需要在执法实践中继续考证。

（4）罚款的数额。

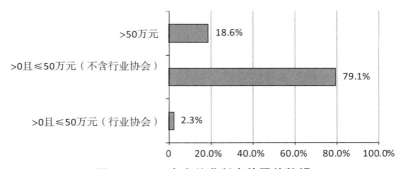

图2-35　工商查处垄断案件罚款数额

如图2-35所示，在2016年度工商对当事人处以罚款的43件垄断案件中，罚款数额在50万元以下的行业协会受罚案件仅1件，依据《反垄断法》第46条第3款，"湖北省保险行业组织经营者达成垄断协议案"一案中湖北省保险行业协会被处罚款 20 万元；罚款数额在 50 万元以下的经营者受罚案件 34 件，占 79.1%；罚款数额超过 50 万元的案件 8 件，占 18.6%，如表 2-16 所示，罚款数额最高的案件为"利乐滥用市场支配地位案"。

表 2-16　工商罚款数额超过 50 万元的垄断案件

序号	案　　号	受罚当事人	罚款数额/万元
1	豫工商处字（2016）第 11 号	固始兆祥烟花爆竹有限责任公司	59.8
2	内工商处罚字（2016）4 号	内蒙古赤峰市盐业公司	104.8
3	新工商竞处（2014）39 号	乌鲁木齐水业集团有限公司	149.4
4	苏工商案（2016）00025 号	宿迁银控自来水有限公司	183.5
5	鲁工商公处字（2016）第 24 号	青岛新奥新城燃气有限公司	681.9
6	苏工商案（2016）00050 号	吴江华衍水务有限公司	2 142.9
7	苏工商案字（2016）第 00048 号	宿迁中石油昆仑燃气有限公司	2 505.0
8	工商竞争案字（2016）1　号	利乐	66 772.4

2.10.2.3　发改委罚款情况

2016 年度国家发改委及各省级价格主管部门查处的 16 件垄断案件中，当事人均为经营者，且均被处以罚款。

（1）发改委罚款比例。

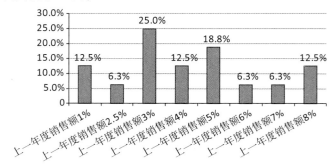

图 2-36　发改委查处垄断案件罚款标准

注：由于计算中采取了四舍五入，故计算结果有误差。图中各数据之和为 100.2%。

如图 2-36 所示，罚款数额为上一年度销售额 3% 的案件最多，共计 4 件，占 25%；其次是罚款数额为上一年度销售额 5% 的案件共计 3 件，占 18.8%；罚款数额为上一年度销售额 1% 的案件 2 件，分别为"上海韩泰轮胎销售有限公司纵向垄断案""上海领鲜物流有限公司纵向垄断案"；罚款数额为上一年度销售额4%的案件2件，即"重庆青阳药业有限公司横向垄断案""重庆大同医药有限公司横向垄断案"；罚款数额为上一年度销售额8%的案件各2件，即"美敦力（上海）管理有限公司纵向垄断案""上汽通用汽车销售有限公司纵向垄断案"；另有罚款数额为上一年度销售额2.5%、6%、7%的案件各1件，分别为"山东信谊制药有限公司横向垄断案""施乐辉医用产品国际贸易（上海）有限公司纵向垄断案""华中药业股份有限公司横向垄断案"。

从以上分析得出，发改委在反垄断行政处罚中，一般适用3%以下比例，适用8%的比例处罚的案件不多。

（2）上一年度时间计算。

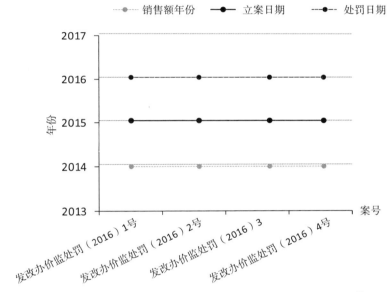

图2-37　发改委查处垄断案件中罚款基数销售额的年份❶

如图2-37所示，就行政处罚决定书中已公开立案日期的案件来看，国家发改委为确定罚款所取的销售额基数同样采取的是立案时的上一年度销售额。但在2015年以前发改委查处的垄断案件中，发改委在反垄断行政执法时对于《反垄断法》第46条中规定罚款标准的"上一年度销售额"的具体年份没有统一的理解，"上一年度"具体是指立案调查的上一年还是指作出行政处罚决定的上一年，在发改委的反垄断行政处罚案件中并不统一。例如"日本轴承生产

---

❶　2016年度发改委查处的16件垄断案件中，仅5件案件行政处罚决定书中公开了立案日期，其中2件行政处罚决定书案号相同。

企业价格垄断案"中作为罚款数额计算基准的上一年度销售额是作出处罚决定当年的上一年，而"强生视力健商贸（上海）有限公司实施价格垄断行政处罚案"和"克莱斯勒垄断协议案"案中"上一年度"是价格主管部门作出立案决定的上一年。至于"高通滥用市场支配地位案"则是最让人困惑的，该案发改委于 2013 年立案，2015 年作出行政处罚决定，但罚款基准却是高通公司 2013 年度的销售额，既不是立案年份的上一年，也不是处罚年份的上一年，行政处罚决定书中并未就此作出解释。❶

（3）销售额的计算。

国家发改委及各省级价格主管部门作为计算罚款依据的销售额范围均是经营者在垄断行为相关市场相关产品的销售额。针对《反垄断法》第 46 条规定"上一年度销售额"中销售额具体是指当事人上一年度全部的销售额还是仅在涉案产品在相关地域市场内的销售额这一问题，在 2015 年以前发改委查处的垄断案件中，发改委没有统一的执法标准。例如"上海依视路光学有限公司实施价格垄断行政处罚案""强生视力健商贸（上海）有限公司实施价格垄断行政处罚案""高通滥用市场支配地位案"三件案件中，行政处罚决定书中仅直接叙述"当事人××××年度销售额"是多少，并未说明这个销售额是涉案产品在××××年度的销售额还是当事人在××××年度全部产品全年的销售额。❷

（4）罚款的数额。

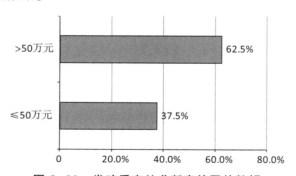

图 2-38　发改委查处垄断案件罚款数额

如图 2-38 所示，在 2016 年度国家发改委及各省级价格主管部门查处的 16 件垄断案件中，罚款数额在 50 万元以下的案件共计 6 件，占 37.5%；罚款数额超过 50 万元的案件共计 10 件，占 62.5%，如表 2-17 所示，罚款数额最高

---

❶　林文. 中国反垄断行政执法（2008~2015）[M]. 北京：知识产权出版社，2016：153.
❷　林文. 中国反垄断行政执法（2008~2015）[M]. 北京：知识产权出版社，2016：154.

的案件为"上汽通用汽车销售有限公司纵向垄断案"。

表 2-17 发改委罚款数额超过 50 万元的垄断案件

序号	受罚当事人	罚款数额/万元
1	商丘市华杰医药有限公司	51.1
2	山东信谊制药有限公司	54.8
3	施乐辉医用产品国际贸易（上海）有限公司	74.2
4	世贸天阶制药（江苏）有限责任公司	118.4
5	华中药业股份有限公司	157.2
6	重庆青阳药业有限公司	168.7
7	上海领鲜物流有限公司	197.8
8	上海韩泰轮胎销售有限公司	217.5
9	重庆新日日顺家电销售有限公司上海分公司	1 178.5
10	上汽通用汽车销售有限公司	20 175.6

2.11 法定考量因素

《反垄断法》第 49 条规定，对《反垄断法》第 46 条、第 47 条、第 48 条规定的罚款，反垄断执法机构确定具体罚款数额时，应当考虑违法行为的性质、程度和持续的时间等因素。

《关于认定经营者垄断行为违法所得和确定罚款的指南》（征求意见稿）规定了反垄断执法机构对违法经营者确定罚款时应当考虑的从重、从轻减轻情节，如表 2-18 所示。

表 2-18 《关于认定经营者垄断行为违法所得和
确定罚款的指南》（征求意见稿）规定的从重、从轻减轻情节

法定考量因素	具体类型	对反垄断机构确定罚款比例的影响
从重情节	在垄断行为中起主要作用或者胁迫、诱骗其他经营者实施垄断行为，或者妨碍其他经营者停止该垄断行为的	在基础罚款比例上增加1%

续表

法定考量因素	具体类型	对反垄断机构确定罚款比例的影响
从重情节	在同一案件中实施多个垄断行为，或在不同案件中多次实施垄断行为的	在基础罚款比例上增加 1%
	主动推动、促成行政机关和法律、法规授权的具有管理公共事务职能的组织滥用行政权力排除、限制竞争的	在基础罚款比例上增加 1%
	反垄断执法机构已经责令停止，仍然继续实施垄断行为的	在基础罚款比例上增加 0.5%
	其他依法应当考虑的从重情节	在基础罚款比例上增加 0.5%
从轻减轻情节	受其他经营者胁迫实施垄断行为的	在基础罚款比例上减少 1%
	受行政机关和法律、法规授权的具有管理公共事务职能的组织强制、胁迫实施垄断行为的	在基础罚款比例上减少 1%
	配合行政机关查处违法行为有立功表现的	在基础罚款比例上减少 1%
	主动消除违法行为危害后果的	在基础罚款比例上减少 1%
	主动减轻违法行为危害后果的	在基础罚款比例上减少 0.5%
	主动提供其他经营者除该案以外违反《反垄断法》有关证据的	在基础罚款比例上减少 0.5%
	其他依法应当考虑的从轻情节	在基础罚款比例上减少 0.5%

2.11.1 工商适用法定考量因素

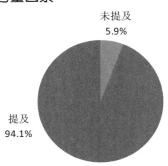

图 2-39 工商反垄断案件中提及法定考量因素

如图 2-39 所示，在 2016 年度工商查处的 51 件垄断案件中，有 94.1% 的案件在进行行政处罚时考虑了有关法定考量因素，仅有 3 件案件完全未提及法定考量因素，占 5.9%（三件案件即"国网山东省电力公司烟台市牟平区供电公司滥用市场支配地位案""江苏省电力公司海安县供电公司滥用市场支配地位案""宿迁中石油昆仑燃气有限公司滥用市场支配地位案"）。

2015 年以前工商查处的 101 件垄断案件中，有 35.6% 的案件行政处罚决定书中没有提及法定考量因素。而 2016 年度仅 3 件未提及法定考量因素，是大的进步和改变。❶

说明工商在反垄断执法过程中，对于法律的理解和适用越来越规范，基本上做到违法行为和处罚幅度保持相对应，这是反垄断法的法律责任应有之义。

2015 年 9 月 18 日，安徽省工商局对信雅达系统工程股份有限公司下达行政处罚决定书，由于信雅达公司在安徽省工商局查处垄断案件中不履行配合调查的法律义务，决定对其处以 20 万元的罚款。这是工商部门首起依据反垄断法对当事人或利害关系人不配合调查作出的行政处罚案件。

我国《行政处罚法》第 27 条规定："当事人有下列情形之一的，应当依法从轻或者减轻行政处罚：（1）主动消除或者减轻违法行为危害后果的；（2）受他人胁迫有违法行为的；（3）配合行政机关查处违法行为有立功表现的；（4）其他依法从轻或者减轻行政处罚的。违法行为轻微并及时纠正，没有造成危害后果的，不予行政处罚。"《反垄断法》第 49 条规定："对本法第 46 条、第 47 条、第 48 条规定的罚款，反垄断执法机构确定具体罚款数额时，应当考虑违法行为的性质、程度和持续的时间等因素。"《工商行政管理机关禁止垄断协议行为的规定》第 10 条第 3 款规定："工商行政管理机关确定具体罚款数额时，应当考虑违法行为的性质、情节、程度、持续时间等因素"。

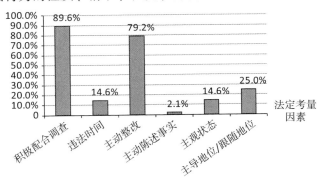

图 2-40　工商查处垄断案件中法定考量因素

❶　林文．中国反垄断行政执法（2008~2015）［M］．北京：知识产权出版社，2016：108.

如图 2-40 所示，在 2016 年度工商部门查处提及法定考量因素的 48 件垄断案件中，89.6% 的案件考虑了当事人积极配合调查，79.2% 的案件考虑了当事人主动整改，25.0% 的案件考虑了当事人在垄断案件中所处的主/从地位，14.6% 的案件考虑了当事人对于垄断行为的主观状态，14.6% 的案件考虑了当事人违法时间，2.1% 的案件考虑了当事人主动陈述事实。

2008 年至 2015 年年底，工商执法法定考量因素"积极配合调查"出现的频率最高，为 35 件，占 34.7%；提及"违法行为持续时间不长"的案件 21 件，占 20.85%；提及"主动停止垄断行为"案件 18 件，占 17.8%；提及"未实际实施垄断协议"的案件 18 件，占 17.8%；提及"主观故意"案件 12 件，占 11.9%。❶

由上述分析可知，工商反垄断执法机构在对当事人决定行政处罚时，最为看重当事人对反垄断调查的配合程度以及反垄断行为的整改态度。执法机关最为注重的是当事人配合调查的程度，整改的主动性与有效性，但在行政处罚决定书中，对于当事人如何"积极配合调查"均没有具体的陈述和说明，如何认定"配合"与否并没有明确的标准。从执法实践来看，"积极配合调查"取决于执法人员的直观感受，并且当事人的配合程度对处罚比例的影响如此之大也主要是因为其为执法机构的工作提供了便利。我们认为，"积极配合调查"仅是一种表面的形式，此种形式一定为最终反映为对认定反垄断具有重要或决定性的作用，否则，容易成为经营者和执法部门的执法交易，受到外界质疑。

2.11.2 发改委适用法定考量因素

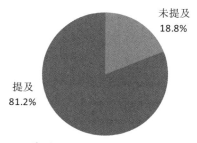

未提及
18.8%

提及
81.2%

图 2-41 发改委反垄断案件提及法定考量因素

如图 2-41 所示，在 2016 年度国家发改委及各省级价格主管部门查处的 16 件垄断案件中，有 81.2% 的案件在进行行政处罚时考虑了有关法定考量因素；

❶ 林文.中国反垄断行政执法（2008~2015）［M］.北京：知识产权出版社，2016：109.

未提及法定考量因素的案件占18.8%，仅3件（分别为"重庆海尔电器销售有限公司上海分公司纵向垄断案""重庆海尔家电销售有限公司上海分公司纵向垄断案""上汽通用汽车销售有限公司纵向垄断案"）。

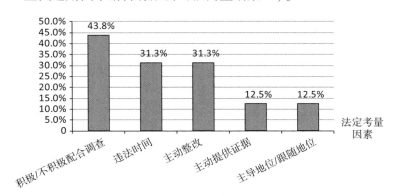

图 2-42　发改委查处垄断案件中法定考量因素

如图2-42所示，在2016年度国家发改委及各省级价格主管部门查处的16件垄断案件，43.8%的案件考虑了当事人是否积极配合调查，31.3%的案件考虑了当事人违法时间长短，31.3%的案件考虑了当事人主动整改，12.5%的案件考虑了当事人主动提供证据，12.5%的案件考虑了当事人在垄断案件中所处的主/从地位。

2008年至2015年年底，发改委处罚时的法定考量因素中提及当事人积极配合调查占43.7%；主动停止违法行为占26.8%；当事人是否在垄断协议达成实施过程中起到主导作用占18.9%；提及违法行为持续时间长短的影响占10.0%。❶

从以上分析得出，说明当事人对反垄断调查的配合程度、违法时间以及整改态度同样是发改委在对当事人决定行政处罚时重点考量的因素。如华中药业、山东信谊、常州四药等三家公司达成并实施艾司唑仑原料药、片剂垄断协议案一案中，发改委在其处罚决定中表明华中药业在垄断协议的达成、实施过程中起主导作用，因而处以其2015年度艾司唑仑片销售额7%的罚款。常州四药作为垄断协议的跟随者，违法程度较轻且能积极主动整改，处以3%的罚款。而山东信谊虽然积极参会，但考虑到其参会是应华中药业的邀请并且在调查过程中配合执法机关查处违法行为有立功表现，对其减轻处罚，处以2.5%的罚款。

---

❶　林文．中国反垄断行政执法（2008～2015）［M］．北京：知识产权出版社，2016：164．

2.12 垄断协议豁免制度适用

2016 年度工商及发改委查处的 51 件垄断协议案件中，均未适用垄断协议豁免制度，也未发现有当事人依据《反垄断法》第 15 条向反垄断执法机构申请豁免。

2008 年至 2015 年年底，工商反垄断执法中有 67 件案件当事人提出了豁免申请，占 66.3%；未提出豁免申请 34 件，占 33.7%。但截至目前，尚未出现一例依据《反垄断法》第 15 条得到工商部门豁免决定的案件。在"辽宁省建筑材料工业协会组织本行业经营者从事垄断协议案"一案中，行业协会提出了豁免申请，其认为"冬季停产检修是控制产能过剩，节约能源，保证产品质量的一项措施"，然而，执法机构认为该理由不能作为其行为违法豁免的理由，并对此进行了较为详细的论述。执法机构认为，根据证据显示，签约企业的协议停产行为已经造成水泥成品市场和水泥熟料市场竞争机制的严重破坏，并且引起水泥产业链条上的生产成本大幅度提升，相关产品价格明显上涨，相关企业难以维持，同时客观上推动了建筑及相关行业成本提高，最终损害消费者利益等影响，这与豁免制度适用所要求的前提条件不符。为此，辽宁省工商行政管理局决定给予协会罚款 10 万元的行政处罚。由于国家工商行政管理总局公布了处罚决定书，对其不予以豁免的理由阐述得有理有据，能解决公众期待和回应不给予宽恕原因的疑问。❶

2013 年国家发改委曾派出 30 个工作组对全国各地水泥行业价格协同案进行调查，但 2014 年 3 月 27 日证券时报的报道披露，考虑到水泥行业产能过剩情况、2012 年利润率较低，此次价格协同行为持续时间不长，中国水泥协会负责人带队前往发改委陈述水泥行业价格协同行为，并提供行业数据论证。最终，发改委将之定性为不属于垄断行为，但国家发改委官网没有披露相关信息。❷

垄断协议豁免制度是指经营者能够证明所达成的协议符合《反垄断法》第

---

❶　参见北京市律协竞争与反垄断法律事务专业委员会编：《2013 年竞争法年度报告》。

❷　参见北京市律协竞争与反垄断法律事务专业委员会编：《2013 年竞争法年度报告》。截至本报告截稿，该案是否结案，以及是否豁免等信息没有报道。

15 条规定❶，从而不适用第 13 条、第 14 条规定的情形。豁免制度是利益衡量的结果，即从经济效果上对于限制竞争行为的性质和影响进行利益对比，在利大于弊时将其排除适用反垄断法的禁止规定。❷

　　为明确垄断协议豁免的一般性条件和程序，便于经营者理解和使用垄断协议豁免制度，指导反垄断执法机构适用该制度，提高反垄断执法的透明度和可预期性，国务院反垄断委员会依据《反垄断法》制定了《关于垄断协议豁免一般性条件和程序的指南（征求意见稿）》（下称"《垄断协议豁免指南（征求意见稿）》"），该《垄断协议豁免指南（征求意见稿）》已于 2016 年 5 月 12 日至 2016 年 6 月 1 日在国家发改委价监局官网公开征求意见。依据《垄断协议豁免指南（征求意见稿）》规定，向反垄断执法机构申请豁免的主体包括经营者与行业协会，当事人申请豁免的时间须在反垄断执法机构对涉嫌达成或者实施垄断协议的行为进行调查后，在反垄断执法机构作出决定前。在反垄断执法机构对涉嫌达成或者实施垄断协议的行为进行调查之前，经营者或行业协会可以就拟达成并且符合特定情形的协议：①可能对包括中国市场在内的多个国家或者地区市场竞争产生影响，且相关经营者或者行业协会拟向其他国家或者地区提起豁免申请的；②全国性行业协会代表行业整体，就具有一定广泛性或者重要性的协议咨询意见的，向国务院反垄断执法机构进行豁免咨询。经营者和行业协会应自行判断所达成或者拟达成的协议是否符合《反垄断法》第 15 条规定的豁免情形，并自主决定是否向反垄断执法机构提出豁免申请或者豁免咨询。经营者或行业协会申请垄断协议豁免流程流程如图 2-43 所示：

---

❶ 《反垄断法》第 15 条规定：经营者能够证明所达成的协议属于下列情形之一的，不适用本法第 13 条、第 14 条的规定：（1）为改进技术、研究开发新产品的；（2）为提高产品质量、降低成本、增进效率，统一产品规格、标准或者实行专业化分工的；（3）为提高中小经营者经营效率，增强中小经营者竞争力的；（4）为实现节约能源、保护环境、救灾救助等社会公共利益的；（5）因经济不景气，为缓解销售量严重下降或者生产明显过剩的；（6）为保障对外贸易和对外经济合作中的正当利益的；（7）法律和国务院规定的其他情形。属于前款第 1 项至第 5 项情形，不适用本法第 13 条、第 14 条规定的，经营者还应当证明所达成的协议不会严重限制相关市场的竞争，并且能够使消费者分享由此产生的利益。

❷ 尚明.反垄断——主要国家与国际组织反垄断法律与实践［M］.北京：中国商务出版社，2005：42.

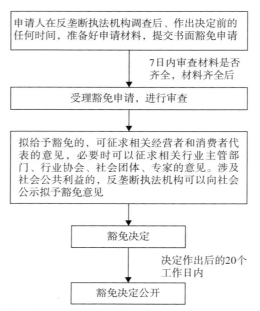

图 2-43　《关于垄断协议豁免一般性条件和程序的指南》中规定的豁免程序❶

2.13　垄断协议宽大制度适用

2016 年度工商及发改委查处的 51 件垄断协议案件，均未适用垄断协议宽大制度，也未发现有当事人依据《反垄断法》第 46 条第 2 款向反垄断执法机构申请宽大。

2008 年至 2015 年年底，工商反垄断执法仅 1 件适用宽大制度中的免除处罚，即"湖南省永州市双园建材有限责任公司从事垄断协议行政处罚案"。"湖南省永州市双园建材有限责任公司从事垄断协议行政处罚案"一案是工商反垄断行政处罚案件中唯一一件适用了宽大制度的案件，该案当事人永州市双园建材有限责任公司不仅在工商局立案之前主动提供《合伙协议》复印件，对工商局深挖案件线索、争取国家工商总局授权立案查处，起到了关键性作用，而且在立案后第一个主动报告所达成垄断协议的有关情况、提供重要证据并全面主动配合调查，对于查清案情起到了关键性作用，最终被免除处罚。❷

---

❶　魏瑛玲，白雪斐，董哲．关于垄断协议豁免一般性条件和程序的指南（征求意见稿）解读 [DB/OL].［2016-06-16］．http：//law.wkinfo.com.cn.

❷　参见湖南省工商行政管理局湘工商竞处字（2015）5 号行政处罚决定书。

2008 年至 2015 年年底，在发改委查处的 190 件垄断案件中，适用宽大制度的案件共计 28 件，其中免除处罚的案件 12 件，占 6.9%；减轻处罚 16 件，占 9.1%。❶

2013 年 8 月 7 日，国家发改委继茅台和五粮液的相关案件后，再次对纵向价格垄断企业开出罚单，合生元、美赞臣、多美滋、雅培、富仕兰、恒天然 6 家企业共被处以 6.687 3 亿元罚单，这也是中国反垄断调查以来开出的最高金额罚单。其中，广州合生元因违法行为严重、不能积极主动整改，被处以上一年销售额 6% 的罚款，计 1.63 亿元；美赞臣不能主动配合调查但能积极整改，处以一年销售额 4% 的罚款，计 2.04 亿元；多美滋、雅培、富仕兰、恒天然均处罚上一年销售额 3%，金额分别为 1.72 亿元、0.77 亿元、0.48 亿元、0.04 亿元。国家发改委称，对主动向反垄断执法机构报告达成垄断协议有关情况、提供重要证据，并积极主动整改的惠氏、贝因美、明治乳业免除处罚。❷

国家发改委对此作出的解释是，宽大政策适用于纵向垄断协议，主要有以下三个方面的理由：一是从制度体系分析，宽大政策适用于纵向垄断协议符合立法本意。一部法律是一个闭合的制度体系，其中一项具体制度需要与其他制度进行衔接和协调，该制度需要放在整个制度体系中进行分析和研究，宽大政策的适用问题同样如此。有些讨论提出，世界上多数国家规定宽大政策只适用于横向垄断协议，绝大多数适用宽大政策的案例都是针对横向垄断协议。据此对宽大政策适用于纵向垄断协议进行质疑，这主要是没有考虑我国反垄断制度体系与其他国家的差异。我国《反垄断法》对纵向垄断协议采取与横向垄断协议相同的态度，包括禁止性规定、豁免条件、法律责任等对二者的规定都是同一的。关于宽大政策同样在同一条款中进行规定，从法律规定解读不出宽大政策不适用于纵向垄断协议的意图。从另一个角度分析，我国对横向和纵向垄断协议采取同样禁止的态度。宽大政策如果只适用于危害较大的横向垄断协议，而不适用于危害相对较轻的纵向垄断协议，在逻辑上也说不通。二是从制度功能分析，宽大政策适用于纵向垄断协议符合制度原意。宽大政策的制度功能在于，通过免除或者减轻处罚鼓励经营者自首，增加发现垄断协议的概率，降低执法成本。对于纵向垄断协议而言，多数情况是经营者与交易相对人双向的合意行为，具有协议的属性，区别于滥用市场支配地位的单向行为，所以才称为垄断协议，同样具有一定的隐蔽性，而且这种隐蔽性会随着执法的开展不断增

---

❶　林文. 中国反垄断行政执法（2008~2015）［M］. 北京：知识产权出版社，2016：164.
❷　发改委：奶粉价格垄断案结案［EB/OL］.［2017-07-01］. http://finance.chinanews.com/cj/2013/08-26/5207382.shtml.

强。因此，纵向垄断协议同样存在难以发现、执法成本高的问题，宽大政策适用于纵向垄断协议，符合其制度功能和目标。三是从执法实践分析，宽大政策适用于纵向垄断协议符合现实需要。在执法实践中，确有经营者主动报告达成纵向垄断协议的情况并提供重要证据，如果不能适用宽大政策，按照《反垄断法》的规定依法进行处理（至少处以上一年度销售额1%的罚款），显然不合理，与同等情况下对达成和实施横向垄断协议的经营者进行宽大不协调，也不利于反垄断执法工作的开展。因此，从执法实践来看，对纵向垄断协议需要有这样的一个免除处罚的口子，对符合法律规定条件的经营者适用宽大政策。❶

　　我国《反垄断法》第46条第2款对垄断协议宽大制度作出了规定，经营者主动向反垄断执法机构报告达成垄断协议的有关情况并提供重要证据的，反垄断执法机构可以酌情减轻或者免除对该经营者的处罚。2016年2月2日国务院反垄断委员会公布的《横向垄断协议案件宽大制度适用指南（征求意见稿）》，提出了给经营者宽大的额度，应当与经营者协助执法机构查处垄断协议案件的贡献程度相匹配的原则。除了对反垄断法已有的条款作出必要细化和明确外，还根据反垄断法的立法精神和执法的实际情况，并参考国外部分国家和地区的相关指南性文件，补充了部分更具操作性内容，但该指南不适用纵向垄断协议。此指南实施以后，纵向垄断协议行为能否被反垄断执法机构豁免，目前还不得而知。但在之前的执法实践中，部分案例中显示出国家发改委在查处纵向垄断协议案件时同样允许适用垄断协议宽大制度。

2.14　经营者承诺制度

2.14.1　经营者承诺制度适用

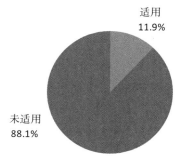

图 2-44　工商及发改委反垄断案件经营者承诺制度适用

---

❶　许昆林．宽大政策适用于纵向垄断协议［N］．中国经济导报，2013-10-31．

如图 2-44 所示，在 2016 年度工商及发改委查处的 67 件垄断案件中，有 8 件案件适用了经营者承诺制度，占 11.9%。

《反垄断法》第 45 条规定，对反垄断执法机构调查的涉嫌垄断行为，被调查的经营者承诺在反垄断执法机构认可的期限内采取具体措施消除该行为后果的，反垄断执法机构可以决定中止调查。中止调查的决定应当载明被调查的经营者承诺的具体内容。反垄断执法机构决定中止调查的，应当对经营者履行承诺的情况进行监督。经营者履行承诺的，反垄断执法机构可以决定终止调查。有下列情形之一的，反垄断执法机构应当恢复调查：①经营者未履行承诺的；②作出中止调查决定所依据的事实发生重大变化的；③中止调查的决定是基于经营者提供的不完整或者不真实的信息作出的。可以看出，《反垄断法》对经营者承诺制度的规定也是比较原则性的，缺乏对实用程序的具体规定。

为了指导在反垄断案件调查过程中适用经营者承诺制度，提高反垄断执法机构（下称执法机构）执法工作的透明度，维护经营者和消费者的合法权益，根据《反垄断法》，国务院反垄断委员会制定了《反垄断案件经营者承诺指南（征求意见稿）》（以下称"《经营者承诺指南（征求意见稿）》"），2016 年 2 月 2 日发布于国家发改委价监局官网，并于 2016 年 2 月 3 日至 2016 年 2 月 22 日期间公开征求意见。依据《经营者承诺指南（征求意见稿）》规定，经营者承诺制度不适用于以下案件：①经执法机构调查核实后确认构成垄断行为的案件；②固定或者变更商品价格、限制商品生产或者销售数量、分割销售市场或者原材料采购市场的横向垄断协议案件。对于其他反垄断案件，经营者主动提出承诺，执法机构可以决定适用中止调查及终止调查程序。经营者提出承诺、申请中止调查的时间点，须在执法机构开始调查经营者的涉嫌垄断行为后、作出行政处罚事先告知前。经营者提出的承诺措施可以是行为性、结构性或者是二者相结合的措施。承诺措施应当是明确、可行且可以自主实施的。如果承诺措施未经第三方同意而无法实施，经营者应当提交第三方同意的书面意见。执法机构决定中止调查之后，经营者应当按照中止调查决定书的要求向执法机构书面报告承诺履行情况。执法机构应当对经营者履行承诺的情况进行监督，必要时可以委托独立的第三方专业机构进行监督。

2.14.2 工商适用经营者承诺制度

2.14.2.1 工商反垄断当事人申请中止调查

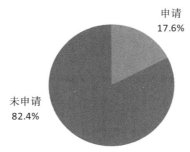

图 2-45 工商查处垄断案件中当事人申请中止调查情况

如图 2-45 所示，在 2016 年度工商查处的 51 件垄断案件中，当事人向执法机构申请中止调查的案件 9 件，占 17.6%；当事人未申请中止调查的案件 42 件，占 82.4%。

这说明大部分经营者在接受反垄断调查后，并未充分利用《反垄断法》规定的经营者承诺制度来维护自身合法利益，这可能与经营者不熟悉《反垄断法》的规定有关，以及对反垄断执法的公正性等因素带来的其他考虑，导致中止申请程序过低。

《工商行政管理机关查处垄断协议、滥用市场支配地位案件程序》第 16 条规定："中止调查申请应当以书面形式提出，并由法定代表人、其他组织负责人或者个人签字并盖章。申请书应当载明以下事项：①涉嫌违法的事实及可能造成的影响；②消除行为影响拟采取的具体措施；③实现承诺的日程安排和保证声明。"第 17 条规定："工商行政管理机关根据被调查经营者的申请，在考虑行为的性质、持续时间、后果及社会影响等具体情况后，可以决定中止调查，并作出中止调查决定书。中止调查决定书应当载明被调查经营者涉嫌违法的事实、承诺的具体内容、消除影响的具体措施、时限以及不履行或者部分履行承诺的法律后果等内容。"

2.14.2.2　工商反垄断当事人申请中止调查采纳率

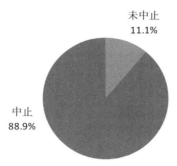

图 2-46　工商反垄断当事人申请中止调查采纳率

　　如图 2-46 所示，前述 9 件当事人申请中止调查的案件中，8 件案件申请成功，工商机关决定中止调查，占 88.9%。如表 2-19 所示，在 8 件中止调查的案件中，截至 2016 年 12 月 31 日，目前已有 7 件案件终止调查。

　　2008 年至 2015 年年底，工商反垄断执法中 24 件中止调查申请，仅 7 件案件的当事人申请意见被采纳，中止调查申请采纳率为 29.2%，中止调查申请不被采纳的较多。

　　从以上分析得出，2016 年度明显比 2015 年以前就中止调查申请采纳率高，这可能与执法机构在行政执法过程中，意欲给更多的涉嫌垄断的经营者教育为主，处罚为辅执法理念有关，同时，督促涉嫌垄断的经营者提供线索，突破反垄断行政执法中经营者本身的障碍阻力。2016 年度 8 件中止调查的案件当事人均为公用企业。申请中止调查未成功的 1 件案件为"湖南盐业股份有限公司永州市分公司滥用市场支配地位案"。

　　"湖南盐业股份有限公司永州市分公司滥用市场支配地位案"一案中执法机构没有中止调查的理由为依据《反垄断法》第 45 条第 1 款规定，被调查经营者承诺在反垄断执法机构认可的期限内采取具体措施消除该行为后果的，反垄断执法机构可以决定中止调查。该案中当事人强制搭售行为的时间持续长、范围广，对其零售商和消费者利益已经产生了实际性损害，事实上当事人无法消除该行为的危害后果。❶

---

❶　参见湖南省工商行政管理局湘工商竞处字（2016）2 号行政处罚决定书。

表 2-19　2016 年度工商反垄断执法中止调查案件

序号	案　号	当事人	中止调查时间	终止调查时间
1	宁工商竞争处字（2017）第 1 号	中国铁通集团有限公司宁夏分公司滥用市场支配地位案	2015. 5. 14	2016. 12. 9
2	宁工商竞争处字（2017）第 2 号	中国联合网络通信有限公司宁夏回族自治区分公司滥用市场支配地位案	2015. 5. 14	2016. 12. 9
3	宁工商竞争处字（2017）第 3 号	中国电信股份有限公司宁夏分公司滥用市场支配地位案	2015. 5. 14	2016. 12. 9
4	苏工商案终字（2016）1 号	江苏省电力公司海安县供电公司滥用市场支配地位案	2014. 9. 5	2016. 8. 19
5	鲁工商公处字（2016）第 29 号	国网山东省电力公司烟台市牟平区供电公司滥用市场支配地位案	2016. 12. 26	尚未决定终止
6	内工商竞争处字（2016）4 号	鄂尔多斯市三亚液化石油气有限公司涉嫌垄断经营案	未知	2016. 12. 14
7	内工商竞争处字（2016）4 号	鄂尔多斯市东胜区荣美石油液化气有限公司涉嫌垄断经营案	未知	2016. 12. 14
8	内工商竞争处字（2016）4 号	鄂尔多斯市现代燃气有限公司涉嫌垄断经营案	未知	2016. 12. 14

2.14.3　发改委适用经营者承诺制度

2016 年度国家发改委及各省级价格主管部门查处的 16 件垄断案件均未适用经营者承诺制度，同时也未发现当事人向执法机构申请中止调查。

2015 年以前，根据国家发改委价格监督与反垄断局官网披露，发改委决定二件案件中止调查（见表 2-20），截至 2016 年年底并未公开是否已对这两件案件终止调查的信息。

表 2-20   截至 2016 年年底发改委决定中止调查的垄断案件

序号	企业名称	申请中止理由	立案时间	中止调查时间	是否终止调查
1	湖北盐业集团有限公司武昌分公司	积极配合价格主管部门的调查,主动采取了收回余货等减轻违法行为后果的措施,且其涉案数量数额、销售对象、市场辐射、社会影响等均较小,并提交了规范非盐商品销售的承诺书	2010.8	2010.8	未知
2	美国 IDC 公司涉嫌价格垄断案中止调查	积极配合调查,提出了消除涉嫌垄断行为后果的具体措施	2013.6	2014.3	未知

2.15 行政处罚听证

2.15.1 工商及发改委反垄断执法听证

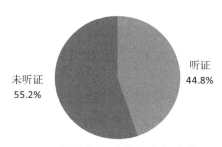

未听证
55.2%

听证
44.8%

图 2-47   工商及发改委查处垄断案件听证情况

如图 2-47 所示,在 2016 年度工商及发改委查处的 67 件垄断案件中,30 件案件举行了听证,占 44.8%,未举行听证的案件 37 件,占 55.2%。

这说明整体上听证有所改善,即听证案件数量上明显有提升,听证程序中首先要求行政执法机关告知,行政执法机关告知以后,当事人可以要求听证,也可以不要求听证,实务是多数当事人在行政执法机关告知以后,仅是提交陈述意见或其他要求不处罚或减轻处罚的材料,实质上不属于听证程序,而是行政执法中的申辩;其次,当事人申请听证的,行政执法机关应当组织听证。

《行政处罚法》第 42 条中规定："行政机关作出责令停产停业、吊销许可证或者执照、较大数额罚款等行政处罚决定之前，应当告知当事人有要求举行听证的权利；当事人要求听证的，行政机关应当组织听证。"

2.15.2　工商反垄断听证

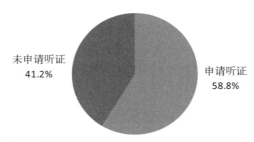

图 2-48　工商查处垄断案件中当事人申请听证与未申请听证的案件占比

如图 2-48 所示，在 2016 年度工商查处的 51 件垄断案件中，当事人申请听证的案件共计 30 件（见表 2-21），占 58.8%；当事人未申请听证的案件共计 21 件，占 41.2%。当事人申请听证的 30 件案件，工商机关最终均决定举行了听证，未有撤回听证的情况。

表 2-21　2016 年度工商查处垄断案件中经营者申请听证的案件

序号	案　号	案件名称
1	新工商竞处（2014）39 号	乌鲁木齐水业集团有限公司滥用市场支配地位案
2	苏工商案（2016）00025 号	宿迁银控自来水有限公司滥用市场支配地位案
3	苏工商案（2016）00050 号	吴江华衍水务有限公司滥用市场支配地位案
4	苏工商案字（2016）第 00048 号	宿迁中石油昆仑燃气有限公司
5	鲁工商公处字（2016）第 15 号	山东新华有限责任会计师事务所临沂分所横向垄断协议案
6	鲁工商公处字（2016）第 13 号	山东大宇有限责任会计师事务所横向垄断协议案
7	鲁工商公处字（2016）第 23 号	山东汇正联合会计师事务所横向垄断协议案
8	鲁工商公处字（2016）第 21 号	山东泰信会计师事务所有限公司临沂分公司横向垄断协议案

序号	案　号	案件名称
9	鲁工商公处字（2016）第17号	山东天元同泰会计师事务所有限公司临沂分所横向垄断协议案
10	鲁工商公处字（2016）第20号	临沂信德金桥联合会计师事务所横向垄断协议案
11	鲁工商公处字（2016）第9号	新联谊会计师事务所有限公司费县分所横向垄断协议案
12	鲁工商公处字（2016）第18号	山东天恒信有限责任会计师事务所横向垄断协议案
13	鲁工商公处字（2016）第8号	临沂恒达信有限责任会计师事务所横向垄断协议案
14	鲁工商公处字（2016）第22号	临沂盛大联合会计师事务所横向垄断协议案
15	鲁工商公处字（2016）第19号	临沂安丰联合会计师事务所横向垄断协议案
16	鲁工商公处字（2016）第12号	山东万兴德会计师事务所有限公司横向垄断协议案
17	鲁工商公处字（2016）第7号	山东鸿信会计师事务所有限公司横向垄断协议案
18	鲁工商公处字（2016）第6号	平邑沂蒙有限责任会计师事务所横向垄断协议案
19	鲁工商公处字（2016）第14号	山东恒宇会计师事务所有限责任公司横向垄断协议案
20	鲁工商公处字（2016）第4号	山东鸿诚会计师事务所有限公司横向垄断协议案
21	鲁工商公处字（2016）第11号	临沂启阳联合会计师事务所横向垄断协议案
22	鲁工商公处字（2016）第16号	临沂沂州会计师事务所有限公司横向垄断协议案
23	鲁工商公处字（2016）第10号	山东大乘联合会计师事务所横向垄断协议案
24	鲁工商公处字（2016）第5号	临沂恒正有限责任会计师事务所横向垄断协议案
25	鲁工商公处字（2016）第3号	临沂元真有限责任会计师事务所横向垄断协议案

续表

序号	案　号	案件名称
26	鲁工商公处字（2016）第 2 号	新联谊会计师事务所有限公司临沂分所横向垄断协议案
27	鲁工商公处字（2016）第 1 号	山东天元同泰会计师事务所有限公司临沂分所横向垄断协议案
28	皖工商公处字（2016）1 号	上海海基业高科技有限公司横向垄断协议案
29	皖工商公处字（2016）2 号	信雅达系统工程股份有限公司横向垄断协议案
30	皖工商公处字（2016）3 号	北京兆日科技有限责任公司横向垄断协议案

　　2008 年至 2015 年年底，工商反垄断执法仅 9 件案件当事人申请听证，占 8.9%，91% 的当事人没有申请听证。9 件案件当事人申请听证就有 3 件案件当事人撤回了听证申请，但当事人随即递交了陈述、申辩意见，最终真正举行听证的案件仅 6 件。❶

　　这说明工商机关在反垄断执法中，重视当事人的听证请求，维护了当事人的程序权利。当事人申请听证，是维护其自身合法权益的重要方法之一，且听证的成本低，效率高，即使被处罚，对于当事人来说，也是一种最好的反垄断普法教育。尤其在湖北省保险行业协会组织中国人民保险公司湖北省分公司等多家保险公司成立新车保险服务中心、达成横向垄断协议案中，该案是首例在处罚听证告知后提出申辩意见被减轻处罚的案例。该案反垄断执法拟处罚 50 万元，但在下达处罚听证告知书后，被处罚人申辩中提出三条理由，执法机构最后认可了一条理由，即积极配合调查，执法机构认为，"考虑到 2013 年 11 月，当事人已下文废除与《反垄断法》相抵触的文件、公约，且当事人在我局调查中积极配合，主动改正了违法行为，有符合《行政处罚法》第 27 条规定的情节。"据此，执法机构把处罚数额由 50 万元降低到 20 万元。这说明，在处罚告知后的陈述申辩或听证阶段申辩仍然能够起到一定作用，执法机构认真考虑了当事人的申辩请求和相关证据情况。❷

　　《工商行政管理机关行政处罚案件听证规则》第 6 条规定："工商行政管理机关作出下列行政处罚决定之前，应当告知当事人有要求举行听证的权利：（1）责令停业整顿、责令停止营业、责令停止广告业务等；（2）吊销、

---

❶　林文．中国反垄断行政执法（2008~2015）[M]．北京：知识产权出版社，2016：115.

❷　全国律协竞争小组与北京律协竞争与反垄断专委会．2016 年度竞争报告[DB/OL]．[2017-07-01]．http://hk.lexiscn.com/.

收缴或者扣缴营业执照、吊销广告经营许可证、撤销商标注册、撤销特殊标志登记等；（3）对公民处以3 000元、对法人或者其他组织处以3万元以上罚款；（4）对公民、法人或者其他组织作出没收违法所得和非法财物达到第（3）项所列数额的行政处罚。各省、自治区、直辖市人大常委会或者人民政府对前款第（3）项、第（4）项所列罚没数额有具体规定的，从其规定。"由于反垄断案件的行政处罚数额一般都较大，因此工商行政机关在行政处罚决定作出前，均会向当事人下达听证告知书，由当事人自由决定是否进行陈述、申辩或是要求听证。

2.15.3 发改委反垄断听证

在2016年度国家发改委及各省级价格主管部门查处的16件反垄断案件中，笔者未从行政处罚决定书中发现有关当事人是否申请听证，以及执法机构是否举行听证信息的披露。2015年以前，也没有发现涉案经营者在反垄断调查过程中向发改委申请听证。

发改委查处垄断案件时是否均没有举行听证，或者说被查处的当事人均未申请听证，实际情况不得而知。笔者认为，从信息公开和普及反垄断法律教育，尤其是提高反垄断执法的透明度和提高执法效率，建议发改委在以后的反垄断行政处罚决定书中公开案件听证信息，还可以就是否采纳听证意见进行阐述，能够回复公众对反垄断执法公平、公正和合理性的期待。

2.16 行政执法授权

2.16.1 工商及发改委反垄断执法授权

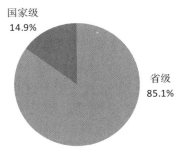

国家级
14.9%

省级
85.1%

图 2-49 工商及发改委反垄断行政授权

如图2-49所示，在2016年度工商及发改委查处的67件垄断案件中，由国家工商总局及国家发改委直接查处的案件共计 10 件，占 14.9%；授权省级工商局及省级价格主管部门查处的案件共计 57 件，占 85.1%。

这说明在目前反垄断执法实践中，省级工商局及省级价格主管部门是执法主力。《反垄断法》第 10 条第 2 款规定，国务院反垄断执法机构根据工作需要，可以授权省、自治区、直辖市人民政府价格主管部门。

2.16.2　工商反垄断执法授权

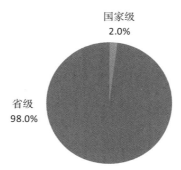

图 2-50　工商反垄断案件行政授权

如图 2-50 所示，在 2016 年度工商查处的 51 件垄断案件中，由国家工商总局直接查处的案件仅 1 件，即"利乐集团滥用市场支配地位案"，约占 2%。其他 50 件案件均为国家工商总局授权省级工商局查处，约占 98%。

2008 年至 2015 年年底，工商总局仅处罚 1 起，为北京盛开体育发展有限公司垄断案（整改情况委托天津市工商行政管理局进行监督），其他均为授权省级工商行政管理机关执法，省级工商行政管理局经授权行政处罚 100 件，占 99%。❶

这说明目前在工商机关反垄断执法中，除大案要案外，由国家工商总局授权省级工商局查处垄断案件已经成为常态，这主要是出于行政执法效率的考量，当然国家工商总局执法人员编制严重不足也是一种因素。

根据《工商行政管理机关查处垄断协议、滥用市场支配地位案件程序规定》中所明确的"总局统一负责"、对省级工商部门"个案授权"的制度，随着反垄断案件数量的增多和案件查处难度加大，授权省级工商行政管理机关执法更会成为一种常态，但授权行政执法直接影响是立案期限明显过长。

---

❶　林文．中国反垄断行政执法（2008~2015）［M］．北京：知识产权出版社，2016：118.

2.16.3　发改委反垄断执法授权

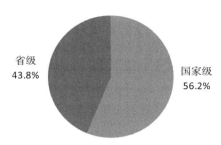

省级
43.8%

国家级
56.2%

图 2-51　发改委反垄断案件行政授权

如图 2-51 所示，在 2016 年度国家发改委查处的 16 件垄断案件中，由国家发改委价格监督检查与反垄断局直接查处的案件 9 件，占 56.2%；另 7 件案件为国家发改委授权省级价格主管部门查处，占 43.8%。

2008 年至 2015 年年底，发改委直接查处 74 件，占 38.9%；如六家境外液晶面板案、山东两医药公司垄断复方利血平原料药价格案、奶粉垄断案；由国家发改委授权省级发改委查处 116 件，占 61.1%。❶

这说明相较于工商机关反垄断执法授权情况而言，发改委查处的大部分垄断案件均由国家发改委价监局直接办理，由省级价格主管部门负责查处的垄断案件较少。

国家发改委《反价格垄断行政执法程序规定》第 3 条规定，国务院价格主管部门负责全国反价格垄断执法工作。国务院价格主管部门授权的省、自治区、直辖市人民政府价格主管部门，负责本行政区域内的反价格垄断执法工作。对跨省、自治区、直辖市发生的价格垄断案件，由国务院价格主管部门指定有关省、自治区、直辖市人民政府价格主管部门进行查处，重大案件由国务院价格主管部门直接组织查处。

2.17　行政处罚公开

2016 年度工商及发改委查处的 67 件垄断案件行政处罚决定文书均已公开。

《反垄断法》第 44 条规定："反垄断执法机构对涉嫌垄断行为调查核实后，认为构成垄断行为的，应当依法作出处理决定，并可以向社会公布。"

---

❶ 林文．中国反垄断行政执法（2008~2015）［M］．北京：知识产权出版社，2016：131.

2.17.1　工商行政处罚公开

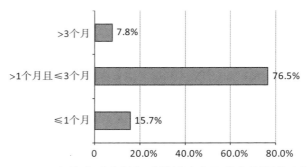

图 2-52　工商作出反垄断行政处罚决定至公告期间分布情况

　　2016 年度工商查处的 67 件垄断案件行政处罚决定书均在国家工商总局官网"竞争执法公告"栏目进行发布，如图 2-52 所示，有 8 件案件自工商机关作出行政处罚决定之日后 1 个月内便进行了公告，占 15.7%；39 件案件自工商机关作出行政处罚决定之日后 1~3 个月进行了公告，占 76.5%；自工商机关作出行政处罚决定后超过 3 个月才予以公告的案件有 4 件，占 7.8%。

　　2008 年至 2015 年年底，工商反垄断行政执法案件全部公开。其中，2013 年 7 月 29 日一次性公开 2013 年 4 月以前的 12 件案件（竞争执法公告号计算）。

　　2016 年度工商机关反垄断执法信息公开得还是比较及时，基本保证在作出行政处罚决定之日起 3 个月内进行公开，而超过 3 个月才予以公告的 4 件案件其公告时间距离行政处罚决定之日也仅间隔了 4 个月左右。同时，得益于工商总局在其官网设置了专门的反垄断案件发布平台，无论是工商总局查处的垄断案件或是授权省级工商局查处的垄断案件均在该平台统一发布，检索方便，为一般公众获取工商机关反垄断执法信息提供了极大的便利。

2.17.2　发改委行政处罚公开

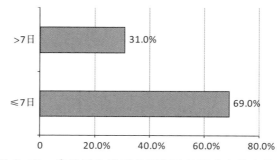

图 2-53　发改委作出反垄断行政处罚决定信息公开

如图2-53所示，在2016年度发改委查处的16件垄断案件中，11件案件自作出反垄断行政处罚决定之日后7日内便由执法机构公开，占69%；超过7日才公开的案件有5件，即"别嘌醇片垄断协议案"（该案有5个当事人受罚），该案国家发改委2016年1月15日作出行政处罚决定，2016年2月2日予以公开。

而2008年至2015年年底，统计的190件发改委反垄断行政处罚案件，公开行政处罚决定书125件（包含地方发改委），占65.8%；未公开行政处罚决定书65件❶，占34.2%。❷

这说明2016年度在反垄断行政执法中，发改委明显就以前公开不及时和不公开的做法进行改变，这不仅是提高反垄断普法的有效手段，也是接受社会监督的最好方式，更加便于反垄断执法研究提供素材。

相较于工商机关来说，2016年发改委对查处的垄断案件信息公开得更为迅速。但是不足之处在于国家发改委价监局官网仅公开由国家发改委直接查处的垄断案件，对于省级价格主管部门查处的垄断案件情况未进行公开。而大部省级价格主管部门官网也多未公开其查处的垄断案件行政处罚决定文书，仅上海市发改委在反垄断执法信息公开这点上做得很好，及时在其官网公开了其查处的垄断案件行政处罚决定文书，同时上海市发改委官网搜索信息也较便利。

2.18   反垄断中的消费者福利

2.18.1   工商及发改委反垄断消费者福利

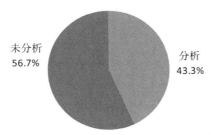

图2-54   工商及发改委反垄断案件关注消费者福利

---

❶　此处未公开行政处罚决定书的案件是笔者从媒体报道中搜集整理出的案件信息公开较为全面的案件。

❷　林文. 中国反垄断行政执法（2008~2015）[M]. 北京：知识产权出版社，2016：127.

如图 2-54 所示，在 2016 年度工商及发改委查处的 67 件垄断案件中，执法机构对垄断行为与消费者福利的影响进行分析的案件共计 29 件，占 43.3%；在另 38 件案件的行政处罚决定书中未见执法机构对消费者福利是否影响的问题进行分析，占 56.7%。

所有的反垄断指向无非就是两个：一是维护市场公平竞争秩序，二是要增进消费者福利。换句话也就是说，维护市场公平竞争秩序是手段，而增进消费者福利才是反垄断部门及其执法行为所应追求的终极目标。就消费者权益保护要求而言，同样不得不承认，虽在表面上看起来所有的反垄断都是指向市场公平竞争秩序的维护，但最终是为了增进消费者的福利。而且可以说，如果反垄断工作的结果不能在消费者福利提升上得到体现，无疑偏离了反垄断的宗旨。

《反垄断法》第 1 条规定："为了预防和制止垄断行为，保护市场公平竞争，提高经济运行效率，维护消费者利益和社会公共利益，促进社会主义市场经济健康发展，制定本法。"这是消费者福利的直接法源。

2.18.2　工商反垄断消费者福利

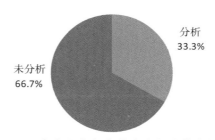

图 2-55　工商查处垄断案件中分析消费者福利情况

如图 2-55 所示，在 2016 年度工商查处 51 件垄断案件中，17 件案件行政处罚决定书中分析了垄断行为对消费者福利的影响，占 33.3%；另 34 件案件行政处罚决定书中则没有提及垄断行为对消费者福利产生的影响，占 66.7%。

这说明工商在反垄断行政执法中，没有更多关注违法行为对消费者福利的影响。

2.18.3 发改委反垄断消费者福利

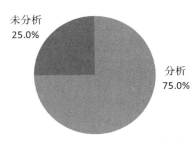

未分析
25.0%

分析
75.0%

图 2-56 发改委查处垄断案件中分析消费者福利情况

如图 2-56 所示，在 2016 年度国家发改委及省级价格主管部门查处的 16 件垄断案件中，12 件案件行政处罚决定书中分析了垄断行为对消费者福利的影响，占 75.0%；另 4 件案件行政处罚决定书中则没有提及垄断行为对消费者福利产生的影响。

从以上分析得出，与工商部门比较，发改委明显比较注重垄断行为对消费者福利产生的影响，只有很少案件没有提及或进行分析。

表 2-22 发改委查处垄断案件中没有分析消费者福利的案件

序号	案 号	案件名称
1	上海市物价局行政处罚第 2520160009 号	重庆新日日顺家电销售有限公司上海分公司纵向垄断案
2	上海市物价局行政处罚第 2520160009 号	重庆海尔家电销售有限公司上海分公司纵向垄断案
3	上海市物价局行政处罚第 2520160009 号	重庆海尔电器销售有限公司上海分公司纵向垄断案
4	上海市物价局行政处罚第 2520160001 号	上海韩泰轮胎销售有限公司纵向垄断案

2.19 决定书保密处理

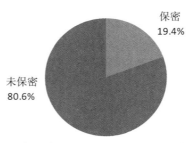

保密
19.4%

未保密
80.6%

图 2-57 工商及发改委反垄断行政处罚决定书保密处理

如图 2-57 所示，在 2016 年度工商及发改委查处的 67 件垄断案件中，13 件案件行政处罚决定书对经营者信息进行了保密处理（见表 2-23），占 19.4%。这说明在 2016 年度工商及发改委查处垄断案件中，对决定书进行保密处理的情况逐渐增多。

表 2-23 工商及发改委决定书保密处理的垄断案件

序号	执法机构	案 号	案件名称	保密信息类型
1	工商	工商竞争案字（2016）1 号	利乐滥用市场支配地位案	产品平均售价、市场份额、年度销售金额、销售数量等经营信息
2	发改委	发改办价监（2016）5 号	华中药业股份有限公司横向垄断案	产品生产数量、销售数量、销售价格
3		发改办价监（2016）6 号	山东信谊制药有限公司横向垄断案	产品生产数量、销售数量、销售价格
4		发改办价监（2016）7 号	常州四药制药有限公司横向垄断案	产品生产数量、销售数量、销售价格
5		发改办价监（2016）8 号	美敦力（上海）管理有限公司纵向垄断案	交易相对人、产品名称、产品利润率、实施垄断行为的区域等

序号	执法机构	案 号	案件名称	保密信息类型
6	发改委	发改办价监（2016）1号	重庆青阳药业有限公司横向垄断案	交易相对人
7		发改办价监（2016）1号	重庆大同医药有限公司横向垄断案	交易相对人
8		发改办价监（2016）2号	世贸天阶制药（江苏）有限责任公司横向垄断案	交易相对人
9		发改办价监（2016）3号	上海信谊联合医药药材有限公司横向垄断案	交易相对人
10		发改办价监（2016）4号	商丘市华杰医药有限公司横向垄断案	交易相对人
11		上海市物价局第2520160001号	上海韩泰轮胎销售有限公司纵向垄断案	交易相对人
12		上海市物价局第2520160030号	上海领鲜物流有限公司纵向垄断案	交易相对人
13		上海市物价局第2520160028号	施乐辉医用产品国际贸易（上海）有限公司纵向垄断案	交易相对人

如表 2-23 所示，总结来看，执法机构在行政处罚决定书主要对经营者的以下几类信息进行保密处理或模糊处理：①涉案产品价格信息；②涉案产品名称；③涉案产品销售区域；④垄断行为交易相对人的名称、数量；⑤涉案产品约定毛利率；⑥经营者在相关产品市场内所占份额、销售金额、销售数量、成本等。需要说明的是，尽管在部分行政处罚决定书中，当事人的注册资本、经营地址、法定代表人信息未公开，由于这些信息都属于国家企业信用信息公示系统已公开的信息，故笔者认为其不属于保密信息，故对经营者前述信息的保密处理不当。

2016 年度工商机关查处的垄断案件中只在"利乐滥用市场支配地位案"一案中采取了大量保密信息处理，其余案件处罚决定书中的信息均已公开。而发改委查处的 16 件垄断案件中有 12 件案件信息进行了保密处理，并且在个案中予以保密的信息也有所不同。例如，违法产品的具体名称和类别，涨价幅度和涨价具体数据，在别嘌醇案件中基本上是公开的，没有采取保密信息处理，而在美敦力案件中却采取了非常多的处理。总结上面保密信息处理的案件特点，保密信息的处理似乎主要来自于企业的要求，外资企业和外国企业对处罚决定书中信息保密的意识很强，要求也多，处罚决定书对保密信息处理的不同情况说明，似乎并非是执法机构有统一标准和要求，而更多地是来自企业的意识和要求，大量的数据似乎能够证明该观点。国家工商总局公布的系列案件绝大多数都是中资企业，处罚决定书中公布的信息较为全面和详细，并没有采取保密信息处理，而利乐案件却有大量的保密信息处理。国家发改委处罚的多数是外资企业和外国公司，因而，处罚决定书中保密信息处理的地方就较多，越是大的公司这方面要求越多，当然，保密信息的处理与案情也有很大关系，有些案件并不涉及太多保密信息。❶

对于反垄断行政处罚决定书，可以参照《最高人民法院关于人民法院在互联网公布裁判文书的规定》第 10 条规定："人民法院在互联网公布裁判文书时，应当删除下列信息：（1）自然人的家庭住址、通讯方式、身份证号码、银行账号、健康状况、车牌号码、动产或不动产权属证书编号等个人信息；（2）法人以及其他组织的银行账号、车牌号码、动产或不动产权属证书编号等信息；（3）涉及商业秘密的信息；（4）家事、人格权益等纠纷中涉及个人隐私的信息；（5）涉及技术侦查措施的信息；（6）人民法院认为不宜公开的其他信息。按照本条第 1 款删除信息影响对裁判文书正确理解的，用符号'×'作部分替代。"

因此，应当对是否属于商业秘密应当严格依据《反不正当竞争法》第 10 条规定进行认定，该条第 3 款规定："本条所称商业秘密，是指不为公众所知悉、能为权利人带来经济利益、具有实用性并经权利人采取保密措施的技术信息和经营信息。"商业秘密应具备：①不为公众所知悉；②能为权利人带来经济利益、具有实用性；③权利人采取了保密措施；④属于技术信息和经营信息，从类别上来讲，商业秘密分为两类，即技术信息和经营信息，这两类信息应满足上述三个特点。只有符合商业秘密构成要件的信息才属于保密信息，执法机构才有保密义务。否则，以商业秘密为名处理不是涉密信息内容，有损害反垄断执法公平、公正权威，内外资不同性质经营者不同处理造成内外歧视。

因此，首先，需要明确被保密处理的信息是否属于商业秘密并由执法机构进行最终认定；其次，需要考虑是否处理得当，不得损害对行政处罚决定书的正确理解。

---

❶ 全国律协竞争小组与北京律协竞争与反垄断专业委员会 . 2016 年度竞争报告［DB/OL］.［2017-07-01］. http：//hk. lexiscn. com/.

2.20　行政复议与行政诉讼

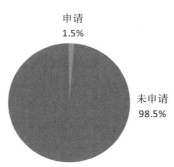

图 2-58　工商及发改委反垄断案件行政复议

如图 2-58 所示，在 2016 年度工商及发改委查处的 67 件垄断案件中，有 2 件案件的当事人对反垄断行政处罚申请了行政复议并提起了行政诉讼，该案为"山东鸿信会计师事务所有限公司参与达成实施横向垄断协议案"。

山东鸿信会计师事务所有限公司（下称"鸿信所"）不服山东省工商行政管理局（下称"山东省工商局"）作出的鲁工商公处字［2016］第 7 号《行政处罚决定书》以及国家工商总局作出的工商复字［2016］第 407 号《行政复议决定书》，向北京市西城区人民法院提起了行政诉讼。

鸿信所认为行政处罚决定书认定的事实错误，适用依据错误，临沂市会计师事务所进行业务收入统筹和再分配行为没有违反分割销售市场的规定，处罚决定依法应当撤销。同时，业务统筹行为和收入再分配行为没有分割临沂市的会计服务市场，没有起到排除或限制竞争的效果。即使业务收入统筹和再分配行为违法，原告的违法行为轻微并及时纠正，主动消除了危害后果，没有造成不良社会影响，依法应当不予行政处罚。原告还提出山东省工商局处罚决定和适用的销售额年度有错误。一审法院判决确认山东省工商局作出被诉决定书程序合法，认定事实清楚、证据确凿，适用法律法规并无不当。国家工商总局作出的被诉复议决定，程序符合法律规定，复议结论并无不当。故判决驳回原告鸿信所的诉讼请求。

另一起是陕西机动车检测案件，据国家发改委官网披露，[1] 2016 年 5 月，

---

[1]　陕西省机动车检测价格垄断案　部分涉案单位提起行政复议和行政诉讼均被驳回［EB/OL］.［2017-07-01］. http：//jjs.ndrc.gov.cn/fjgld/201612/t20161226_832626.html.

涉案单位陕西西部国际车城有限公司不服陕西省物价局的行政处罚决定，向陕西省人民政府申请行政复议，请求撤销行政处罚。陕西省人民政府经审理于9月5日作出决定，维持陕西省物价局作出的行政处罚决定。2016年9月，另一涉案单位西安宏林实业有限公司向西安铁路运输法院提起行政诉讼，请求法院撤销陕西省物价局行政处罚决定书（陕价反垄断处罚（2016）27号）。西安铁路运输法院经审理后，于12月21日作出一审判决，认为陕西省物价局作出的行政处罚认定事实清楚、适用法律、法规正确，符合法定程序，依照《行政诉讼法》第69条的规定，驳回了原告西安宏林实业有限公司的诉讼请求。上述案件是否进入二审程序，目前暂未得知。

从以上分析得知，随着反垄断行政执法数量增加，以及经营者反垄断法律法规的熟悉和理解，可能会引发更多的行政复议和行政诉讼案件的发生。

2.21　反垄断执法证据

在上海市物价局对重庆新日日顺家电销售有限公司上海分公司、重庆海尔家电销售有限公司上海分公司、重庆海尔电器销售有限公司上海分公司等三家公司达成并实施价格垄断协议案中，"微信截屏"作为执法证据是目前已公开的反垄断处罚案件中第一次提及。

对于执法机构来讲，微信以及微信群已成为反垄断执法机构调查搜索的范围。随着微信在日常生活以及日常工作联系中扮演越来越重要的角色，涉案经营者在实施垄断行为中已开始采用这种便捷和隐蔽的手段，其使用频率有可能远远超过邮件，微信有可能成为以后反垄断执法调查的重点。微信以及微信群的员工行为也应当进入反垄断合规的范围，尤其是相同行业的经营者建立微信群，或者具有竞争关系的从业者在同一个微信群中，就敏感的竞争信息进行交流和公示，这很有可能被视为协同行为的意思联络。❶

2.22　反垄断法律适用

2016年义乌七家餐具消毒企业垄断协议案是一起较为典型的划分市场的垄断协议行为，但义乌市市场监管部门依据《浙江省反不正当竞争条例》进行查处时，并没有依据反垄断法规定由国家工商总局授权依据反垄断法进行处罚。

---

❶　全国律协竞争小组与北京律协竞争与反垄断专业委员会.2016年度竞争报告［DB/OL］.［2017-07-01］.http：//hk.lexiscn.com/.

　　2008 年至 2015 年年底，在中国反垄断行政处罚中，发改委执法中有 2 件案件适用《价格法》查处，占 1.0%，99.0%的案件均适用《反垄断法》查处。如浙江省富阳市造纸行业协会组织经营者达成价格垄断协议案，浙江省富阳市造纸行业协会组织本行业经营者达成变更或固定价格的垄断协议的行为，违反了《价格法》和《反垄断法》的相关规定。根据《价格违法行为行政处罚规定》第 5 条第 3 款关于行业协会组织经营者相互串通、操纵市场价格的，对行业协会可以处 50 万元以下的罚款的规定，为维护正常的市场竞争秩序，保护消费者和其他经营者的合法权利，浙江省物价局依法对富阳市造纸协会处以最高 50 万元的罚款。

　　2013 年 1 月中旬国家发改委还公布了对六家境外企业实施液晶面板价格垄断的处罚决定，依法责令涉案企业退还国内彩电企业多付价款 1.72 亿元，没收 3 675 万元，罚款 1.44 亿元，经济制裁总金额 3.53 亿元。该案 2012 年 8 月启动调查，2013 年 1 月 4 日公布处罚决定，但由于涉案行为发生在我国《反垄断法》实施之前，故该案处罚决定是依据《价格法》。

　　另在涉嫌价格垄断案件中，适用《价格法》查处的案件还有 2009 年绿豆串通涨价案，2009 年柳州米粉串通涨价案，2014 年重庆快递公司统一涨价案。❶

　　这说明在目前反垄断行政处罚过程中，还存在法律适用理解不统一，违反法律适用应当承担什么后果方面没有规制等问题。

---

　　❶　渝 6 快递统一涨价被查　收到整改通知尚未降费用［EB/OL］.［2017-06-20］. http://www.nbd.com.cn/articles/2014-08-14/856005.html.

第 3 章　2016 年商务部反垄断执法分析

3.1　经营者集中案件概况

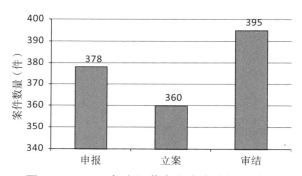

图 3-1　2016 年度经营者集中案件数据统计

如图 3-1 所示，2016 年度商务部共收到经营者集中案件申报 378 件，立案 360 件，审结 395 件（包括部分 2015 年度申报的案件），同比分别增长 7.4%、6.5% 和 19%。

审结案件中附条件批准 2 件：一件是附条件批准 "百威英博收购南非萨博米勒案"，要求百威英博剥离华润雪花 49% 股权，维护了中国啤酒市场公平竞争秩序和广大消费者利益；另一件是附条件批准 "雅培收购圣犹达股权案"，维护了中国小腔血管闭合器市场的公平竞争和消费者利益。此外，商务部重点审查了 "泛林收购科天案"，要求申报方解决竞争关注，交易方最终放弃交易，避免了对半导体市场竞争的负面影响。商务部对 "庞巴迪瑞典与新誉集团设立合营企业""北京北车与日立制作所设立合营企业" 等 5 起未依法申报案件公

集中仍存在很大的不确定性，特别是"取得控制权""决定性影响"等概念的模糊性，使得一项经营者集中交易进行时是否应当进行申报接受反垄断审查，无论是官方执法机构还是参与集中的经营者对此都没有确切答案。

由于经营者集中申报门槛的不确定性，大部分企业在进行并购等集中交易时都会选择主动向商务部反垄断局申报，通过接受事前审查来规避事后反垄断调查的风险，但也因此大大增加商务部反垄断局反垄断审查工作量，并在实际上拖延了真正有必要进行反垄断审查的经营者集中案件的审查进度，在市场瞬息万变的环境下时间因素对于经营者集中这一市场交易行为的影响极为重大，因此，有必要通过规则细化，建构具有可操作性的经营者集中认定标准。

3.2　未依法申报处罚

3.2.1　经营者集中未依法申报处罚

表 3-2　未依法申报受罚的经营者集中案件

案号	案件名称	集中方式	集中性质	排除、限制竞争影响	受罚经营者	罚款金额/万元
商法函[2016]173号	大得控股有限公司收购吉林四长制药有限公司50%股权涉嫌未依法申报	股权收购	横向	否	大得控股有限公司	15
商法函[2016]174号	新誉集团有限公司与庞巴迪运输集团瑞典有限公司设立合营企业涉嫌未依法申报	设立合营企业	横向	否	新誉集团有限公司	30
					瑞典有限公司	40
商法函[2016]175号	北京北车投资有限责任公司与株式会社日立制作所设立合营企业涉嫌未依法申报	设立合营企业	横向	否	北京北车投资有限责任公司	15
					株式会社日立制作所	15

续表

案号	案件名称	集中方式	集中性质	排除、限制竞争影响	受罚经营者	罚款金额/万元
商法函〔2016〕965号	佳能株式会社收购东芝医疗系统株式会社全部股权涉嫌未依法申报案	股权收购	混合	否	佳能株式会社	30
商法函〔2016〕681号	中山大洋电机股份有限公司收购北京佩特来电器有限公司股权涉嫌未依法申报案	股权收购	横向	否	中山大洋电机股份有限公司	15
商法函〔2016〕682号	大陆汽车投资（上海）有限公司与华域汽车系统股份有限公司设立合营企业涉嫌未依法申报案	设立合营企业	横向	否	大陆汽车投资（上海）有限公司	20
					华域汽车系统股份有限公司	20
合计/万元						200

如表 3-2 所示，2016 年度商务部共查处未依法申报经营者集中案件 6 件，合计罚款 200 万元。6 件案件经营者虽然未履行依法申报义务，但商务部经评估后认为这些经营者集中案件均不会产生排除、限制竞争影响，故仅对涉案当事人予以罚款处罚。

截至 2016 年年底，从罚款的金额来看，普通案件罚款 20 万~30 万元，具有主动补报等减轻情节的罚款 15 万元（在第三方举报之后补报的除外），具有累犯等加重情节的罚款 40 万元。商务部既没有出现按最上限 50 万元进行处罚的案件，也没有因某项集中产生排除或限制竞争的效果，商务部责令限期处分已收购的股权或者责令限期解散合营企业的处罚案件。

值得一提的是，在上述 6 件案件中，"新誉集团有限公司与庞巴迪运输集团瑞典有限公司设立合营企业涉嫌未依法申报"一案当事人被处罚款最重，系因当事人不依法申报的主观故意明显。该项交易未依法申报是由于合营企业急

于参与某地铁项目投标，况且交易一方庞巴迪瑞典此前因未依法申报接受过行政处罚，此次系再次违法。❶

在"佳能株式会社收购东芝医疗系统株式会社全部股权涉嫌未依法申报案"一案中，东芝为解决财务困境，欲出售其持有的东芝医疗100%股权。2016年3月9日，佳能获得此交易的排他谈判权。相关当事方作了如下交易前准备工作：2016年3月8日，3位自然人成立特殊目的公司MS Holding（简称M公司）。3月15日，东芝将东芝医疗全部已发行的普通股转化成三类股权：（1）有投票权的20股（A类股）；（2）无投票权的1股（B类股）；（3）100份认股权证（有权购买普通股）。2016年3月17日，M公司与东芝签署协议，购买东芝医疗有投票权的20股A类股（交易对价：略）；佳能与东芝签署《股份等转让合同》，购买东芝医疗无投票权的1股B类股（交易对价：略）和100份认股权证（交易对价：略）。当日，上述协议即履行完毕（以下称"步骤一"，商务部作出反垄断行政处罚决定时已经实施完毕）。根据《股份等转让合同》的约定，在获得包括中国在内的各司法辖区的反垄断批准后，佳能行使新股预约权（支付对价为100日元，约合人民币5.76元），将认股权证转化为有表决权的普通股；东芝医疗将从M公司和佳能分别回购A类和B类股并予注销。至此，佳能将完成收购东芝医疗100%股权（以下称"步骤二"，商务部作出反垄断行政处罚决定时尚未实施）。

该交易虽然分为两个步骤实施，但两个步骤紧密关联，均是佳能取得东芝医疗全部股权不可分割的组成部分，构成《反垄断法》第20条规定的经营者集中。佳能和东芝医疗2015年度在中国境内的营业额均超过4亿元，且合计超过20亿元，达到了《国务院关于经营者集中申报标准的规定》第3条规定的申报标准。2016年3月17日，步骤一已实施完毕，即东芝医疗的全部股份和新股预约权均已经转移完毕，与之对应的全部价款也已支付完毕。尽管经营者集中尚未实施完成，但在向商务部申报前，已经开始实施，违反《反垄断法》第21条，构成未依法申报违法实施的经营者集中。❷尽管该案当事方分步骤实施交易的直接目的是使东芝尽快拿到全部价款以渡过财务危机，但这也表明当事方明知负有申报义务而故意规避以推迟履行申报义务。

经营者承担未依法申报责任的前提是该经营者负有申报义务。根据《经营者集中申报办法》规定，通过合并方式实施的经营者集中，由参与合并的各方经营者申报；其他方式的经营者集中，由取得控制权或能够施加决定性影响的

---

❶ 参见商务部（商法函［2016］174号）行政处罚决定书。
❷ 参见商务部（商法函［2016］965号）行政处罚决定书。

经营者申报。相应地，在股权收购案件中，商务部处罚的对象是交易中的收购方，而未处罚被收购的目标公司或者原股东；在新设合营企业案中，因合营双方对合营企业取得共同控制，商务部对双方均予以处罚。在被处罚的企业中，即有国资经营者，也有外资经营者，同时也有民营企业。这似乎说明，商务部在查处未依法申报案件时不会因为企业性质而区别对待。

截至2015年年底，商务部处罚经营者集中未申报案件5件，尽管行政处罚决定文书中未公开案源来由，但据官方消息透露，此类案件多为同行业其他经营者举报而得以发现。❶

与2015年相比，2016年经营者因集中未申报被处罚的案件数量明显在上升。随着商务部对经营者集中未申报的查处力度加大，市场经济不景气所带来的经营者集中数量加剧，如果经营者不对此加以重视，将有更多的经营者因此受罚。

如果即使不申报也不过被处以二三十万元罚款，那么企业还要不要事先申报？抛开守法合规这一法律义务，仅从功利角度，履行申报义务可能也最符合企业利益。首先，从《反垄断法》第48条的规定来看，即使对于"不会产生排除、限制竞争的影响"的经营者集中，商务部也有权责令停止集中或者责令恢复到集中前的状态。商务部迄今未采取此类措施，有多方面原因，例如我国目前的申报标准较低，不少企业对《反垄断法》比较陌生等；但这不意味着商务部未来一定会维持当前的处罚力度。尤其是对于违法主观恶意明显、甚至多次"知法犯法"的企业，商务部今后可能会加大处罚力度。其次，未依法申报的行为很难长期隐瞒，而且可能对企业产生其他不利后果。除了被竞争者或其他人向商务部举报以外，企业在随后开展的其他并购中可能出于某种考虑提交经营者集中申报，此前的未申报行为很可能被商务部发现，并影响后一申报获得批准。此外，未依法申报作为一种违法行为，可能构成企业上市或上市公司资产重组的障碍。再次，对未依法申报行为的查处通常历时八九个月，查处过程以及查处结果的不确定性可能对企业正常经营造成影响，企业需要花费不少人力、财力配合或应对商务部的调查。最后，不少企业不愿意申报的原因是担心申报影响交易进度。自2014年以来，商务部推出简易案件制度，绝大多数简易案件都在立案后30天内作出批准决定，不少案件甚至在20天甚至更短时间内审结。如果企业在律师协助下提前准备申报材料，对交易进度几乎不会产

❶ 林文．中国反垄断行政执法（2008～2015）［M］．北京：知识产权出版社，2016：187．

生影响。❶

3.2.2 未依法申报经营者集中信息公开

表 3-3 未依法申报经营者集中案件处罚决定书公开时间

案号	案件名称	处罚决定日期	公告日期	间隔时间
商法函〔2016〕173 号	大得控股有限公司收购吉林四长制药有限公司 50% 股权涉嫌未依法申报	2017.4.21	2016.5.4	半个月
商法函〔2016〕174 号	新誉集团有限公司与庞巴迪运输集团瑞典有限公司设立合营企业涉嫌未依法申报	2017.4.21	2016.5.4	半个月
商法函〔2016〕175 号	北京北车投资有限责任公司与株式会社日立制作所设立合营企业涉嫌未依法申报	2017.4.21	2016.5.4	半个月
商法函〔2016〕965 号	佳能株式会社收购东芝医疗系统株式会社全部股权涉嫌未依法申报案	2016.12.16	2017.1.4	半个月
商法函〔2016〕681 号	中山大洋电机股份有限公司收购北京佩特来电器有限公司股权涉嫌未依法申报案	2016.8.31	2017.4.12	7 个月
商法函〔2016〕682 号	大陆汽车投资（上海）有限公司与华域汽车系统股份有限公司设立合营企业涉嫌未依法申报案	2016.8.31	2017.4.12	7 个月

如表 3-3 所示，在 2016 年度商务部查处的未依法申报的 6 件案件中，4 件案件在行政处罚决定作出之日起半个月后进行了公告，2 件案件在行政处罚决定作出之日起 7 个月后进行了公告，说明商务部对未依法申报的经营者集中案件的反垄断行政处罚决定公开速度一般。商务部反垄断局前局长尚明在"反垄断工作"专题新闻发布会上介绍，自《反垄断法》实施以来，商务部依法履行职责，共对 700 多件经营者集中案件进行了反垄断审查。他表示，对 2014 年 5

---

❶ 任清. 八起"未依法申报"经营者集中全景分析〔DB/OL〕.〔2017-07-01〕. http://hk.lexiscn.com/.

月 1 日后立案调查的未依法申报案件，商务部将通过商务部政府网站向社会公布行政处罚决定，同时公布了举报传真电话，接受任何单位和个人对涉嫌违法实施经营者集中的举报。❶

需要说明的是，上述 6 件反垄断行政处罚案件的处罚决定书中，商务部对于涉案交易是否会产生排除、限制竞争影响的评估信息过于简单，并没有从相关市场的集中度、参与集中经营者的市场份额及市场控制力、市场进入的难易程度、对消费者和其他有关经营者的影响等方面进行深入分析。

3.3 经营者集中审结

3.3.1 审结方式

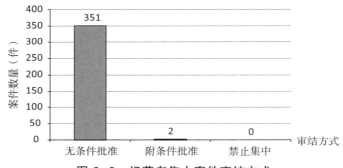

图 3-2 经营者集中案件审结方式

如图 3-2 所示，依据商务部反垄断局官网信息，2016 年度无条件批准经营者集中案件 351 件，附条件批准 2 件，禁止集中案件 0 件。相较于 2015 年无条件批准案件 312 件，附条件批准 2 件，禁止集中 0 件，商务部每年审结案件数量进一步增加。

2008 年至 2016 年年底，禁止集中的案件有 2 件，分别为"可口可乐公司收购汇源公司案"和"马士基、地中海航运、达飞设立网络中心案"。

---

❶ 杜军玲.《反垄断法》实施以来 700 多件经营者集中案件进行反垄断审查［N］. 人民政协报，2014-04-09.

3.3.2 审查程序

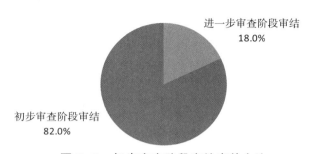

图 3-3 初步审查阶段审结案件占比

如图 3-3 所示，在 2016 年度商务部审结的 395 件案件中，324 件案件在初步审查阶段（30 天内）审结，占 82.0%，较 2015 年增加 8 个百分点。❶ 这说明 2016 年度商务部在落实"放管服"改革要求、加强审查机制建设方面提高了经营者集中案件审查效率。

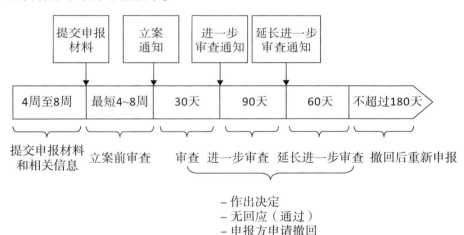

图 3-4 商务部反垄断审查程序

资料来源：李鹏，朱佳韦. 经营者集中简易案件审查制度评述 [EB/OL]. [2017-05-01]. http://www.grandall.com.cn/grandall-research-institute/legal-study/grandall-forum/141110161836.htm.

如图 3-4 所示，商务部的合并审查程序包括 3 个阶段："初步审查"阶段

---

❶ 【2016 年商务工作年终综述之十二】全面推进反垄断工作 营造法治化营商环境 [EB/OL]. [2017-07-01]. http://www.mofcom.gov.cn/article/ae/ai/201701/20170102499312.shtml? winzoom=1.

为 30 天，30 天是自然日还是工作日法律没有明确，商务部目前采取的是按自然日计算；❶ "进一步审查"阶段为 90 天；"延长期"为 60 天，这 3 个阶段并不包括审查程序启动前的受理过程。在受理过程中，交易方必须对商务部提出的问题进行书面答复，商务部在认为答复满意、材料完备的情况下才会受理申报并立案，由此正式启动"初步审查"阶段及后续阶段。依据商务部 2010 年 3 月 11 日发布的《经营者集中反垄断审查办事指南》，商务部对经营者集中案件进行反垄断审查这一行政行为性质为行政许可，法定审查期限最长不超过 180 天。❷

3.3.3 简易程序案件

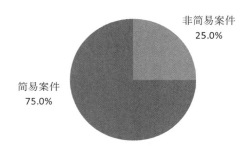

图 3-5　2016 年度立案案件中简易案件占比

如图 3-5 所示，在 2016 年度商务部立案审查的 360 件案件中，通过简易程序公示的案件共计 270 件，占 75.0%。

这说明半数以上的案件均会通过简易程序审查结案，在提高了效率的同时，更加节约了经营者集中的时间成本。2014 年 2 月 12 日商务部发布的《关于经营者集中简易案件适用标准的暂行规定》开始施行，同年 4 月 18 日商务部又发布《关于经营者集中简易案件申报的指导意见（试行）》，供经营者在申报经营者集中简易案件时参考。2014 年 5 月 22 日公示的"罗尔斯-罗伊斯控股公司拟收购罗尔斯罗伊斯动力系统控股公司单独控制权（共同控制变为单独控制）案"为商务部反垄断局官网公示的第一件经营者集中简易案件。公示内容包括案件名称、交易概况（限 200 字以内）、参与集中的经营者简介以及简易案件理由。❸

---

❶ 张硕．蔡峻峰解读经营者集中 [J]．汽车商业评论，2014（10）.
❷ 林文．中国反垄断行政执法（2008~2015）[M]．北京：知识产权出版社，2016：192.
❸ 林文．中国反垄断行政执法（2008~2015）[M]．北京：知识产权出版社，2016：194.

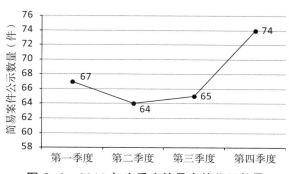

图 3-6　2016 年度季度简易案件公示数量

如图 3-6 所示，依据商务部反垄断局官网公开信息，2016 年共公示简易案件 270 件，其中第一季度 67 件，第二季度 64 件，第三季度 65 件，第四季度 74 件。2014 年商务部官网公示经营者集中简易案件 78 件，2015 年公示经营者集中简易案件 253 件，2016 年度简易案件数量进一步增加。

这说明经营者集中的简易案件数量也呈现明显上升趋势。出现这种情况一方面与经营者集中加剧有关，另一方面也是由于经营者对是否需要申报，不申报是否存在法律风险判断不准，从而导致本身不需要申报的案件也申报。

3.4　无条件批准案件

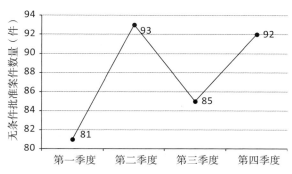

图 3-7　2016 年度季度无条件批准案件数量

如图 3-7 所示，依据商务部反垄断局官网公开的信息，2016 年度商务部共无条件批准经营者集中案件 351 件，其中第一季度 81 件，第二季度 93 件，第三季度 85 件，第四季度 92 件。

2008~2015 年间，在历年审结的经营者集中案件中，无条件批准的经营者

集中案件均占90%以上，平均占97%。❶

3.5 附条件批准案件

3.5.1 新增附条件批准案件

如前所述，2016年度商务部附条件批准经营者集中案件2件，分别为"百威英博收购南非萨博米勒案"和"雅培公司收购圣犹达医疗公司股权案"。此两件均为横向集中案件，且集中形式均为股权收购，都在6个月内审结。商务部对两项集中交易排除、限制竞争影响采取的救济措施均为结构性救济，按照《关于经营者集中附加限制性条件的规定（试行）》，重点从剥离业务的范围及有效性，剥离业务的存续性、竞争性和可销售性，剥离业务买方的适格性等方面进行了评估。

我国《反垄断法》第29条规定："对不予禁止的经营者集中，国务院反垄断执法机构可以决定附加减少集中对竞争产生不利影响的限制性条件。"

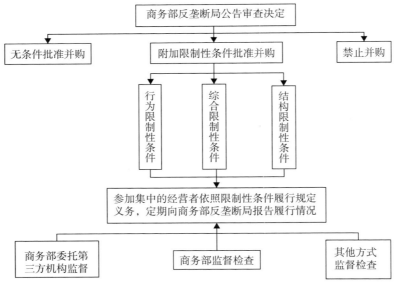

图 3-8　并购反垄断审查附限制性条件示意图

资料来源：冯江．反垄断审查附限制性条件批准的律师实务 [DB/OL]．[2017-05-20]. http://hk.lexiscn.com/．

---

❶ 林文．中国反垄断行政执法（2008~2015）[M]．北京：知识产权出版社，2016：191．

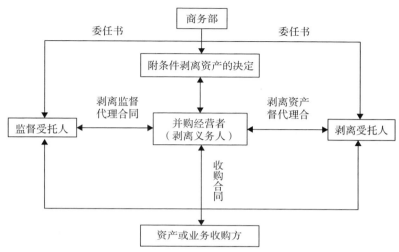

图 3-9　资产剥离流程示意图

资料来源：冯江．反垄断审查附限制性条件批准的律师实务 ［DB/OL］．［2017－05－20］．http://hk.lexiscn.com/．

3.5.1.1　百威英博收购南非萨博米勒案

2015 年 12 月 8 日，百威英博与商务部进行了申报前商谈，商务部表达了对该案的高度关注，并表示该案涉及商务部 2008 年第 95 号公告 ［附条件批准经营者集中第一案：英博集团公司 （INBEV N. V. /S. A.） 收购 AB 公司 （AN-HEUSER-BUSCH COMPANIES INC.） ］ 规定，要求百威英博尽快依法申报。2016 年 3 月 8 日，商务部收到该案的经营者集中反垄断申报。经审核，商务部认为申报材料不完备，要求申报方予以补充。考虑到该案在中国啤酒市场上可能具有排除、限制竞争的效果及商务部 2008 年第 95 号公告规定的要求，3 月 14 日，百威英博向商务部提交了对该案限制性条件建议及其与华润啤酒 （控股） 有限公司 （以下称"华润啤酒"） 签订的《买卖协议》。根据《买卖协议》规定，百威英博与南非米勒交易完成后，百威英博将促使南非米勒将其持有的华润雪花啤酒有限公司 （以下称"华润雪花"） 49% 股权出售给华润啤酒。3 月 29 日，商务部确认经补充的申报材料符合《反垄断法》第 23 条的要求，对此项经营者集中申报予以立案并开始初步审查。4 月 27 日，商务部决定对此项经营者集中实施进一步审查。

此项经营者集中涉及的商品市场为啤酒的生产与销售，涉及的地域商务部不仅考察了交易双方存在横向重叠的 24 个省级行政区域，还考察了全国的啤酒市场。商务部根据《反垄断法》第 27 条规定，从相关市场的集中度、参与集中经营者的市场份额及市场控制力、市场进入的难易程度、对消费者和其他有关经营者的影响等因素，深入分析了此项经营者集中对市场竞争的影响，认为此项集中对相关市场具有排除、限制竞争的效果。同时根据商务部2008 年第 95 号公告，商务部对英博收购百威的交易附加了下述限制性条件："（百威英博）不得寻求持有华润雪花啤酒（中国）有限公司和北京燕京啤酒有限公司的股份。上述任何一项承诺，英博公司必须事先向商务部及时进行申报，商务部批准前，不得实施"。

7 月 14 日百威英博向商务部提交的限制性条件最终方案和《买卖协议》对百威英博具有法律约束力，7 月 21 日南非米勒向商务部提交的限制性条件最终方案对南非米勒具有法律约束力。经评估商务部认为百威英博、南非米勒提出的限制性条件最终方案可以消除此项经营者集中对竞争造成的不利影响，故决定附加限制性条件批准此次经营者集中，要求百威英博和南非米勒除履行其提出的限制性条件最终方案外，还须履行如下义务：（1）剥离南非米勒持有的华润雪花 49% 股权。（2）严格按照百威英博向商务部提交的《买卖协议》向华润啤酒出售华润雪花 49% 股权。（3）确保剥离于百威英博收购南非米勒股权交易完成后 24 小时内完成。自公告之日起至剥离完成，严格遵守商务部《关于经营者集中附加限制性条件的规定（试行）》第 20 条规定，确保剥离股权的存续性、竞争性和可销售性。

此案值得关注的点在于经营者以前集中交易的案件附加的限制性条件对现在集中交易的影响。随着经营者集中案件的增多，新增经营者集中案件中的经营者以往交易申报审查的相关资料也应一并列入本次交易的审查参考范围。为提高审查效率，笔者认为，除要求经营者主动提交外，商务部应通过电子系统化管理，为过往集中案件的经营者建立电子档案，使每个经营者参与或是涉及的集中案件一目了然。

3.5.1.2　雅培公司收购圣犹达医疗公司股权案

2016 年 7 月 4 日，商务部收到雅培公司收购圣犹达医疗公司股权案的经营者集中申报。9 月 6 日，商务部确认经补充的申报材料符合《反垄断法》第 23 条规定，对此项经营者集中申报予以立案并开始初步审查。10 月 6 日，商务部决定对此项经营者集中实施进一步审查。在审核雅培公司和圣犹达医疗公司在中国市场所销售的全部产品后，商务部发现，雅培公司和圣犹达医疗公司在中国市场唯一存在横向重叠的产品为小腔血管闭合器。小腔血管闭合器属于医疗器械类产品，涉及人体健康和生命安全。根据《医疗器械监督管理条例》，食品药品监督管理总局对其实行注册管理，经营者需要依法取得生产或经营许可。因此，小腔血管闭合器的相关地域市场为中国。

商务部根据《反垄断法》第 27 条规定，从相关市场的集中度、参与集中经营者的市场份额及市场控制力、市场进入的难易程度等方面，深入分析了此项经营者集中对市场竞争的影响，认为此项集中在中国小腔血管闭合器市场具有排除、限制竞争的效果，最终将损害中国消费者的利益。

在审查过程中，商务部将该案具有排除、限制竞争效果的审查意见及时告知了雅培公司，并与雅培公司就附加限制性条件减少此项经营者集中对竞争产生的不利影响等有关问题进行了多轮商谈。雅培公司于 2016 年 12 月 12 日向商务部提交限制性条件最终方案，以及雅培公司、圣犹达医疗公司和日本泰尔茂株式会社（以下称"泰尔茂"）于 2016 年 12 月 6 日签署的剥离业务《购买协议》，商务部经评估按认为此举可以减少此项经营者集中对竞争造成的不利影响，决定附加限制性条件批准此项集中，要求雅培公司和圣犹达医疗公司履行如下义务：（1）剥离圣犹达医疗公司的小腔血管闭合器业务。（2）严格按照《购买协议》向泰尔茂出售剥离业务并提供过渡期服务。（3）剥离业务于雅培公司收购圣犹达医疗公司交易完成之日起 20 日内完成交割。自公告之日起至剥离业务交割完成，严格履行商务部《关于经营者集中附加限制性条件的规定（试行）》第 20 条规定，确保剥离业务的存续性、竞争性和可销售性。（4）雅培公司在剥离业务交割完成之日起 10 日内，向商务部提交剥离情况书面报告，并在其后每半年向商务部提交过渡期服务书面报告。

3.5.2　往年附条件批准案件监督检查情况及限制性条件的变动

依据商务部反垄断局及新闻媒体公开的信息来看，没有发现 2016 年以前附条件批准案件的经营者违反限制性措施的情况。商务部解除经营者集中限制性条件的案件有 1 件，即解除沃尔玛收购纽海控股 33.6% 股权经营者集中限制性条件。

2012 年 8 月 13 日，商务部发布 2012 年第 49 号公告，附条件批准沃尔玛公司收购纽海控股有限公司 33.6% 的股权，要求沃尔玛公司履行如下义务：第一，沃尔玛公司间接控股的纽海信息技术（上海）有限公司（下称"纽海上海"）对上海益实多电子商务有限公司（下称"益实多"）持有的 1 号店网上购物平台的收购，仅限于利用自身网络平台直接从事商品销售的部分；第二，在未获得增值电信业务许可的情况下，纽海上海在此次收购后不得利用自身网络平台为其他交易方提供网络服务；第三，本次交易完成后，沃尔玛公司不得通过 VIE 架构从事之前由益实多运营的增值电信业务。2015 年 7 月，沃尔玛公司提出解除 2012 年第 49 号公告所附加的限制性条件的申请。

依据《反垄断法》和《关于经营者集中附加限制性条件的规定（试

行）》，商务部重点核查了 2012 年第 49 号公告的执行情况，研究了市场竞争状况的变化等，综合评估了解除限制性条件的理由和影响。

首先，在执行期间，沃尔玛公司成立了特别委员会，对公司运营情况进行合规性监督和审查；保持 1 号店网上直销业务与增值电信业务独立运营；定期向商务部提交书面报告，说明履行义务情况。经监督检查，商务部未发现沃尔玛公司利用所获得的 1 号店网络平台为其他交易方提供网络服务，未发现沃尔玛公司通过 VIE 架构从事益实多之前运营的增值电信业务，未收到关于沃尔玛公司违反 2012 年第 49 号公告的举报。商务部评估认为，在执行期间，沃尔玛公司履行了 2012 年第 49 号公告要求的各项义务。

其次，公告发布后，特别是 2014 年以来，中国增值电信业务市场准入门槛不断降低，有利于新竞争者进入。2015 年 6 月 19 日，工业和信息化部发布《关于放开在线数据处理与交易处理业务（经营类电子商务）外资股比限制的通告》，规定在全国范围内放开在线数据处理与交易处理业务（经营类电子商务）的外资股比限制，外资持股比例可至 100%。该政策有利于更多竞争者进入增值电信业务市场。

并且，在 2012 年之前，1 号店在超市品类的电商领域发展速度较快；在公告实施期间，1 号店的优势逐渐消失，销售额增长趋势逐渐放缓。第三方机构的统计数据显示，在公告实施期间，当事方控制的 1 号店业务市场份额无实质增长，其发展速度落后于主要竞争者。评估认为，相关市场竞争状况已发生实质性变化，解除 2012 年第 49 号公告附加的限制性条件难以对相关市场的竞争产生排除、限制影响。故商务部决定解除 2012 年第 49 号公告附加的限制性条件。❶

限制性条件的变动，与限制性条件所适用的相关市场的环境的发展变化有着密切的联系。执法部门确定限制性条件时，对其有效性的判断很大程度上是基于当时的市场环境以及所掌握的相关信息。此外，确定限制性条件时，针对的反竞争效果很大程度上也是基于执法部门的预测。随着市场环境的变化，一些限制性条件处理竞争问题的适当性可能会出现问题。此外，与限制性条件相关的主体，包括当事人、利益第三方甚至执法部门的某些执法行为，在特定情况下都可能导致当初确定的限制性条件无法继续实施或者不适合再继续实施。

限制性条件的变更或解除一般由经营者集中申报义务人在经营者集中完成后，履行经营者集中承诺义务的过程中向商务部提出申请，由商务部依据具体情况审查并作出决定。商务部在评估变更或解除限制性条件请求时，一般会考

---

❶ 参见商务部 2016 年第 23 号公告。

虑以下因素：（1）集中交易方是否发生重大变化；（2）相关市场竞争状况是否发生了实质性变化；（3）实施限制性条件是否无必要或不可能；（4）其他因素。

3.6　禁止经营者集中案件

2016 年度商务部禁止经营者集中案件 0 件。

2008 年《反垄断法》实施以来截至 2015 年年底，商务部经反垄断审查禁止经营者集中的案件仅 2 件，即"可口可乐收购汇源果汁案""马士基、地中海航运、达飞设立网络中心案"。

3.7　行政复议与诉讼

截至 2016 年年底，从商务部官网、新闻媒体、中国裁判文书网公开信息来看，没有发现有经营者对商务部反垄断审查的相关行政决定提起行政复议或行政诉讼。

3.8　滥用知识产权反垄断

2016 年附条件批准的经营者集中案件中，都没有对当事人持有的知识产权提出限制性要求。

从 2011 年华为公司在广东起诉美国无线厂商 IDC、国家发改委嗣后对 IDC 中止调查两案，到 2013 年国家发改委对美国高通公司启动反垄断调查直至 2015 年初作出处罚决定，再到 2015 年商务部附条件批准诺基亚收购阿尔卡特朗讯案，"如何在我国反垄断法律框架下评估标准必要专利相关行为"这一问题已经引起了我国反垄断行政执法与司法部门的重视，同时亦牵动了众多相关市场竞争者的关注，尤其是高科技业界的瞩目。目前，国务院反垄断委员会在牵头制定"关于滥用知识产权的反垄断指南"，希望为反垄断执法实践提供更为具体且具针对性的指引；其中，标准必要专利问题属于该指南核心内容之一。

我国《反垄断法》第 55 条规定："经营者依照有关知识产权的法律、行政法规规定行使知识产权的行为，不适用本法；但是，经营者滥用知识产权，排除、限制竞争的行为，适用本法。"

第4章 反垄断民事诉讼分析

4.1 反垄断民事诉讼整体分析

4.1.1 垄断民事案件概况

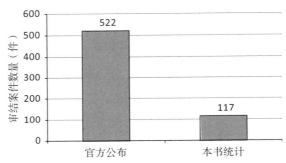

图 4-1　截至 2016 年年底官方公布垄断民事案件审结数量与本书统计案件数量对比

　　如图 4-1 所示，根据最高人民法院知识产权庭官方公布数据，截至 2016 年年底全国地方各级人民法院共审结垄断纠纷民事案件 522 件，截至 2016 年 12 月 30 日，本书统计涉及垄断纠纷的民事诉讼案件共 117 件。本书统计案件数量与官方公布的案件数量差距较大主要有几方面原因：（1）本书作者在统计案件数量时，有的案件有二审、再审的笔者均将其计为 1 件案件进行分析；（2）由于本书重点在于分析司法实践中对垄断纠纷的实体审理情况，故未统计法院基于程序审理作出的裁定书，以及准许原告撤诉的裁定书；（3）部分案件可能基于《关于人民法院在互联网公布裁判文书的规定》并未公开。另需要说明的是，本书作者在检索垄断民事案件时，除搜集案由为垄断纠纷的民事诉讼判决书外，还搜集了部分涉及垄断纠纷但案由为侵权纠纷、合同纠纷等民事诉讼判决书。

　　根据最高人民法院知识产权庭统计数据，自 2008 年至 2015 年，我国法院受理反垄断民事诉讼案件 430 件，审结了 366 件。❶ 2016 年，地方各级人民法院共新收和审结知识产权民事一审案件136 534件和131 813件，分别比 2015 年上升 24.82% 和 30.09%，一审结案率为 83.18%，同比上升 0.52%。其中，新收专利案件 12 357 件，同比上升 6.46%；商标案件 27 185 件，同比上升 12.48%；著作权案件86 989件，同比上升 30.44%；技术合同案件2 401件，同比上升 62.23%；竞争类案件 2 286 件（含垄断民事案件 156 件），同比上升 4.81%；其他知识产权民事纠纷案件5 316件，同比上升 71.87%。全年共审结涉外知识产权民事一审案件1 667件，同比上升 25.62%；审结涉港澳台知识产权民事一审案件1 130件，同比上升 291.99%。地方各级人民法院共新收和审结知识产权民事二审案件20 793件和20 334件，同比分别上升 37.57% 和 35.33%；共新收和审结知识产权民事再审案件 79 件和 85 件，同比分别下降 31.30% 和 25.44%。❷

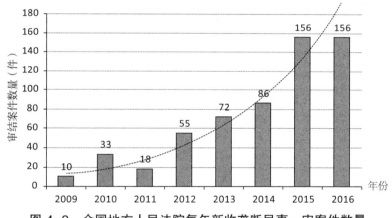

图 4-2　全国地方人民法院每年新收垄断民事一审案件数量

　　如图 4-2 所示，根据最高人民法院《中国法院知识产权司法保护情况》披露数据，2008 年《反垄断法》实施以来至 2009 年年底，全国地方人民法院共新收垄断民事一审案件 10 件，2010 年新收 33 件，2011 年新收 18 件，2012 年新收 55 件，2013 年新收 72 件，2014 年新收 66 件，2015 年与 2016 年各新收 156 件。

　　2006 年，我国已经出现了涉及反垄断的司法实践。引人注目的有四川德先

❶　王闯. 中国反垄断民事诉讼概况及展望 [J]. 竞争政策研究，2016 (3).

❷　中国法院知识产权司法保护状况（2016 年）[EB/OL]. [2017-07-01]. http://www.court.gov.cn/zixun-xiangqing-42362.html.

科技有限公司在上海第一中院对上海索广电子有限公司和索尼株式会社提起的民事诉讼。此外，商务部在 2006 年 11 月初就 SEB 并购苏泊尔一案举行了听证会。这两个案件被称为中国历史上第一次反垄断诉讼和第一次反垄断听证会。德先公司诉索尼公司案的基本情况为，德先认为索尼公司在其生产的数码相机和数码摄像机电池"InfoLITHIUM"上设置了智能识别码，以识别索尼电池和非索尼电池，由此使索尼品牌的数码相机、数码摄像机与其锂离子电池之间建立了一种捆绑交易关系，损害市场在《反垄断法》实施当天，就发生了被誉为中国《反垄断法》第一案的"质检总局案"，该案基该案情为，四大防伪企业状告国家质检总局，认为其借助行政力量强制推行"电子监管网"的行为构成了行政垄断。然而，法院却以当事人的诉讼超过了法定起诉期限为由最终裁定不予受理。

盛大网络案是 2009 年 10 月由上海市第一中级人民法院判决的一件反垄断案，也是由中国法院判决的第一件反垄断案，引起了海内外的广泛关注。❶

2008 年 9 月 16 日，李方平诉北京网通公司违反《反垄断法》一案在北京市朝阳区法院正式立案。8 月 1 日是中国《反垄断法》施行的首日，当天，北京律师李方平向北京市朝阳区法院提交了诉状，起诉北京网通公司利用其垄断地位违法对预付费用户实行差别待遇；2008 年 8 月 1 日，浙江余姚名邦税务师事务所（下称"名邦所"）一纸诉状将余姚市政府告上法庭，控告余姚市政府违反《反不正当竞争法》和《反垄断法》，侵犯了其公平竞争权；8 月 1 日，重庆法霖律师事务所律师刘方荣以涉嫌垄断保险费市场价格、限制自由竞争，造成原告保险费损失为由将重庆市保险行业协会告上法庭。8 月 5 日，重庆渝中区人民法院向刘方荣下发了受理案件通知书，重庆保险行业协会由此成为《反垄断法》出台后保险业第一个被告；明明银行账户上还有 11 万余元，却被告知没有缴纳账户管理费不能取款，重庆市某企业以拒绝交易、强制收费等理由状告建设银行重庆分行违反《反垄断法》。重庆市中院已于 9 月 8 日受理这一诉讼案。据悉，这是《反垄断法》颁布以来，国内银行遭遇的反垄断第一案。❷

2014 年 7 月云南盈鼎生物科技有限公司，以拒绝交易为由将中石化及中国石化销售有限公司云南石油分公司告上法庭。该案是云南首例反垄断案，也是全国石油系统首例反垄断案。12 月 18 日，昆明市中级人民法院作出一审判决，认定中石化云南分公司违反了《可再生能源法》《反垄断法》，判令中石化云

---

❶ 郑文通. 我国反垄断诉讼对"滥用市场支配地位"规定的误读［J］. 法学，2010（5）.

❷ 罗兵. 沉甸甸的破冰之旅——国内首批反垄断诉讼案件扫描［N］. 中国质量报，2008-10-7.

南石油分公司在判决生效后 30 日内将盈鼎公司生产的生物柴油纳入其销售体系。近日，针对一审判决，中石化云南石油分公司已经决定提出上诉。

2014 年 10 月 16 日上午，最高人民法院针对"互联网反不正当竞争第一案"作出历史性判决：认定腾讯旗下的 QQ 并不具备市场支配地位，驳回奇虎 360 的上诉，维持一审法院判决。该判决为互联网领域垄断案树立了司法标杆。这是迄今为止互联网行业诉讼标的额最大、在全国有重大影响的不正当竞争纠纷案件，也是《反不正当竞争法》出台多年以来，最高人民法院审理的首例互联网反不正当竞争案，案件本身引发了行业、用户和法律界各方的关注。

在 2008 年 4 月 1 日起施行的《民事案件案由规定》中将垄断纠纷纳入了知识产权纠纷范畴，这既明确由人民法院知识产权审判庭统一负责各类垄断民事纠纷案件的审理，也确定了垄断民事纠纷案件要与知识产权案件一样，实行集中管辖。"垄断纠纷"作为知识产权纠纷的一种新案由，从而拓宽了人民法院审理知识产权案件的范围。因此，尽快熟悉并掌握审理垄断纠纷案件的技能，是知识产权法官面临的一项新课题，也是律师反垄断案件法律专业服务新业务。

最高人民法院为正确审理因垄断行为引发的民事纠纷案件，制止垄断行为，保护和促进市场公平竞争，维护消费者利益和社会公共利益，根据《反垄断法》《侵权责任法》《合同法》和《民事诉讼法》等法律的相关规定，于 2012 年 6 月 1 日公布施行《关于审理垄断民事纠纷案件适用法律若干问题的规定》，规定中所称因垄断行为引发的民事纠纷案件（简称垄断民事纠纷案件），是指因垄断行为受到损失以及因合同内容、行业协会的章程等违反《反垄断法》而发生争议的自然人、法人或者其他组织，向人民法院提起的民事诉讼案件。

将人民法院垄断民事诉讼与同期行政执法查处的案件比较，存在以下区别：一是人民法院判决的垄断民事诉讼案件数量明显超过同期反垄断行政执法机构公布查处的案件；二是人民法院受理的滥用市场支配地位的案件较多，同期行政执法查处的垄断协议案件较多。说明行政执法机构将查处的主要目标集中危害更大、发现较困难但是认定更加容易的垄断协议案件上，人民法院则更多承担起对需要复杂经济分析的垄断行为的审判任务。❶

---

❶　朱理．中国反垄断私人执行五周年回顾与展望［M］//中国世界贸易组织研究会竞争政策与法律专业委员会．中国竞争法律与政策研究报告（2013 年），北京：法律出版社，2014：25.

4.1.2 知识产权民事案件概况及垄断案件占比

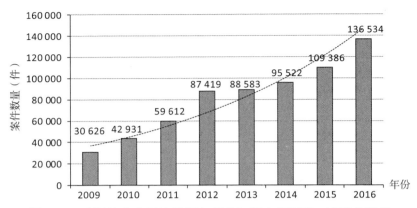

图 4-3 全国地方人民法院每年新收知识产权民事一审案件数量

　　如图 4-3 所示，根据最高人民法院发布的历年《中国法院知识产权司法保护情况》披露数据，可以看出 2009 年至 2016 年期间，全国地方人民法院每年新收知识产权民事一审案件数量呈现显著增长趋势，其中2009年新收30 626件，2010年新收42 931件，2011年新收59 612件，2012年新收87 419件，2013年先后88 583件，2014年新收95 522件，2015年新收109 386件，2016年新收136 534件，2016年新收案件数量是2009年新收案件数量的 4 倍多。

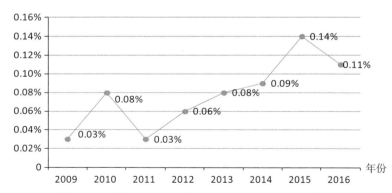

图 4-4 全国地方人民法院每年新收知识产权民事一审案件中垄断案件占比

　　如图 4-4 所示，2009 年至 2016 年间，全国地方人民法院每年新收知识产权民事一审案件中垄断民事案件占比整体呈现增长趋势，但是每年占比依然极低，每年平均占比不到 0.1%。

4.1.3 不正当竞争民事案件概况及垄断案件占比

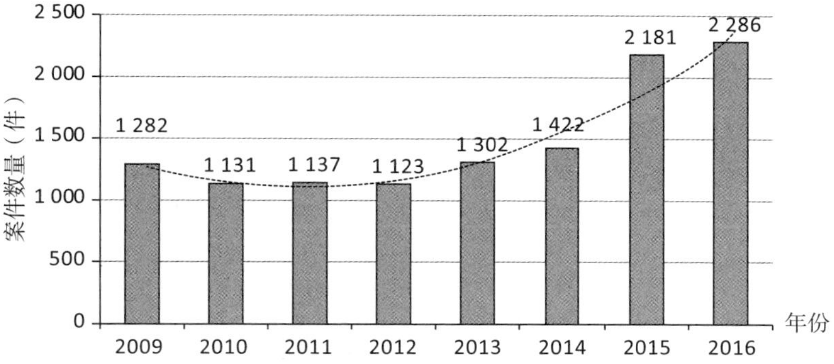

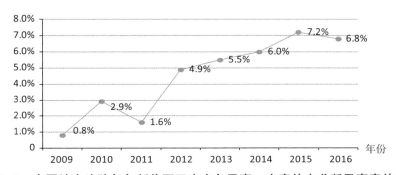

图 4-5 全国地方人民法院每年新收不正当竞争民事一审案件数量

如图 4-5 所示，根据最高人民法院发布的历年《中国法院知识产权司法保护情况》披露数据，可以看出虽然 2010 年至 2012 年这 3 年全国地方人民法院每年新收不正当竞争民事一审案件数量略有减少，但 2009 年至 2016 年期间全国地方人民法院每年新收不正当竞争民事一审案件数量还是呈现增长趋势，其中 2009 年新收 1 282 件，2016 年新收 2 286 件，2016 年新收案件数量是 2009 年新收案件数量的将近 2 倍。

图 4-6 全国地方法院每年新收不正当竞争民事一审案件中垄断民事案件占比

如图 4-6 所示，2009 年至 2016 年间，全国地方法院每年新收不正当竞争民事一审案件中垄断民事案件占比整体呈现增长趋势，但是每年占比均不足 10%。其中 2009 年占比 0.8%，2010 年占比 2.9%，2011 年占比 1.6%，2012 年占比 4.9%，2013 年占比 5.5%，2014 年占比 6.0%，2015 年占比 7.2%，2016 年占比 6.8%。

4.2 案件年度趋势

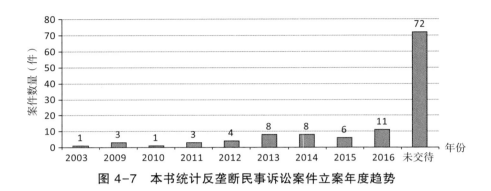

图 4-7 本书统计反垄断民事诉讼案件立案年度趋势

如图 4-7 所示，在本书统计的 117 件反垄断民事诉讼案件中，以案件一审立案时间来看，2003 年立案 1 件，2009 年立案 3 件，2010 年立案 1 件，2011 年立案 3 件，2012 年立案 4 件，2013 年立案 8 件，2014 年立案 8 件，2015 年立案 6 件，2016 年立案 11 件，另有 72 件案件判决书中未公开立案日期。

《反垄断法》实施以前，中国法院曾经处理一些依据其他法律提起的涉及反垄断问题的民事诉讼案件，如北京一中院审理的北京东进信达科技有限公司诉英特尔公司技术合同纠纷案❶、最高人民法院二审的厦门大洋工艺品有限公司诉厦门市黄河技术贸易有限公司专利实施许可合同纠纷案。❷ 再如在一些地方法院受理过当事人依据《反不正当竞争法》中涉及反垄断问题提起的民事诉讼，如北京一中院受理的赛恩（天津）新技术有限公司诉中国华北电力集团公司北京供电公司不正当竞争纠纷案、上海市第一中级人民法院受理的四川德先

---

❶　基该案情：2005 年 4 月，原告东进公司将英特尔公司诉至北京市第一中级人民法院。该公司起诉称，其是一家专业提供 CTI（计算机与电话系统集成技术）系统平台的系统集成商，电话语音处理板（语音卡）是 CTI 系统中的核心基础硬件。语音卡的制造商在销售语音卡时，会同时向用户提供一个软件开发工具包，以便用户利用工具包进行二次开发。被告英特尔公司生产销售的 Dialogic 语音卡，在其同时向用户提供的 SR5.1.1 软件开发工具包中，附有以格式条款形式提供的《英特尔软件许可协议》（下称《协议》），该《协议》明确规定，购买该软件产品并因此而受《协议》约束的用户，只能将该软件产品与英特尔公司的相关硬件产品结合起来使用，而不能将其与用户从第三方购买的硬件产品结合使用。该约定限制了原告从除了被告以外的其他渠道购进并使用相关的硬件产品，以及获得并使用竞争性技术，反了中国法律的强制性规定，构成非法垄断技术和妨碍技术进步。请求法院确认《英特尔软件许可协议》中关于软件许可使用条款的限制性格式条款以及免除英特尔公司法定产品质量的格式条款无效。北京第一中级人民法院（2005）一中民初字第 3574 号民事判决书，该案一审和解结案。

❷　最高人民法院（2003）民三终字第 8 号民事判决书。

科技有限公司诉上海索广电子有限公司、索尼株式会社不正当竞争案、上海二中院受理的欧洲博闻公司、上海博华国际展览有限公司诉中国食品添加剂生产应用工业协会不正当竞争案、北京一中院受理的北京安定保开锁服务中心、北京安久开锁服务有限公司诉北京通信公司营业局以及 5 家开锁公司不正当竞争案。❶

4.3 案由分类

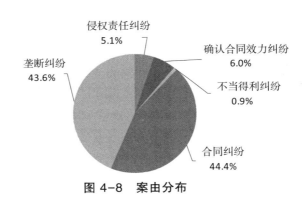

图 4-8 案由分布

如图 4-8 所示，在本书统计的 117 件反垄断民事诉讼案件中，立案案由为垄断纠纷的案件共计 51 件（见表 4-1），占 43.6%；立案案由为合同纠纷的案件共计 52 件（见表 4-2），占 44.4%；立案案由为确认合同效力纠纷的案件共计 7 件（见表 4-3），占 6.0%；立案案由为侵权责任纠纷的案件共计 6 件（见表 4-4），占 5.1%；立案案由为不当得利纠纷的案件 1 件（见表 4-5），占 0.9%。

表 4-1 案由为垄断纠纷的垄断民事案件

序号	案　　号	判决书名称
1	（2015）京知民初字第 1850 号	象山捷达网络技术服务部与中国互联网络信息中心垄断纠纷一审民事判决书
2	（2015）京知民初字第 1853 号	顾正文与中国互联网络信息中心垄断纠纷一审民事判决书

❶ 孔祥俊，邵中林. 中国反垄断民事诉讼制度之构建［M］//中国世界贸易组织研究会竞争政策与法律专业委员会. 中国竞争法律与政策研究报告（2010 年），北京：法律出版社，2010：28-30.

续表

序号	案 号	判决书名称
3	（2016）京 73 民初 270 号	天津市河西区速捷网络技术服务部与中国互联网络信息中心等垄断协议纠纷一审民事判决书
4	（2016）京 73 民初 269 号	天津市河西区速捷网络技术服务部与中国互联网络信息中心、北京新网数码信息技术有限公司、萍乡市人民政府垄断协议纠纷一审民事判决书
5	（2016）京 73 民初 272 号	天津市河西区速捷网络技术服务部与中国互联网络信息中心、北京新网数码信息技术有限公司、十堰市人民政府垄断协议纠纷一审民事判决书
6	（2016）京 73 民初 617 号	天津市河西区速捷网络技术服务部与中国互联网络信息中心垄断纠纷一审民事判决书
7	（2016）京 73 民初 467 号	天津市河西区速捷网络技术服务部与中国互联网络信息中心垄断纠纷一审民事判决书
8	（2016）京 73 民初 595 号	天津市河西区速捷网络技术服务部与中国互联网络信息中心垄断纠纷一审民事判决书
9	（2015）京知民初字第 1845 号	郑敏杰与中国互联网络信息中心、北京市国信公证处垄断纠纷一审民事判决书
10	（2015）京知民初字第 1846 号	郑敏杰与中国互联网络信息中心、北京市国信公证处、厦门易名科技股份有限公司垄断纠纷一审民事判决书
11	（2016）吉民终 556 号	吉林省龙达热力有限公司四平分公司与被上诉人四平热力有限公司滥用市场支配地位纠纷二审民事判决书
12	（2016）赣 0424 民初 2180 号	陈某甲与王某某经营者集中纠纷案判决书
13	（2015）昆知民重字第 3 号	云南盈鼎生物能源股份有限公司与中国石化销售有限公司云南石油分公司、中国石化销售有限公司拒绝交易纠纷案民事判决书
14	（2015）粤知法商民初字第 33 号	东莞市横沥国昌电器商店与东莞市晟世欣兴格力贸易有限公司、东莞市合时电器有限公司纵向垄断协议纠纷一审民事判决书
15	（2016）京民终 214 号	田军伟与北京家乐福商业有限公司双井店等垄断纠纷二审民事判决书

续表

序号	案　号	判决书名称
16	（2014）沪一中民五（知）初字第120号	上海日进电气有限公司与上海青英自动化设备有限公司、温州市铭达自动化系统有限公司、松下电器（中国）有限公司垄断纠纷案
17	（2016）最高法民再98号	吴小秦与陕西广电网络传媒（集团）股份有限公司捆绑交易纠纷申请再审民事判决书
18	（2016）新民终84号	策勒县顺达公交出租有限责任公司与策勒县安达客运出租有限责任公司垄断协议纠纷二审民事判决书
19	（2015）沪高民三（知）终字第23号	杨志勇与中国电信股份有限公司、中国电信股份有限公司上海分公司滥用市场支配地位纠纷二审民事判决书
20	（2014）宁知民初字第256号	王鑫宇与中国电信股份有限公司徐州分公司垄断纠纷案民事判决书
21	（2015）沁民崇义初字第00065号	刘寿山与张金龙、刘玉莲为拒绝交易纠纷一审民事判决书
22	（2014）粤高法民三终字第1141号	顾芳与中国南方航空股份有限公司拒绝交易纠纷二审民事判决书
23	（2013）沪一中民五（知）初字第208号	杨志勇与中国电信股份有限公司、中国电信股份有限公司上海分公司滥用市场支配地位纠纷案
24	（2014）沪高民三（知）终字第105号	童华与中国移动通信集团上海有限公司滥用市场支配地位纠纷上诉案
25	（2014）筑民三（知）初字第193号	江裕贵诉遵义铁路联营联运实业有限公司、成都铁路局垄断纠纷一案一审民事判决书
26	（2014）筑民三（知）初字第171号	赵兴诉遵义铁路联营联运实业有限公司、成都铁路局垄断纠纷一案一审民事判决书
27	（2013）民三终字第4号	北京奇虎科技有限公司与腾讯科技（深圳）有限公司、深圳市腾讯计算机系统有限公司滥用市场支配地位纠纷上诉案
28	（2014）陕民三终字第00035号	咸阳联合客运服务有限公司与咸阳市秦都出租汽车客运服务部、咸阳市渭城出租汽车客运服务部、咸阳市华光出租汽车客运服务部、咸阳市公共交通集团公司、咸阳市城市客运管理处限定交易纠纷二审判决书

续表

序号	案　号	判决书名称
29	（2014）陕民三终字第00034号	咸阳华秦出租汽车服务有限公司与咸阳市秦都出租汽车客运服务部、咸阳市渭城出租汽车客运服务部、咸阳市华光出租汽车客运服务部、咸阳市公共交通集团公司、咸阳市城市客运管理处限定交易纠纷二审判决书
30	（2013）苏知民终字第0147号	高邮市通源油运有限公司与泰州石油化工有限责任公司、中国石化扬子石油化工有限公司等垄断纠纷二审民事判决书
31	（2014）琼海法事初字第7号	王隆柳与东方海盛鱼港管理有限公司、东方市海洋与渔业局、中国石油化工股份有限公司海南石油分公司垄断协议纠纷案
32	（2013）高民终字第4325号	北京市水产批发行业协会与娄丙林垄断纠纷二审民事判决书
33	（2013）浙甬知初字第86号	宁波科元塑胶有限公司与宁波联能热力有限公司技术服务合同纠纷一审民事判决书
34	（2013）粤高法民三终字第458号	陈桂英与广东燕塘乳业股份有限公司滥用市场支配地位纠纷二审民事判决书
35	（2013）粤高法民三终字第306号	华为技术有限公司与交互数字技术公司、交互数字通信有限公司、交互数字公司滥用市场支配地位纠纷上诉案
36	（2013）陕民三终字第00038号	陕西广电网络传媒（集团）股份有限公司与吴小秦捆绑交易纠纷上诉案
37	（2012）沪高民三（知）终字第63号	北京锐邦涌和科贸有限公司与强生（上海）医疗器材有限公司、强生（中国）医疗器材有限公司纵向垄断协议纠纷案
38	（2013）青知民初字第2号	徐亮与青岛通宝汽车有限公司捆绑交易纠纷案
39	（2012）宁知民初字第653号	通源公司与泰州石化公司、扬子石化公司、中石化公司垄断纠纷案民事判决书
40	（2011）粤高法民三初字第2号	北京奇虎科技有限公司与腾讯科技（深圳）有限公司、深圳市腾讯计算机系统有限公司滥用市场支配地位纠纷案
41	（2012）闽民终字第884号	冯永明与福建省高速公路有限责任公司滥用市场支配地位纠纷上诉案

续表

序号	案　　号	判决书名称
42	（2012）渝一中法民初字第 00446 号	戴海波与中国电信集团重庆市电信公司、中国电信股份有限公司、中国电信股份有限公司重庆分公司垄断纠纷案
43	（2012）苏知民终字第 0004 号	无锡市保城气瓶检验有限公司与无锡华润车用气有限公司拒绝交易纠纷上诉案
44	（2012）粤高法民三终字第 155 号	深圳市惠尔讯科技有限公司与深圳市有害生物防治协会横向垄断协议纠纷案
45	（2012）湘高法民三终字第 22 号	上诉人刘大华因与被上诉人湖南华源实业有限公司（下称"湖南华源公司"）、东风汽车有限公司东风日产乘用车公司（下称"东风日产乘用车公司"）垄断纠纷一案
46	（2010）浙知终字第 125 号	湖州一亭白蚁防治服务有限公司与湖州市白蚁防治研究所有限公司垄断纠纷上诉案
47	（2010）高民终字第 489 号	唐山市人人信息服务有限公司与北京百度网讯科技有限公司垄断纠纷上诉案
48	（2010）高民终字第 481 号	李方平与中国网通（集团）有限公司北京市分公司垄断纠纷上诉案
49	（2009）沪高民三（知）终字第 135 号	北京书生电子技术有限公司与上海盛大网络发展有限公司、上海玄霆娱乐信息科技有限公司垄断纠纷上诉案
50	（2008）粤高法立民终字第 193 号	北京掌中无限信息技术有限公司诉深圳市腾讯计算机系统有限公司垄断及不正当竞争纠纷案
51	（2004）一中民初字第 225 号	北京安定保开锁服务中心等诉北京通信公司营业局等垄断纠纷案

表 4-2　案由为合同纠纷的垄断民事案件

序号	案　　号	案件名称
1	（2016）苏 12 民终 1749 号	蔡建林、赵志高与冯夏俊合同纠纷二审民事判决书
2	（2016）渝 01 民终 1156 号	湖南湘百合药业有限公司与重庆青阳药业有限公司买卖合同纠纷上诉案
3	（2014）深中法商终字 1903 号	深圳市蒙哥贸易有限公司与深圳市有荣配销有限公司买卖合同纠纷二审民事判决书

续表

序号	案 号	案件名称
4	（2015）云高民三终字第35号	封俊与保山恒易商业管理有限公司租赁合同纠纷案二审民事判决书
5	（2014）潍商终字第505号	潍坊隆舜和医药有限公司与山东华信制药集团股份有限公司买卖合同纠纷二审民事判决书
6	（2013）浙商外终字第24号	上诉人宁波××××塑胶有限公司为与被上诉人宁波××热力有限公司供用热力合同纠纷一案 宁波科元塑胶有限公司与宁波联能热力有限公司技术服务合同纠纷（全名）
7	（2016）辽04民终1746号	抚顺中兴时代广场商业有限公司诉抚顺市热力有限公司供用热力合同纠纷二审民事判决书
8	（2015）烟商初字第125号	上海荣进实业有限公司与烟台欣和企业食品有限公司买卖合同纠纷
9	（2016）京02民终10233号	兰州智达创诚电子科技有限公司与微软（中国）有限公司等买卖合同纠纷二审民事判决书
10	（2016）豫01民终12190号	湖北京华陶瓷科技有限公司与郑州振东科技有限公司承揽合同纠纷二审民事判决书
11	（2016）冀民终513号	张宗楼与郭长虎合同纠纷二审民事判决书
12	（2016）浙0206民初829号	宁波保税区富如电子有限公司与奉化盈信减震器厂合同纠纷一审民事判决书
13	（2016）赣民终66号	邓新生、温明生与海力控股集团有限公司因买卖合同纠纷二审民事判决书
14	（2016）豫01民终3326号	郑州慧阳科技有限公司与河南国基置业有限公司大学城管理中心、河南国基置业有限公司合同纠纷二审民事判决书
15	（2015）嘉秀民初字第991号	姜涛与北京华奥汽车服务有限公司、北京华奥汽车服务有限公司嘉兴分公司服务合同纠纷一审民事判决书
16	（2015）浙杭商外终字第57号	上海万延实业有限公司与华润万家生活超市（浙江）有限公司买卖合同纠纷二审民事判决书
17	（2015）康民二初字第2845号	原告赣州世鸿气体有限公司等诉被告赣州市南康区金鑫工业气体有限公司合同纠纷民事一审判决书

续表

序号	案　号	案件名称
18	（2015）鄂恩施中民终字第 01009 号	巴东县三峡国际旅行社有限公司、巴东神农风情国际旅行社有限公司与巴东神农溪国际旅行社有限公司合同纠纷二审民事判决书
19	（2015）渝五中法民终字第 06579 号	彭各、彭显与重庆华宇物业服务有限公司物业服务合同纠纷上诉案
20	（2015）连商终字第 00373 号	连云港君美电子有限公司与于洪波买卖合同纠纷二审民事判决书
21	（2015）福民初字第 258 号	屈传玉与被告孙福东等六被告合同纠纷一审民事判决书
22	（2015）阿商终字第 30 号	额济纳旗福乐蒙能源实业有限责任公司与额济纳旗策克口岸永鑫综合服务有限责任公司物业服务合同纠纷二审民事判决书
23	（2015）长民二初字第 378 号	李明伟与金春山庆典服务合同纠纷一审民事判决书
24	（2015）苏中商终字第 01615 号	南通市新航贸易有限公司与南京大旺食品有限公司苏州分公司买卖合同纠纷二审民事判决书
25	（2015）晋民终字第 333 号	晋城市峰景房地产开发有限公司与晋城市恒光热力有限公司合同纠纷二审判决书
26	（2014）深中法商终字第 2018 号	长春泰瑞商贸有限公司与沃尔玛（中国）投资有限公司买卖合同纠纷二审民事判决书
27	（2015）大民三终字第 806 号	冒旭东与中国联合网络通信有限公司大连市分公司电信服务合同纠纷二审民事判决书
28	（2015）鄂巴东民初字第 00064 号	巴东神农溪旅行社与三峡等公司一案一审民事判决书
29	（2012）长中民再终字第 0341 号	王本森与邱则有、长沙巨星轻质建材股份有限公司、湖南立信建材实业有限公司合同纠纷再审民事判决书
30	（2015）瓯民初字第 92 号	丁振镜与林培福、林明忠、吴尧春合同纠纷一审民事判决书
31	（2013）锡民二初字第 524 号	锡林郭勒盟万亿鑫房地产开发有限责任公司与王树恒房屋拆迁安置补偿合同纠纷一审民事判决书

续表

序号	案　号	案件名称
32	（2014）三中民终字第10581号	李德章、仲怀芸与北京华远意通供热科技发展有限公司供用热力合同纠纷上诉案
33	（2014）浙杭民终字第2096号	周朝霞与杭州港华燃气有限公司服务合同纠纷二审民事判决书
34	（2013）海南一中民三终字第241号	蒋原华与海南天然橡胶产业集团股份有限公司西达分公司林业承包合同纠纷上诉案
35	（2013）丰民二初字第260号	丰城和甸制笔科技有限公司与常熟和甸制笔科技有限公司、苏州雄鹰笔墨科技有限公司、大丰雄鹰笔墨新材料有限公司收购合同纠纷一审民事判决书
36	（2013）郑民再终字第169号	申诉人窦思林与被申诉人巩义市供电公司合同纠纷一案
37	（2013）衢江商外初字第1号	大陆马牌贸易（上海）有限公司与宁晓燕联营合同纠纷一审民事判决书
38	（2013）佛中法民二终字第335号	上诉人××××（惠州）工业气体有限公司因与被上诉人佛山市××××钢板有限公司买卖合同纠纷一案
39	（2011）湖安商初字第214号	南京××式××城××务××司与安吉××医疗用品有限公司合同纠纷案
40	（2010）浙商提字第66号	申请人鲍××合同纠纷一案
41	（2009）杭桐商初字第800号	浙江奔腾建材有限公司与鲍其成合同纠纷案
42	（2016）苏12民终802号	泰州石油化工有限责任公司与高邮市通源油运有限公司运输合同纠纷二审民事判决书
43	（2014）哈民一民终字第962号	于世荣与哈尔滨哈达农副产品股份有限公司合同纠纷二审民事判决书
44	（2014）昌民初字第04459号	英国可林化学有限公司与北京豪威量科技有限公司买卖合同纠纷案
45	（2015）杭西知民初字第667号	周盛春与阿里巴巴（中国）有限公司计算机软件著作权权属纠纷、计算机软件著作权许可使用合同纠纷一审民事判决书

续表

序号	案 号	案件名称
46	（2013）宁商终字第749号	曹艳梅与南京雅客勤商贸有限公司特许经营合同纠纷上诉案
47	（2010）烟民三初字第232号	烟台威力狮汽车服务用品有限公司与杭州圣马汽车用品有限公司特许经营合同纠纷案
48	（2016）苏02民终985号	无锡美华化工有限公司与淄博齐田医药化工有限公司联营合同纠纷二审民事判决书
49	（2015）黔纳民商初字第50号	原告纳雍县雍熙镇友谊页岩砖厂、纳雍县雍熙镇粉煤灰砖厂诉被告纳雍县雍熙镇林某惠页岩砖厂、纳雍县雍熙镇苦李河页岩砖厂等联营合同纠纷一审民事判决书
50	（2015）郴民二终字第67号	汝城县捷运达渣土运输有限公司与汝城县运发渣土运输有限公司、汝城县新俊渣土运输有限公司、郴州市龙胜渣土运输有限公司联营合同纠纷二审民事判决书
51	（2015）郴民二终字第66号	郴州市龙胜渣土运输有限公司与汝城县运发渣土运输有限公司、汝城县新俊渣土运输有限公司、汝城县捷运达渣土运输有限公司联营合同纠纷二审民事判决书
52	（2013）通中商终字第0539号	南通市交安电子科技有限公司与南通中源物联网技术发展有限公司、江苏省安全生产应急救援指挥中心移动危险源监控总站南通分站定金合同纠纷二审民事判决书

表4-3 案由为确认合同效力纠纷的垄断民事案件

序号	案 号	案件名称
1	（2016）豫03民终1923号	王会朋与郑立红、常晶晶确认合同无效纠纷二审民事判决书
2	（2014）密民初字第00181号	张燕杰与北京中加恒业房地产开发有限公司等确认合同效力纠纷一审民事判决书
3	（2014）周民终字第190号	项城市电视台、项城市亿嘉置业有限公司与项城市金地置业有限公司、河南省恒宇置业有限公司、项城市明建房地产开发有限公司、河南信德房地产开发有限公司、河南赟金置业有限公司确认合同无效纠纷上诉案
4	（2012）渝四中法民终字第00380号	付春国与刘待江、重庆市秀山土家族苗族自治县食品公司确认合同效力纠纷上诉案

续表

序号	案　号	案件名称
5	（2012）渝四中法民终字第 00379 号	赵明昌与刘待江、重庆市秀山土家族苗族自治县食品公司确认合同效力纠纷上诉案
6	（2012）渝四中法民终字第 00378 号	付国国与刘待江、重庆市秀山土家族苗族自治县食品公司确认合同效力纠纷上诉案
7	（2012）渝四中法民终字第 00377 号	赵明昌与刘待江、重庆市秀山土家族苗族自治县食品公司确认合同效力纠纷上诉案

表 4-4　案由为侵权责任纠纷的垄断民事案件

序号	案　号	案件名称
1	（2016）川民终 258 号	白山出版社与外语教学与研究出版社有限责任公司、成都布克购书中心有限公司、成都布克购书中心有限公司玉沙分公司著作权权属、侵权纠纷二审民事判决书
2	（2015）吉民三知终字第 65 号	吉林大学出版社与长春出版集团著作权纠纷二审民事判决书
3	（2015）吉民三知终字第 68 号	吉林大学出版社有限责任公司诉长春联合图书城有限责任公司等著作权权属、侵权纠纷二审民事判决书
4	（2015）吉民三知终字第 66 号	吉林大学出版社有限责任公司诉长春联合图书城有限责任公司等著作权权属、侵权纠纷二审民事判决书
5	（2014）菏民一终字第 173 号	菏泽市泰群日化有限公司与菏泽市花都商埠良华洗化用品经营部二审民事判决书
6	（2011）魏北民初字第 86 号	文怀想与周勇侵权损害赔偿纠纷案

表 4-5　案由为不当得利纠纷的垄断民事案件

序号	案　号	案件名称
1	（2015）宣中民二终字第 00146 号	郎溪县混凝土行业协会与郎溪宇方混凝土搅拌有限公司不当得利纠纷二审民事判决书

说明在涉及垄断纠纷的案件中，当事人更倾向于以合同纠纷作为案由起诉，一方面合同纠纷案件起诉较容易，在基层法院起诉即可。不受管辖权的限制，同时专业要求也明显低。

如以级别管辖为例，《最高人民法院关于审理因垄断行为引发的民事纠纷案件应用法律若干问题的规定》第3条规定："第一审垄断民事纠纷案件，由省、自治区、直辖市人民政府所在地的市、计划单列市中级人民法院以及最高人民法院指定的中级人民法院管辖。经最高人民法院批准，基层人民法院可以管辖第一审垄断民事纠纷案件。"此外，根据《最高人民法院关于知识产权法院案件管辖等有关问题的通知》第3条的规定，北京知识产权法院、上海知识产权法院、广州知识产权法院分别管辖北京全市、上海全市和广东全省（深圳除外❶）的第一审垄断民事案件。如果按合同纠纷一审一般不会在省、自治区、直辖市人民政府所在地的市、计划单列市中级人民法院以及最高人民法院指定的中级人民法院管辖，而是在各基层法院。因此，导致当事人在诉讼中以案由进行级别规避。但依据该规定第5条，民事纠纷案件立案时的案由并非垄断纠纷，被告以原告实施了垄断行为为由提出抗辩或者反诉且有证据支持，或者案件需要依据《反垄断法》作出裁判，但受诉人民法院没有垄断民事纠纷案件管辖权的，应当将案件移送有管辖权的人民法院。但从目前实际分析得出，多数案件均没有将案件进行移送，而当事人（被告）也没有提出管辖异议申请。在2016年垄断民事案件中，有6件案件均出现了管辖权争议，其中4件还因不服管辖权裁定而提起上诉。这6件案件的管辖权异议分为两种类型：一是法院的级别管辖和地域管辖，二是法院与仲裁机构的管辖关系，或者说垄断民事纠纷是否具有可仲裁性。

2008年至2009年年底，全国法院共受理反垄断案件9件，其中与知识产权相关1件，即北京书生电子技术有限公司诉上海盛大网络发展有限公司、上海玄霆娱乐信息科技有限公司垄断纠纷案。截至目前涉及知识产权的案件还有华为诉IDC滥用市场支配地位案。

---

❶ 《关于知识产权法院案件管辖等有关问题的通知》第3条第2款规定："广州知识产权法院对广东省内的第一审垄断民事纠纷实行跨区域管辖。"按字面理解，凡广东省内的第一审垄断民事案件均应由广州知识产权法院管辖。不过实际上，根据广州知识产权法院编制规定，广州知识产权法院不管辖深圳市区划内的案件；在广州知识产权法院成立后，深圳市中级人民法院知识产权审判原来的管辖维持不变。参见林广海.广州故事：知识产权法院多棱镜［J］.法律适用，2015（10）.

4.4 主体分类

4.4.1 原告主体分类

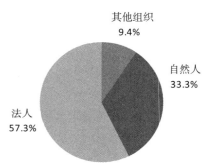

图4-9　原告主体分布

　　如图4-9所示，在本书统计的117件反垄断民事诉讼案件中，原告主体为法人的案件最多，共计67件，占57.3%；原告主体为自然人的案件共计39件，占33.3%；原告主体为其他组织的案件共计11件，占比9.4%。❶

　　从以上分析得出，法人仍然是反垄断诉讼中的主要参与者，这与法人维权意识，以及法人在反垄断诉讼中有能力提起诉讼具有重大关系，因为反垄断诉讼专业程度高、专业人士的聘请和支付成本均较高。而自然人提起诉讼的也不少，能反映自然人的反垄断意识在提升，公众对《反垄断法》的公平公正性的信任度有改善，竞争文化的普及效果还是好的。

　　在垄断民事诉讼中，原告主体资格往往具有较大的争议，即原告是否具有诉讼资格，如上诉人广东粤超体育发展股份有限公司（下称"粤超公司"）与被上诉人广东省足球协会（下称"省足协"）、广州珠超联赛体育经营管理有限公司（下称"珠超公司"）垄断纠纷一案，❷ 省足协答辩称：粤超公司从未与省足协签订过任何相关合同或协议，并非合同相对人；省足协不属于《反垄断法》所定义的行业协会，同时粤超公司也不是省足协的会员，与省足协章程无任何联系；珠超公司答辩称：根据《最高人民法院关于审理因垄断行为引

---

　　❶ 《反垄断法》第12条规定："本法所称经营者，是指从事商品生产、经营或者提供服务的自然人、法人和其他组织。"
　　❷ 广东省高级人民法院（2014）粤高法民三终字第242民事判决书。

发的民事纠纷案件应用法律若干问题的规定》第 1 条❶中对"因垄断行为引发的民事纠纷案件"的定义，粤超公司并不具备诉讼主体资格。

原审法院认为，关于粤超公司起诉的主体资格问题。《民事诉讼法》第 119 条规定："起诉必须符合下列条件：（一）原告是与该案有直接利害关系的公民、法人和其他组织；……"《最高人民法院关于审理因垄断行为引发的民事纠纷案件应用法律若干问题的规定》第 1 条规定："本规定所称因垄断行为引发的民事纠纷案件，是指因垄断行为受到损失以及因合同内容、行业协会的章程等违反《反垄断法》而发生争议的自然人、法人或者其他组织，向人民法院提起的民事诉讼案件。"该案中，《批准书》《协议书》涉及在广东省室内五人制足球联赛经营主体的选定、赛事的运作及由此滋生的利益分配问题。粤超公司作为与珠超公司同样具有经营广东省室内五人制足球联赛资质、具有竞争关系的民事主体，因省足协将广东省室内五人制足球联赛经营资格独家"授予"珠超公司的行为发生争议提起该案诉讼，符合上述法律规定。省足协和珠超公司关于粤超公司不具备原告主体资格的意见不能成立，予以驳回。

田伟军诉雅培贸易（上海）有限公司垄断纠纷案，法院认可间接消费者具有诉讼主体资格。该案涉及的另一个焦点问题是是否允许间接购买者提起反垄断民事赔偿诉讼。该案适用的规则是：间接购买商品的消费者可以针对垄断行为提起民事诉讼。在《处罚决定书》已经认定雅培公司存在垄断行为，该垄断行为具有排除和限制竞争效果的情况下，间接购买商品的消费者仍然应当对其主张的损失与垄断行为之间存在因果关系承担证明责任。❷

广西运德汽车运输集团有限公司等与邹志坚滥用市场支配地位纠纷上诉案，该案一审判决适用《反垄断法》第 50 条及《反不正当竞争法》第 20 条第 2 款的规定认定邹志坚作为自然人可以直接向法院提起民事诉讼，是正确的。关于自然人是否可以向法院提起垄断民事诉讼，《最高人民法院关于审理因垄断行为引发的民事纠纷案件应用法律若干问题的规定》［法释（2012）5 号］

---

❶ 本规定所称因垄断行为引发的民事纠纷案件（下称"垄断民事纠纷案件"），是指因垄断行为受到损失以及因合同内容、行业协会的章程等违反《反垄断法》而发生争议的自然人、法人或者其他组织，向人民法院提起的民事诉讼案件。

❷ 案情：2013 年 2 月 7 日，田军伟在家乐福双井店购买雅培婴儿配方奶粉一件，金额 261 元。2013 年 8 月 2 日国家发展和改革委员会（简称国家发改委）以雅培公司的行为违反《反垄断法》的有关规定为由，对雅培公司作出了行政处罚。田军伟认为国家发改委的处罚决定表明家乐福双井店与雅培公司通过非法的价格垄断协议，迫使原告以不公平的高价购得雅培公司生产的雅培婴儿配方奶粉，损害了原告的利益；即使北京家乐福商业有限公司不受雅培公司约束，但雅培公司对其他渠道的价格管控导致家乐福双井店的定价高于市场充分竞争时的定价，消费者被迫支出更多费用，雅培公司应当基于过错承担赔偿责任，并提起诉讼。见北京知识产权法院（2014）京知民初字第 146 号民事判决书。

第2条已经有明确规定："原告直接向人民法院提起民事诉讼，或者在反垄断执法机构认定构成垄断行为的处理决定发生法律效力后向人民法院提起民事诉讼，并符合法律规定的其他受理条件的，人民法院应当受理。"该司法解释于2012年6月1日开始施行，此后，这一问题应该不会再有争议。❶

因为原告主体存在争议的典型案件还有北京锐邦涌和科贸有限公司诉强生（上海）医疗器材有限公司、强生（中国）医疗器材有限公司纵向垄断协议纠纷案，❷就上诉人锐邦公司作为《经销合同》当事人，本身是该案限制最低转售价格条款的签订者与执行者，是否具备该案原告主体资格争议焦点，上海市高级人民法院二审认为：上诉人锐邦公司是该案诉讼的适格原告。首先，经销商由于执行限制最低转售价格协议而失去在最低限价以下销售的机会，可能因此失去部分客户和利润，属于《反垄断法》第50条规定的因垄断行为遭受损失的民事主体。其次，合同当事人之外的利益主体通常很难知道垄断协议的具体情形，如果不允许知悉内情、掌握证据的垄断协议当事人提起反垄断诉讼，垄断协议这种违法行为就很难受到追究。最后，最高人民法院垄断纠纷审理规定第1条规定"本规定所称因垄断行为引发的民事纠纷案件"是指"因垄断行为受到损失以及因合同内容、行业协会章程等违反《反垄断法》而产生争议的自然人、法人或其他组织，向人民法院提起的民事诉讼案件"，上诉人即是因为与被上诉人就《经销合同》内容是否违反《反垄断法》存在争议而提起诉讼，属于可以依据该条规定提起民事诉讼的原告。

无锡市保城气瓶检验有限公司诉无锡华润车用气有限公司拒绝交易垄断案，被告华润车用气公司辩称：保城公司不是加气卡办理主体，并非交易相对方，不具有拒绝交易诉讼的主体资格。江苏省无锡市中级人民法院经审理认为：保城公司虽然不是加气卡办理的交易相对方，但加气卡办理事宜与其车用天然气气瓶安装业务具有紧密关联，应认定其与该案存在利害关系，是该案适格的原告。❸

---

❶　韦晓云 . 广西运德汽车运输集团有限公司等与邹志坚滥用市场支配地位纠纷上诉案—垄断纠纷案中滥用市场支配地位的界定［DB/OL］.［2017-05-21］. http：//www. pkulaw. cn.

❷　上海市高级人民法院（2012）沪高民三（知）终字第63号民事判决书。

❸　参见江苏省无锡市中级人民法院（2011）锡知民初字第0031号民事判决书，江苏省高级人民法院（2012）苏知民终字第0004号民事裁定书。

4.4.2　被告主体分类

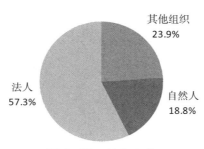

图 4-10　被告主体

如图 4-10 所示，在本书统计的 117 件反垄断民事诉讼案件中，被告主体为法人的案件共计 67 件，占比 57.3%；被告主体为其他组织的案件共计 28 件，占比 23.9%；被告主体为自然人的案件共计 22 件，占比 18.8%。

从以上分析得出，法人作为被告主体与其作为原告主体基本持平，不难理解的是，在市场经济环境中，能实施垄断行为的大多是占据市场支配地位的大企业，以自然人为代表的中小型企业则是很难取得市场支配地位进而实施垄断行为的。同时说明法人在反垄断合规方面仍有待完善，比如横向垄断协议和纵向垄断协议、有关涉及分割销售区域、限制产品数量等信息交换和实施等，在目前反垄断行政执法加剧，竞争文化深入普及后，可能会有更多的法人会因为反垄断诉讼进入公众视野。自然人作为被告与作为原告相比，数量明显减少，这主要可能是因为被告系自然人，承担责任能力有限，以及在反垄断诉讼中，原告因为对方管理不规范导致搜集证据难度加剧。

其他组织❶在反垄断诉讼中主要是指行业协会、商会等社会团体，行业协会的主要职能是进行行业管理。作为行业管理者，行业协会的职能主要体现在服务、协调和自律三个方面。服务职能是行业协会的首要职能，体现在为会员提供信息发布、政策咨询、技术支持、产品认证、对外联络、联系政府等各种服务，尤其体现在信息提供方面，以至于行业协会被形象地称为"信息库"。

---

❶　根据《最高人民法院关于适用〈中华人民共和国民事诉讼法〉的解释》第 52 条之规定，《民事诉讼法》第 48 条规定的"其他组织"是指合法成立、有一定的组织机构和财产，但又不具备法人资格的组织，包括：（1）依法登记领取营业执照的个人独资企业；（2）依法登记领取营业执照的合伙企业；（3）依法登记领取我国营业执照的中外合作经营企业、外资企业；（4）依法成立的社会团体的分支机构、代表机构；（5）依法设立并领取营业执照的法人的分支机构；（6）依法设立并领取营业执照的商业银行、政策性银行和非银行金融机构的分支机构；（7）经依法登记领取营业执照的乡镇企业、街道企业；（8）其他符合本条规定条件的组织。

协调职能是指行业协会可以协调会员之间的利益或冲突关系，可以协调会员与职工之间的劳动或雇佣关系，甚至可以协调会员与客户或消费者之间的交易关系。自律职能即行业协会的内部管理职能，行业协会通过制定内部规章、行业标准，通过对会员行为的日常管理，必要时辅以内部奖惩机制，可以实现对其所在行业秩序的规范、对会员行为的引导和矫正等目标。行业协会行为引起《反垄断法》关注的主要是其"组织"会员企业从事《反垄断法》禁止的垄断行为，通常是达成垄断协议。例如，会员企业通过行业协会进行成本、利润等信息交流，极易达成价格固定协议；通过其他方面的意思联络，达成地域或客户划分协议或者联合抵制协议也较为容易。我国反垄断法 16 条明确规定"行业协会不得组织本行业的经营者从事本章禁止的垄断行为"即说明即便作为行业管理者，行业协会的行为仍可能进入《反垄断法》的调整范围。❶

行业协会在反垄断诉讼和行政执法中也面临较多的反垄断风险，刘方荣诉重庆市保险行业协会垄断纠纷案是最早的行业协会垄断民事诉讼案件。

从原告胜诉率分析，反垄断诉讼被告在诉讼中的压力较轻，且抗辩相对容易，要求具备的专业知识没有原告明显。

需要注意的是，在华为技术有限公司与 idc 公司滥用市场支配地位纠纷上诉案❷中，法院认为，被告存在人员混同情况，且在专利许可谈判中，有具体分工合作，并共同获得收益。鉴于此，依法认定三被告共同实施了垄断民事侵权行为，应承担共同实施垄断民事侵权行为的法律责任，判决三被告立即停止针对原告实施的过高定价和搭售的垄断民事侵权行为，并连带赔偿原告经济损失人民币2 000万元。

---

❶ 焦海涛. 行业协会的《反垄断法》主体地位［J］. 法人，2016（7）.

❷ 在该案中原告诉称，根据我国反垄断法的规定，被告在 3G 无线通信标准必要专利许可市场中具有市场支配地位。与苹果、三星等公司相比，被告对其标准必要专利的许可使用费存在过高定价和歧视性定价行为；被告还要求原告将原告全球所有的专利无偿许可给被告，这属于附加不合理交易条件的行为；被告提出将其标准必要专利和非标准必要专利、2G、3G 和 4G 标准必要专利、全球专利打包许可，这属于搭售行为；在双方谈判过程中，被告突然在美国联邦法院和美国国际贸易委员会同时起诉原告，本质上是拒绝与原告进行交易的行为。据此，原告诉请三被告立即停止过高定价、差别定价、搭售、附加不合理交易条件以及拒绝交易等垄断民事侵权行为，并连带赔偿原告经济损失人民币2 000万元。判决三被告立即停止针对原告实施的过高定价和搭售的垄断民事侵权行为，并连带赔偿原告经济损失人民币2 000万元，驳回原告的其他诉讼请求。宣判后，原、被告双方均不服一审判决，提起上诉。2013 年 10 月 21 日，广东省高级人民法院作出终审判决：驳回上诉，维持原判。详见深圳市中级人民法院（2011）深中法知民初字第 858 号司判决书，广东省高级人民法院（2013）粤高法民三终字第 306 号民事判决书。

4.5　主体性质

4.5.1　原告主体性质

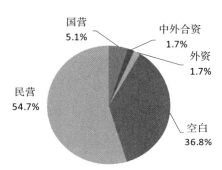

图 4-11　原告主体性质

如图 4-11 所示，在本书统计的 117 件反垄断民事诉讼案件中，原告主体性质为民营企业的案件共计 64 件，占 54.7%；原告主体性质为国有企业的案件共计 6 件，占 5.1%；原告主体性质为中外合资企业的案件 2 件，占 1.7%；原告主体性质为外资企业的案件 2 件，占 1.7%；判决书中未交代原告主体性质的案件（含原告主体为自然人的案件）共计 43 件，占 36.8%。

从以上分析得出，提起诉讼的原告绝对多数是民营企业，国营仅占少量，这与可能与国有企业担心败诉（原告败诉率较高）、相关决策者怕承担责任具有密切关系，另一方面是诉讼时间长、会耗费大量的精力，而企业更多是为了经营，外资企业及中外合资企业共计占 3.4%，外资企业目前作为原告还相当的少见，但外资企业一旦提起诉讼，涉案标的特别大，往往会引起行业内的重大新闻。案件类型多样化另一个表现是涉外案件和国内案件并存，涉及国外当事人滥用市场支配地位的案件增多。表明国内当事人利用法律武器对抗具有支配地位的外方当事人的意识增强。❶

---

❶　朱理. 中国反垄断私人执行五周年回顾与展望［M］//中国世界贸易组织研究会竞争政策与法律专业委员会. 中国竞争法律与政策研究报告（2013 年），北京：法律出版社，2014：24.

表 4-6　原告为国有企业的案件

序号	案　号	案件名称
1	（2015）阿商终字第 30 号	额济纳旗福乐蒙能源实业有限责任公司与额济纳旗策克口岸永鑫综合服务有限责任公司物业服务合同纠纷二审民事判决书
2	（2012）渝四中法民终字第 00380 号	付春国与刘待江、重庆市秀山土家族苗族自治县食品公司确认合同效力纠纷上诉案
3	（2012）渝四中法民终字第 00377 号	赵明昌与刘待江、重庆市秀山土家族苗族自治县食品公司确认合同效力纠纷上诉案
4	（2015）吉民三知终字第 65 号	吉林大学出版社与长春出版集团著作权纠纷二审民事判决书
5	（2015）吉民三知终字第 68 号	吉林大学出版社有限责任公司诉长春联合图书城有限责任公司等著作权权属、侵权纠纷二审民事判决书
6	（2015）吉民三知终字第 66 号	吉林大学出版社有限责任公司诉长春联合图书城有限责任公司等著作权权属、侵权纠纷二审民事判决书

表 4-7　原告为中外合资企业、外资企业的案件

序号	案　号	案件名称
1	（2013）衢江商外初字第 1 号	大陆马牌贸易（上海）有限公司与宁晓燕联营合同纠纷一审民事判决书
2	（2014）哈民一民终字第 962 号	于世荣与哈尔滨哈达农副产品股份有限公司合同纠纷二审民事判决书
3	（2014）昌民初字第 04459 号	英国可林化学有限公司与北京豪威量科技有限公司买卖合同纠纷案
4	（2016）苏 02 民终 985 号	无锡美华化工有限公司与淄博齐田医药化工有限公司联营合同纠纷二审民事判决书

4.5.2 被告主体性质

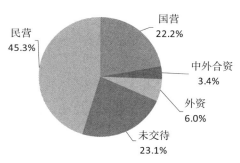

图 4-12 被告主体性质

如图 4-12 所示，在本书统计的 117 件反垄断民事诉讼案件中，被告主体性质为民营企业的案件共计 53 件，占 45.3%；被告主体性质为国有企业的案件共计 26 件，占 22.2%；被告主体性质为中外合资企业的案件 4 件，占 3.4%；被告主体性质为外资企业的案件 7 件，占 6.0%；判决书中未交代被告主体性质的案件（含被告主体为自然人的案件）共计 27 件，占 23.1%。

从以上分析得出，民营企业作为原告和作为被告数量相当，以及国有企业、外资企业（包含中外合资）作为被告和其作为原告的数量都是相同的。民营企业在相当长的时间里，仍旧是反垄断民事诉讼中的主要被告，主要是因为民营企业对反垄断合规理解的偏差，以及在法律风险防范方面的成本有直接联系，很多民营企业没有专门的法务部门或法务专员，且法务部门建设的成本较低，法务人员专业技能和法律素质普遍低于国有企业和外资企业，另外是民营企业过度相信关系处理，不相信法律，认为违反反垄断是多数，大家不被诉讼，认为自己也不会被诉讼的心理。再次是民营企业对法律没有敬畏，甚至不知道《反垄断法》，更不知道限制数量、产量、销售区域、统一提价交换信息等行为涉嫌违反了《反垄断法》。国有企业作为被告也可能会有所上升，公用企业传统的垄断行为越来越受到消费者投诉和举报，消费者维权意识比企业普法意识提升快，而国有企业传统习惯垄断的经营做法不改善，肯定会成为被告的。外资企业因其相关市场份额占有率高，垄断行为复杂、涉及市场抢占和策略，一旦发生诉讼都是重大疑难问题，如华为诉 IDC 案。

表 4-8　被告为国有企业的案件

序号	案　号	案件名称
1	（2015）京知民初字第1850号	象山捷达网络技术服务部与中国互联网络信息中心垄断纠纷一审民事判决书
2	（2015）京知民初字第1853号	顾正文与中国互联网络信息中心垄断纠纷一审民事判决书
3	（2016）京73民初270号	天津市河西区速捷网络技术服务部与中国互联网络信息中心等垄断协议纠纷一审民事判决书
4	（2016）京73民初269号	天津市河西区速捷网络技术服务部与中国互联网络信息中心、北京新网数码信息技术有限公司、萍乡市人民政府垄断协议纠纷一审民事判决书
5	（2016）京73民初272号	天津市河西区速捷网络技术服务部与中国互联网络信息中心、北京新网数码信息技术有限公司、十堰市人民政府垄断协议纠纷一审民事判决书
6	（2016）京73民初617号	天津市河西区速捷网络技术服务部与中国互联网络信息中心垄断纠纷一审民事判决书
7	（2016）京73民初467号	天津市河西区速捷网络技术服务部与中国互联网络信息中心垄断纠纷一审民事判决书
8	（2016）京73民初595号	天津市河西区速捷网络技术服务部与中国互联网络信息中心垄断纠纷一审民事判决书
9	（2015）京知民初字第1845号	郑敏杰与中国互联网络信息中心、北京市国信公证处垄断纠纷一审民事判决书
10	（2015）京知民初字第1846号	郑敏杰与中国互联网络信息中心、北京市国信公证处、厦门易名科技股份有限公司垄断纠纷一审民事判决书
11	（2015）沪高民三（知）终字第23号	杨志勇与中国电信股份有限公司、中国电信股份有限公司上海分公司滥用市场支配地位纠纷二审民事判决书
12	（2013）沪一中民五（知）初字第208号	杨志勇与中国电信股份有限公司、中国电信股份有限公司上海分公司滥用市场支配地位纠纷案
13	（2014）沪高民三（知）终字第105号	童华与中国移动通信集团上海有限公司滥用市场支配地位纠纷上诉案

续表

序号	案 号	案件名称
14	（2014）陕民三终字第00035号	咸阳联合客运服务有限公司与咸阳市秦都出租汽车客运服务部、咸阳市渭城出租汽车客运服务部、咸阳市华光出租汽车客运服务部、咸阳市公共交通集团公司、咸阳市城市客运管理处限定交易纠纷二审判决书
15	（2014）陕民三终字第00034号	咸阳华秦出租汽车服务有限公司与咸阳市秦都出租汽车客运服务部、咸阳市渭城出租汽车客运服务部、咸阳市华光出租汽车客运服务部、咸阳市公共交通集团公司、咸阳市城市客运管理处限定交易纠纷二审判决书
16	（2012）闽民终字第884号	冯永明与福建省高速公路有限责任公司滥用市场支配地位纠纷上诉案
17	（2012）渝一中法民初字第00446号	戴海波与中国电信集团重庆市电信公司、中国电信股份有限公司、中国电信股份有限公司重庆分公司垄断纠纷案
18	（2010）高民终字第481号	李方平与中国网通（集团）有限公司北京市分公司垄断纠纷上诉案
19	（2016）渝01民终1156号	湖南湘百合药业有限公司与重庆青阳药业有限公司买卖合同纠纷上诉案
20	（2016）辽04民终1746号	抚顺中兴时代广场商业有限公司诉抚顺市热力有限公司供用热力合同纠纷二审民事判决书
21	（2013）海南一中民三终字第241号	蒋原华与海南天然橡胶产业集团股份有限公司西达分公司林业承包合同纠纷上诉案
22	（2014）周民终字第190号	项城市电视台、项城市亿嘉置业有限公司与项城市金地置业有限公司、河南省恒宇置业有限公司、项城市明建房地产开发有限公司、河南信德房地产开发有限公司、河南赟金置业有限公司确认合同无效纠纷上诉案
23	（2013）郑民再终字第169号	申诉人窦思林与被申诉人巩义市供电公司合同纠纷一案
24	（2012）渝四中法民终字第00379号	赵明昌与刘待江、重庆市秀山土家族苗族自治县食品公司确认合同效力纠纷上诉案
25	（2012）渝四中法民终字第00378号	付春国与刘待江、重庆市秀山土家族苗族自治县食品公司确认合同效力纠纷上诉案

续表

序号	案　号	案件名称
26	（2016）川民终 258 号	白山出版社与外语教学与研究出版社有限责任公司、成都布克购书中心有限公司、成都布克购书中心有限公司玉沙分公司著作权权属、侵权纠纷二审民事判决书

表 4-9　被告为中外合资企业、外资企业的案件

序号	案　号	案件名称
1	（2015）昆知民重字第 3 号	云南盈鼎生物能源股份有限公司与中国石化销售有限公司云南石油分公司、中国石化销售有限公司拒绝交易纠纷案民事判决书
2	（2014）粤高法民三终字第 1141 号	顾芳与中国南方航空股份有限公司拒绝交易纠纷二审民事判决书
3	（2013）粤高法民三终字第 306 号	华为技术有限公司与交互数字技术公司、交互数字通信有限公司、交互数字公司滥用市场支配地位纠纷上诉案
4	（2012）沪高民三（知）终字第 63 号	北京锐邦涌和科贸有限公司与强生（上海）医疗器材有限公司、强生（中国）医疗器材有限公司纵向垄断协议纠纷案
5	（2011）粤高法民三初字第 2 号	北京奇虎科技有限公司与腾讯科技（深圳）有限公司、深圳市腾讯计算机系统有限公司滥用市场支配地位纠纷案
6	（2015）烟商初字第 125 号	上海荣进实业有限公司与烟台欣和企业食品有限公司买卖合同纠纷
7	（2016）京 02 民终 10233 号	兰州智达创诚电子科技有限公司与微软（中国）有限公司等买卖合同纠纷二审民事判决书
8	（2015）浙杭商外终字第 57 号	上海万延实业有限公司与华润万家生活超市（浙江）有限公司买卖合同纠纷二审民事判决书
9	（2014）深中法商终字第 2018 号	长春泰瑞商贸有限公司与沃尔玛（中国）投资有限公司买卖合同纠纷二审民事判决书
10	（2014）浙杭民终字第 2096 号	周朝霞与杭州港华燃气有限公司服务合同纠纷二审民事判决书
11	（2015）杭西知民初字第 667 号	周盛春与阿里巴巴（中国）有限公司计算机软件著作权权属纠纷、计算机软件著作权许可使用合同纠纷一审民事判决书

4.6　当事人地域分布

4.6.1　原告地域分布

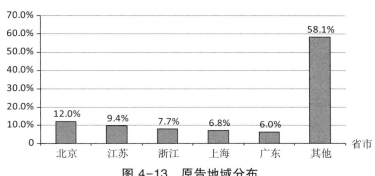

图 4-13　原告地域分布

如图 4-13 所示，在本书统计的 117 件反垄断民事诉讼案件中，原告住所地在北京市的案件最多，共计 14 件，占 12.0%；其次是原告住所地在江苏省的案件，共计 11 件，占 9.4%；原告住所地在浙江省的案件共计 9 件，占 7.7%；原告住所地在上海市的案件共计 8 件占 6.8%；原告住所地在广东省的案件共计 7 件，占 6.0%；原告住所地在其他省份的原告共计 68 件，占 58.1%。

从以上分析得出，北京、江苏、浙江、上海和广东 5 个区域，反垄断诉讼原告约占 42%，除首都北京以外，也均为经济发达的沿海省市，而北京因其首都背景亦在全国各省市 GDP 排名中占有相当分量。垄断问题本来就是随着市场经济的发展而逐渐显现的，因此在经济发达的地区为维护市场经济的良性发展对垄断现象的法律规制也会更加严格，同时在经济发达的地区维权意识也更强，也具备对诉讼成本的负担能力，因此这些地区的反垄断诉讼案件也较多。企业经营者在了解经营管理知识之余，也应对反垄断相关法律法规有所掌握和理解，以规避垄断诉讼风险。

另在经济发达区域的经营者，在反垄断合规事务方面的成本比经济欠发达区域要高，发展的法制环境也相对要好，经营者更有精力放在发展经济方面。

表 4-10　原告住所地统计情况

序号	原告所在地	案件数量	占总量比
1	北京	14	12.0%
2	江苏	11	9.4%
3	浙江	9	7.7%
4	上海	8	6.8%
5	广东	7	6.0%
6	河南	6	5.1%
7	吉林	6	5.1%
8	天津	6	5.1%
9	重庆	6	5.1%
10	湖南	5	4.3%
11	山东	5	4.3%
12	陕西	5	4.3%
13	江西	4	3.4%
14	贵州	3	2.6%
15	福建	2	1.7%
16	海南	2	1.7%
17	河北	2	1.7%
18	辽宁	2	1.7%
19	内蒙古自治区	2	1.7%
20	新疆	2	1.7%
21	云南	2	1.7%
22	甘肃	1	0.9%
23	湖北	1	0.9%
24	黑龙江	1	0.9%
25	厦门	1	0.9%
26	山西	1	0.9%
27	四川	1	0.9%
28	英国	1	0.9%
29	安徽	1	0.9%

4.6.2 被告地域分布

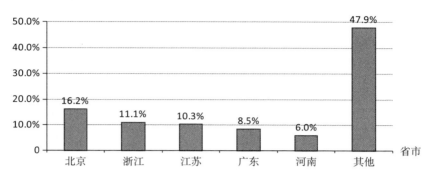

图 4-14 被告地域分布

如图 4-14 所示，在本书统计的 117 件反垄断民事诉讼案件中，被告住所地在北京市的案件最多，共计 19 件，占 16.2%；其次是被告住所地在浙江省的案件，共 12 件，占 11.1%；被告住所地在江苏省的案件共计 12 件，占 10.3%；被告住所地在广东省的案件共计 10 件，占 8.5%；被告住所地在河南省的案件共计 7 件，占 6.0%；被告住所地在其他省份的案件共计 56 件，占 47.9%。

从以上分析得出，北京、浙江、江苏、广东和河南 5 个省区域，被告约占 42%，与原告占绝对优势区域的北京、江苏、浙江、上海和广东省相比，会发现河南替换了上海，说明上海在反垄断合规方面明显较其他区域要好，经营者反垄断合规意识要高，反垄断诉讼风险相对会少。北京、浙江、江苏和广东区域的被告与其作为原告的数量相差不大。说明北京、浙江、江苏和广东区域的原告和被告同区域性较高。

表 4-11 被告所在地统计情况

序号	被告所在地	案件数量	占总量比
1	北京市	19	16.2%
2	浙江省	13	11.1%
3	江苏省	12	10.3%
4	广东省	10	8.5%

续表

序号	被告所在地	案件数量	占总量比
5	河南省	7	6.0%
6	上海市	6	5.1%
7	重庆市	6	5.1%
8	吉林省	5	4.3%
9	山东省	5	4.3%
10	陕西省	5	4.3%
11	湖南省	4	3.4%
12	江西省	4	3.4%
13	贵州省	3	2.6%
14	辽宁省	3	2.6%
15	安徽省	2	1.7%
16	福建省	2	1.7%
17	海南省	2	1.7%
18	内蒙古自治区	2	1.7%
19	云南省	2	1.7%
20	黑龙江省	1	0.9%
21	美国	1	0.9%
22	山西省	1	0.9%
23	四川省	1	0.9%
24	新疆维吾尔自治区	1	0.9%

4.7　当事人行业分布

4.7.1　原告行业分布

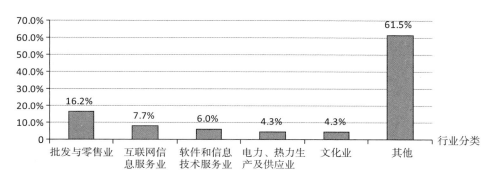

图 4-15　原告行业分布

如图 4-15 所示，在本书统计的 117 件反垄断民事诉讼案件中，原告从事行业为批发与零售业❶的案件最多，共计 19 件，占 16.2%；其次是原告从事互联网信息服务业的案件，共计 9 件，占 7.7%；原告从事软件和信息技术服务业的案件共计 7 件，占 6.0%；原告从事电力、热力生产供应业的案件共计 5 件，占 4.3%；原告从事文化业的案件共计 5 件，占 4.3%；原告从事其他行业的案件共计 72 件，占 61.5%。

从以上分析得出，批发与零售业的案件因占 16.2%，排名第一，互联网信息服务业占 7.7，排名第二，软件和信息技术服务业占 6.0%，排名第三，热力生产供应业和文化业同位于第四。前四位行业占全部行业的 40%，批发零售业是社会化大生产过程中的重要环节，是决定经济运行速度、质量和效益的引导性力量，是我国市场化程度最高、竞争最为激烈的行业之一。但受到电子商务的冲击后，更加加剧市场竞争，从而涉嫌反垄断的风险成倍增加。互联网信息服务，是指通过互联网向上网用户提供信息的服务活动。它分为经营性和非经营性两类。随着计算机技术和网络信息技术的高速发展，互联网信息服务行业逐步发展成为国民经济中的支柱产业，同时却暴露出企业间不良竞争问题。著名咨询机构波士顿（BCG）发布的报告显示，中国互联网经济价值已占 GDP 的 5.5%，位居世界第三，在中国为第六大产业。互联网在中国发展十多年来

---

❶　根据国家统计局《国民经济行业分类》GB/T47，批发业是指批发商向批发、零售单位及其他企业、事业；零售业指从工农业生产者、批发贸易业或居民购进商品。

诞生了三十多家国内外上市的互联网企业和无数的创新性的互联网服务企业，伴随着互联网技术的高速发展，市场的巨大需求对我国互联网信息服务业的发展以及目前的市场产生了较大影响，在增添活力的同时，也加剧了互联网信息服务市场的竞争。近年发生的"腾讯360大战""人人网封杀门""携程论战事件"等，影响较大。

4.7.2　被告行业分布

如图4-16所示，在本书统计的117件反垄断民事诉讼案件中，被告从事互联网服务业的案件数量最多，共计14件，占12.0%；其次是被告从事批发与零售业的案件，共计13件，占11.1%；被告从事软件和信息技术服务业的案件共计12件，占10.3%；被告从事电力、热力生产及供应业的案件共计5件，占4.3%；被告从事文化业的案件共计5件，占4.3%；被告从事其他行业的案件共计68件，占58.1%。

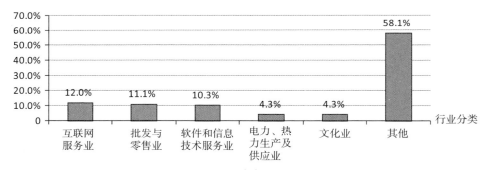

图4-16　被告行业分布

从以上分析得出，作为被告的互联网服务业从原告第二位变为被告第一位，但与占原告第一位的批发与零售业行业相比，两者差距不明显，软件和信息技术服务业从原告占6.0%，变成被告10.3%，电力、热力生产及供应业和文化业行业，作为被告和其作为原告是基本一致的。互联网服务业和批发与零售业行业在前述已经分析其高风险、强竞争的行业特征，软件和信息技术服务业是关系国民经济和社会发展全局的基础性、战略性、先导性产业，具有技术更新快、产品附加值高、应用领域广、渗透能力强、资源消耗低、人力资源利用充分等突出特点，对经济社会发展具有重要的支撑和引领作用。到2015年，业务收入突破4万亿元，占信息产业比重达到25%，年均增长24.5%以上，软件出口达到600亿美元。信息技术服务收入超过2.5万亿元，占软件和信息技术服务业总收入比重超过60%。所以，信息技术服务业随着发展，可能会成为下一个反垄断民事诉讼重点领域，尤其在滥用市场支配地位、知识产权与标准方面更加突出。

我们认为，前四位行业仍然属于反垄断民事诉讼中高危行业，批发与零售业和互联网信息服务业，在一定时期内（比如 3-5 年）会迎来反垄断诉讼的高危期。建议尽早反垄断合规建设。

垄断民事诉讼与垄断行政查处明显不同的是，行政垄断查处是在一定时期由行政执法机关所主导，尽管行政机关会发布有关文件，但方向也不会十分明确的具有行业或领域指向性。而垄断诉讼的发生，在一定的业务领域说明该行业在市场中的竞争激烈度和当事人对垄断法的预期值是较高的。

反垄断民事诉讼案件的被告方可能是对当地经济起支撑作用的公司。因此，存有多处可管辖法院可选择的案件中，在确定受理法院前考虑一下这一事实更符合原告的利益。❶

4.8　诉讼代理人

4.8.1　原告诉讼代理人类型

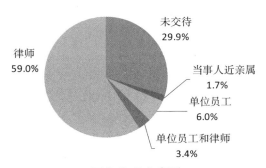

图 4-17　原告代理人类型

如图 4-17 所示，在本书统计的 117 件反垄断民事诉讼案件中，原告委托律师作为诉讼代理人的案件最多，共计 69 件，占 59.0%；其次是原告委托单位员工作为诉讼代理人的案件，共计 7 件，占 6.0%；原告同时委托单位员工和律师共同作为诉讼代理人的案件共计 4 件，占 3.4%；原告委托本人近亲属作为诉讼代理人的案件仅 2 件，占 1.7%；另有 35 件案件的判决书中没有出现

---

❶ 宁宣凤，彭荷月，刘佳．论最高人民法院司法解释对中国反垄断民事诉讼的影响［M］//祁欢主编．2013 反垄断年度论坛和政策评论．北京：中国政法大学出版社，2014：272.

原告诉讼代理人，占29.9%。

从以上分析得出，原告在反垄断民事诉讼案件中，约62.0%（合计和员工共同作为代理人）绝对多数的聘请律师作为代理人，这是因为《反垄断法》被称为"经济宪法"，《反垄断法》是一门专业性很强的法律门类。目前中国反垄断民事诉讼中原告方的胜诉率极低，除了案件本身的客观因素外，也与反垄断民事诉讼中原告所承担的沉重的举证责任相关，专业的反垄断诉讼需要更为专业的反垄断诉讼律师。或许是用到经济学知识最多的一种法律门类，在相关市场的界定、对竞争影响的分析以及损害评估等方面，涉及大量的经济分析手段的应用。真正具备反垄断法律、经济知识，熟悉中国制度环境并具有国际视野的律师可在反垄断诉讼和反垄断行政调查中协助当事人发挥极其重要的专业作用。

但也还存在约30%的原告没有聘请代理人，这对反垄断民事诉讼来讲，更加影响案件审理，涉案结果的败诉率增加，法官承办案件的难度增大。没有聘请代理人的原因可能在于：一是试探性的反垄断诉讼，不在乎案件的结果；二是受经济条件限制，没有经济能力聘请代理人；三是相信自己能力可以解决案件法律问题，没有必要聘请；四是涉案标的太小，代理人不愿意被聘请。

4.8.2　原告委托律所地域分布

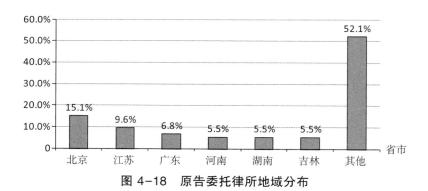

图 4-18　原告委托律所地域分布

如图4-18所示，在原告委托律师作为诉讼代理人的73件反垄断民事诉讼案件中，委托北京律所的案件最多，共计11件，占15.1%；其次是委托江苏省律所的案件，共计7件，占9.6%；再次是委托广东省律所的案件，共计5件，占6.8%；委托河南省律所的案件共计4件，占5.5%；委托湖南省律所的案件共计4件，占5.5%；委托吉林省律所的案件共计4件，占5.5%；委托其他省份律所的案件共计38件，占52.1%。

从以上分析得出，结合 4.6 分析（有 30% 原告没有聘请代理人），原告住所地在北京市的案件 14 件，委托北京律所的 11 件；原告住所地在江苏省的案件 11 件，委托江苏省律所的案件 7 件；原告住所地在广东省的案件共计 7 件，委托广东省律所的案件 5 件。前述北京、江苏和广东省三个区域，原告和原告委托律所地域相比较，仅有少量的数据差别，但整体比较其他区域，聘请律师作为代理人的意识要高。

表 4-12　原告委托律所所在地统计

序号	原告委托的律所所在地	案件数量
1	北京	11
2	江苏	7
3	广东	5
4	河南	4
5	湖南	4
6	吉林	4
7	贵州	3
8	湖北	3
9	江西	3
10	山东	3
11	陕西	3
12	上海	3
13	浙江	3
14	内蒙古自治区	2
15	四川	2
16	新疆	2
17	云南	2
18	重庆	2
19	安徽	1
20	甘肃	1
21	福建	1
22	海南	1

续表

序号	原告委托的律所所在地	案件数量
23	黑龙江	1
24	辽宁	1
25	山西	1

4.8.3 被告诉讼代理人类型

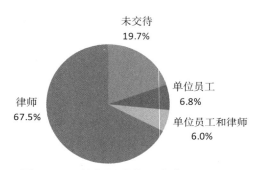

图 4-19 被告诉讼代理人类型

如图 4-19 所示，在本书统计的 117 件反垄断民事诉讼案件中，被告委托律师作为诉讼代理人的案件最多，共计 79 件，占 67.5%；其次是被告委托单位员工作为诉讼代理人的案件，共计 8 件，占 6.8%；被告同时委托单位员工和律师共同作为诉讼代理人的案件共计 7 件，占 6.0%；另有 23 件案件判决书中被告没有诉讼代理人，占 19.7%。

从以上分析得出，被告中约占 86.0% 聘请律师作为代理人（合计律师和员工共同作为代理人），而前述原告仅约 62.0% 聘请律师，说明被告在反垄断民事诉讼中，比原告更注重专业律师的协助，可能与案件是否胜诉对被告的影响巨大有关，如田军伟诉家乐福/雅培案、高通与魅族反垄断及专利侵权系列纠纷案、西电捷通诉索尼（中国）标准必要专利案、普华优科诉威睿公司滥用市场支配地位案、苹果诉高通案等等。一些案件涉及了巨额赔偿索求，其中普华优科向威睿公司主张索赔 1 000 万，高通向魅族主张索赔 5.2 亿，苹果公司向高通主张索赔 10 亿。同时，可能也是反垄断民事诉讼中原告败诉率高的原因影响因素之一。

被告没有诉讼代理人仅约占 20.0%，而原告没有代理人的约占 30.0%，高出近 10.0% 的比例。当然，当事人在聘请律师作为代理时，被告聘请代理人比原告聘请代理人的难度不相同，被告代理人的反垄断专业程度没有原告要求那么高，因此，也容易聘请，目前中国反垄断诉讼案件本身不多，导致反垄断诉讼的专业律师更加集中于北京、上海、广东、浙江和江苏等经济发送区域，专业律师地域化十分明显。

4.8.4 被告委托律所地域分布

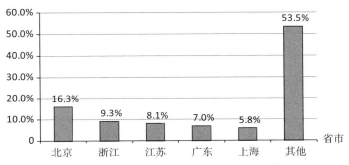

图 4-20　被告委托的代理所地域分布

如图 4-20 所示，在被告委托律师作为诉讼代理人的 86 件反垄断民事诉讼案件中，委托北京市律所的案件最多，共计 14 件，占 16.3%；其次是委托浙江省律所的案件，共计 8 件，占 9.3%；再次是委托江苏省律所的案件，共计 7 件，占 8.1%；委托广东省律所的案件共计 6 件，占 7.0%；委托上海市律所的案件共计 5 件，占 5.8%；委托其他省份律所的案件共计 46 件，占 53.5%。

从以上分析得出，结合被告住所地分析，被告住所地在北京市的案件 19 件，被告委托北京市律所的案件 14 件；被告住所地在浙江省的案件 12 件，被告委托浙江省律所的案件 8 件；被告住所地在江苏省的案件 12 件，被告委托江苏省律所的案件 7 件；被告住所地在广东省的案件 10 件，被告委托广东省律所的案件 6 件。被告住所地在河南省的案件 7 件，被告委托河南省律所的案件 6 件，

如我们在前述分析的一样，反垄断诉讼的专业律师集中于北京、上海、广东、浙江和江苏等经济发送区域，专业律师地域化明显。当事人聘请律师也比较信任前述区域的专业律师，因此，前述区域的律师更加应当提升反垄断诉讼专业，开拓新的法律服务市场。再加上目前《反垄断法》律服务市场仍未成熟，新律师的进入机会较好。

表 4-13　被告委托律所所在地统计情况

序号	被告委托的律所所在地	案件数量
1	北京	14
2	浙江	8
3	江苏	7
4	广东	6
5	上海	5
6	河南	5
7	山东	5
8	吉林	4
9	贵州	3
10	湖南	3
11	江西	3
12	陕西	3
13	重庆	3
14	安徽	2
15	福建	2
16	海南	2
17	湖北	2
18	辽宁	2
19	内蒙古自治区	2
20	新疆	2
21	云南	2
22	河北	1
23	黑龙江	1
24	山西	1
25	四川	1

4.9 被告涉嫌垄断行为类型

4.9.1 被告涉嫌垄断行为类型概况

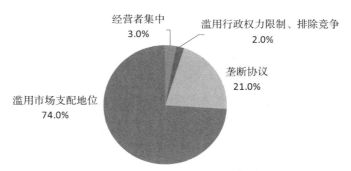

经营者集中
3.0%

滥用行政权力限制、排除竞争
2.0%

垄断协议
21.0%

滥用市场支配地位
74.0%

图 4-21 被告涉嫌垄断行为类型

　　如图 4-21 所示，在本书统计的 117 件反垄断民事诉讼案件中，被告涉嫌垄断行为类型为滥用市场支配地位的案件最多，共计 87 件，占 74.4%；其次是涉嫌垄断行为类型为垄断协议的案件共计 25 件，占 21%，其中涉嫌横向垄断协议行为的案件 20 件，涉嫌纵向垄断协议行为的案件 5 件；涉嫌垄断行为类型为经营者集中的案件 3 件，占 3%；涉嫌垄断行为类型为滥用行政权力排除、限制竞争行为的案件 2 件，占 2%。

　　从以上分析得出，滥用市场支配地位的案件是目前反垄断民事诉讼中的最主要类型，以 2016 年为例，该年度共计反垄断民事诉讼案件 18 件，其中 14 件案件为滥用市场支配地位案件，所涉及的具体滥用行为包括不公平高价、限定交易、捆绑交易、拒绝交易；典型案件如再审案件"长沙真善美公司诉宁波公牛电器公司案"❶，一审案件"杨志勇诉中国移动公司案"❷，再审案件"吴小秦诉陕西广电网络公司案"❸。

　　垄断协议民事诉讼案件中，涉嫌横向垄断协议行为占据绝对多数。但在 2016 年度 18 件反垄断民事诉讼中，共有 5 件案件为垄断协议案件，其中纵向 3 件，横向 2 件；在 1 件案件中，原告还指控被告违反了《反垄断法》第 20 条

---

❶ 详见最高人民法院（2015）民申字第 3569 号民事裁定书。

❷ 详见上海知识产权法院（2015）沪知民初字第 508 号民事判决书，上海市高级人民法院（2016）沪民终 241 号民事裁定书。

❸ 详见最高人民法院（2016）最高法民再 98 号民事判决书。

关于经营者集中的规定。该年度纵向垄断协议还多出横向垄断协议案件一件。

4.9.2 被告涉嫌价格垄断行为案件占比

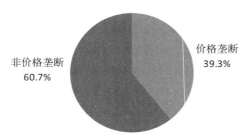

图 4-22 被告涉嫌价格垄断行为案件占比

如图 4-22 所示，在本书统计的 117 件反垄断民事诉讼案件中，被告涉嫌价格垄断行为的案件共计 46 件，占 39.3%；非价格垄断案件约 66 件，占 56%；其他为行政垄断和经营者集中的反垄断案件。

从以上分析得出，在反垄断民事诉讼案件中，多数涉及非价格垄断案件，因为滥用市场支配地位案件中多数是各种垄断行为交叉，但仅以价格为核心要素滥用市场支配地位的案件不多见。

4.10 被告涉嫌具体垄断行为

4.10.1 横向垄断协议案件

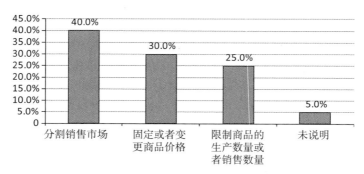

图 4-23 被告涉嫌横向垄断行为的具体类型

如图 4-23 所示，在本书统计的 20 件被告涉嫌横向垄断协议行为的反垄断民事诉讼案件中，被告涉嫌分割销售市场的案件共计 8 件，占 40.0%；被告涉嫌固定或者变更商品价格的案件共计 6 件，占 30.0%；被告涉嫌限制商品的生产数量或者销售数量的案件共计 5 件，占 20.0%；另有 1 件案件判决书中未说明被告具体涉嫌何种横向垄断协议行为。

表 4-14 被告涉嫌横向垄断行为的案件

序号	案　号	案件名称	被告涉嫌横向垄断行为具体类型
1	（2014）沪一中民五（知）初字第 120 号	上海日进电气有限公司与上海青英自动化设备有限公司、温州市铭达自动化系统有限公司、松下电器（中国）有限公司垄断纠纷案	分割销售市场
2	（2013）高民终字第 4325 号	北京市水产批发行业协会与娄丙林垄断纠纷二审民事判决书	固定或者变更商品价格
3	（2012）粤高法民三终字第 155 号	深圳市惠尔讯科技有限公司与深圳市有害生物防治协会横向垄断协议纠纷案	固定商品价格
4	（2016）苏 12 民终 1749 号	蔡建林、赵志高与冯夏俊合同纠纷二审民事判决书	固定或者变更商品的价格
5	（2016）冀民终 513 号	张宗楼与郭长虎合同纠纷二审民事判决书	限制商品的生产数量或者销售数量
6	（2016）豫 03 民终 1923 号	王会朋与郑立红、常晶晶确认合同无效纠纷二审民事判决书	分割市场或者原材料采购市场
7	（2015）康民二初字第 2845 号	原告赣州世鸿气体有限公司等诉被告赣州市南康区金鑫工业气体有限公司合同纠纷民事一审判决书	固定或者变更商品价格；分割销售市场或者原材料采购市场
8	（2015）鄂恩施中民终字第 01009 号	巴东县三峡国际旅行社有限公司、巴东神农风情国际旅行社有限公司与巴东神农溪国际旅行社有限公司合同纠纷二审民事判决书	固定或者变更商品价格
9	（2015）连商终字第 00373 号	连云港君美电子有限公司与于洪波买卖合同纠纷二审民事判决书	分割销售市场或者原材料采购市场
10	（2015）福民初字第 258 号	屈传玉与被告孙福东等六被告合同纠纷一审民事判决书	限制商品的生产数量或者销售数量

续表

序号	案　号	案件名称	被告涉嫌横向垄断行为具体类型
11	（2015）宣中民二终字第 00146 号	郎溪县混凝土行业协会与郎溪宇方混凝土搅拌有限公司不当得利纠纷二审民事判决书	分割销售市场或者原材料采购市场
12	（2015）鄂巴东民初字第 00064 号	巴东神农溪旅行社与三峡等公司一案一审民事判决书	固定或者变更商品价格
13	（2012）长中民再终字第 0341 号	王本森与邱则有、长沙巨星轻质建材股份有限公司、湖南立信建材实业有限公司合同纠纷再审民事判决书	分割销售市场或者原材料采购市场
14	（2015）瓯民初字第 92 号	原告丁振镜与被告林培福、林明忠、吴尧春合同纠纷一审民事判决书	限制商品的生产数量或者销售数量
15	（2013）佛中法民二终字第 335 号	上诉人××××（惠州）工业气体有限公司因与被上诉人佛山市××××钢板有限公司买卖合同纠纷一案	限制商品的生产数量或者销售数量
16	（2011）湖安商初字第 214 号	南京××式××城××务××司与安吉××医疗用品有限公司合同纠纷案	分割销售市场
17	（2015）黔纳民商初字第 50 号	原告纳雍县雍熙镇友谊页岩砖厂、纳雍县雍熙镇粉煤灰砖厂诉被告纳雍县雍熙镇林某惠页岩砖厂、纳雍县雍熙镇苦李河页岩砖厂等联营合同纠纷一审民事判决书	限制商品的生产数量或者销售数量
18	（2015）郴民二终字第 67 号	汝城县捷运达渣土运输有限公司与汝城县运发渣土运输有限公司、汝城县新俊渣土运输有限公司、郴州市龙胜渣土运输有限公司联营合同纠纷二审民事判决书	分割销售市场或者原材料采购市场
19	（2015）郴民二终字第 66 号	郴州市龙胜渣土运输有限公司与汝城县运发渣土运输有限公司、汝城县新俊渣土运输有限公司、汝城县捷运达渣土运输有限公司联营合同纠纷二审民事判决书	分割销售市场或者原材料采购市场
20	（2015）云高民三终字第 35 号	封俊与保山恒易商业管理有限公司租赁合同纠纷案二审民事判决书	未说明

从以上分析得出，被告横向垄断协议违法行为主要集中在分割销售市场、

固定或者变更商品价格和限制商品的生产数量或者销售数量三种方式，也说明目前此三种违法行为是被告常用的经营管理方式，经营者如果不及时调整有关销售管理模式，面临反垄断民事诉讼的风险极高。

按照参与垄断协议的主体进行划分，可以将垄断协议分为横向垄断协议和纵向垄断协议。横向垄断协议是指在生产或者销售过程中处于同一阶段的经营者之间，比如生产商之间、批发商之间、零售商之间，达成的排除、限制竞争协议。纵向垄断协议是指在生产或销售过程中处于不同阶段的经营者之间，比如生产商与批发商之间、批发商与零售商之间，达成的排除、限制竞争协议。可见，横向垄断协议与纵向垄断协议区分的关键点在于垄断协议发生在同一阶段还是不同阶段的经营者之间。如果是前者，则为横向垄断协议；如果是后者，则为纵向垄断协议。相比较而言，横向垄断协议比纵向垄断协议对市场竞争的危害更直接、更明显。

我国《反垄断法》区分横向垄断协议与纵向垄断协议，并分别予以立法规制。《反垄断法》第14条明确列举了三项纵向垄断协议，即固定向第三人转售商品的价格等三种情形。反垄断法区分横向垄断协议与纵向垄断协议，有利于精细地进行反垄断执法。

我国《反垄断法》第13条第2款规定："本法所称垄断协议，是指排除、限制竞争的协议、决定或者其他协同行为"。关于何为协议、决定或其他协同行为，参与制定反垄断法的立法者作出如下解释：协议是指两个或者两个以上的经营者通过书面协议或者口头协议的形式，就排除、限制竞争的行为达成一致意见；决议是指企业集团或者其他形式的企业联合体以决议的形式，要求其成员企业共同实施的排除、限制竞争的行为；其他协同行为是指企业之间虽然没有达成书面或者口头协议、决议，但相互进行了沟通，心照不宣地实施了协调的、共同的排除、限制竞争行为。学界将上述协议和决议两类横向垄断行为统称为协议型，将上述其他协同行为统称为默契型。

禁止横向垄断协议制度是反垄断法规制的一项重要制度，其对于保护公平的市场竞争秩序、维护消费者的利益、增进社会福祉具有重要意义。在司法实践中妥善处理横向垄断协议纠纷，必须正确把握横向垄断协议成立的条件。横向垄断协议是指两个或两个以上生产或销售同一类型产品，或提供同一类服务而具有竞争关系的经营者，通过协议、决定或其他协同方式而实施的排除、限制竞争的行为。经营者之间达成横向垄断协议是经济生活中最常见、最典型的垄断行为。从比较法的角度看，美国反托拉斯法一般将横向垄断协议称为"联合行为"或"协作行为"；德国反对限制竞争法一般将其称为"卡特尔"；我国台湾地区"公平交易法"将之称为"联合行为"；而日本禁止垄断法将横向垄断协议定性为"不正当交易限制"。相互处于竞争关系的经营者之间的横向协议，往往会排除、限制竞争，因此，多数横向协议都属于反垄断法所规制的垄断协议。我国《反垄断法》第 13 条第 1 款规定了 6 种横向垄断协议，具体表现为固定或者变更商品价格等 6 种情形。该案纠纷涉及固定或者变更商品价格问题。价格竞争是经营者之间最重要、最基本的竞争方式，因此，经营者之间通过协议、决议或者协同行为，固定或者变更商品价格的行为，是最为严重的反竞争行为。❶

经营者之间的协议、决议或者其他协同一致的行为，是否构成反垄断法所禁止的横向垄断协议，应该以该协议是否实质性地排除、限制竞争为标准。但是，如果在具体执法中要对经营者之间的协议都进行全面的调查和复杂的经济分析，以确定其对市场竞争秩序的影响，将增加执法成本。鉴于此，世界各国针对垄断协议的性质和对竞争秩序的影响程度，确立两种判断垄断协议成立的原则，即本身违法原则和合理性分析原则。

本身违法原则是指经营者之间的协议、决议或者其他协同一致的行为，一旦形成，必然会产生排除或限制竞争的后果，因此对这类协议采取本身违法原则，即只要经营者之间的协议、决议或者其他协同一致的行为被证实存在，就构成垄断协议。从世界各国反垄断立法和执法经验来看，认定横向垄断协议成立，一般多适用本身违法原则，比如固定价格协议、划分市场协议等。适用本身违法原则确定是否构成垄断协议，不是固定不变的。

合理性分析原则是指对本身违法原则规制范围以外的协议，判断其是否会排除、限制竞争，应考虑该协议所涉及的具体市场情况、协议的性质，以及协议实施前后的市场变化情况、后果等因素。只有在分析后确认该协议确实限制了市场竞争，才能认定该协议是垄断协议。

我国反垄断法采用对垄断协议的抽象特征作出一般性规定的同时，还对典型的垄断协议类型作出列举式规定，只要某种行为落入列举类型的范围，即构成垄断协议。如果该行为不落入列举类型的范围，则需进行依法认定的立法模式，我国《反垄断法》第 13 条第 1 款第（1）项至第（6）项采用列举式立法，将成立垄断协议的本身违法行为——列举，而该法第 13 条第 2 款则采用一般性规定的方法，对成立横向垄断协议的一般抽象规则作出规定。从反垄断法第 13 条第 1 款第（1）项的规定来看，只要认定某种协议、决议属于固定或者变更商品的价格，即构成横向垄断协议。

在广东省深圳市惠尔讯科技有限公司与广东省深圳市有害生物防治协会垄

---

❶ 祝建军 . 横向垄断协议成立条件的司法审查［J］. 人民司法（案例），2013（2）.

断纠纷上诉案❶中，原告因被告深圳市有害生物防治协会与会员单位签订深圳市有害生物防治服务诚信自律公约，涉及在深圳市范围内、在有害生物防治协会招投标工程中、固定会员单位的除"四害"消杀服务的最低价格，从而引发横向垄断协议纠纷。我国反垄断法规定："行业协会不得组织本行业的经营者从事本章禁止的垄断行为"。该规定表明，被告深圳市有害生物防治协会与会员单位签订的自律公约，受禁止横向垄断协议制度的约束，原告可以援引反垄断法规定的横向垄断协议条款，指控被告违反了该项规定，并要求其承担法律责任。

原告提起该案横向垄断协议纠纷诉讼的请求权基础为反垄断法第13条第1款第（1）项规定的"固定或者变更商品的价格"之规范。应当说，被告在与会员单位签订的上述自律公约中固定除"四害"消杀服务的最低价格，已满足该请求权基础规范所规定的固定或者变更商品的价格条件。依据确立横向垄断协议成立的本身违法原则，如果被告不能抗辩其符合反垄断法第15条第1款规定的排除反垄断法适用的豁免情形，则被告与其会员单位签订的上述固定最低价格条款，将被认定为横向垄断协议，并将依法被确认为无效条款。

广东省深圳市中级人民法院经审理认为，被告深圳市有害生物防治协会与其会员签订的自律公约第5条虽规定会员提供除"四害"服务的价格不得低于深物价（1997）55号规定的每平方米0.1元的80%，但在已有政府规定的指导价基础上作出的限制过低折扣规定，并没有完全固定或统一除"四害"服务的市场价格，价格空间仍然有灵活调整的幅度。截至一审审判时，深圳市注册登记有除"四害"经营范围的企业共838户，被告深圳市有害生物防治协会的会员单位为268户，占全市提供该类服务的32%。除深圳市有害生物防治协会之外，深圳市另有深圳市南山区有害生物防治协会为同一类别的行业协会，因此深圳市有害生物防治协会与268户会员在深圳市防治消杀市场的影响力是有限的。

根据民事诉讼"谁主张、谁举证"的举证责任分配规则，原告没有提供因自律公约的签订而导致深圳区域内提供同类消杀服务的组织减少或出现市场价格增加或者服务质量降低的证据，即未能证明因为自律公约的签订，产生了限制或排除市场竞争的目的与效果。根据深圳市有害生物防治协会会员的数量，也难以得出其具有限制市场竞争影响力的结论。原告主张因为自律公约的签订而致使其遭受损失，但其未能举证证明在深圳地区存在低于其签订的服务价

---

❶ 详见深圳市中级人民法院（2011）深中法知民初字第67号民事判决书，广东省高级人民法院（2012）粤高法民三终字第155号民事判决书。

格，因此原告认为其遭受损失的主张没有事实依据。

即使因为自律公约的签订限制了市场竞争，被告深圳市有害生物防治协会的行为亦具有一定的正当性。反垄断法设立的目的在于保护公平竞争，维护社会公共利益和消费者利益。反垄断法并不支持为争取市场而牺牲社会公共利益的单纯低价行为。构成垄断协议的前提是排除、限制竞争，如果经营者之间的协议具有正当目的，则该协议不应被认定构成横向垄断协议。提供除"四害"消杀服务有别于普通服务，有害生物防治工作涉及大量的有毒有害药物，无论是消杀过程中药物的使用，还是消杀效果，都涉及人民群众的生命健康安全，同时对使用消杀服务的企业员工、周边居民的身体健康以及环境保护等具有重大影响，也与当地卫生防疫等紧密相关，是一项事关社会公共利益的服务。深圳市物价局出具的［1997］55号文对除"四害"服务的指导价格从1997年规定出台后一直未再出具新的指导性意见，而从1997年到该案起诉之日已过13年，这期间提供除"四害"服务的人工成本早已上涨。如果企业为争取市场而肆意降低收费标准，必定会在提供消杀服务的产品上降低成本，如此也只会导致提供的除"四害"服务达不到规定标准，从而影响环境和人体健康，并在卫生防疫方面产生负面影响。作为参考，广州市与深圳市属于同一消费水平的城市，广州市物价局2000年出台的除"四害"有偿服务收费的指导价格已远远高于深圳市有害生物防治协会与其会员签订的自律公约的价格。深圳市爱国卫生运动委员会办公室发布的深爱卫办［2003］31号关于建立有害生物防治有偿服务不正当竞争举报制度的通知，也明确禁止报价严重偏离深物价［1997］55号文的以低于市场成本价承揽除"四害"消杀业务。因此，被告深圳市有害生物防治协会与其会员签订自律公约对价格进行限定的目的，是为遵守深爱卫办［2003］31号的规定，以及保证会员向消费者提供消杀服务的质量，避免恶性竞争，具有合理性和正当性。

4.10.2 纵向垄断协议案件

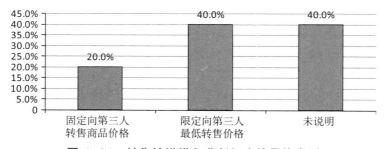

图 4-24 被告涉嫌纵向垄断行为的具体类型

如图 4-24 所示，在本书统计的 5 件被告涉嫌纵向垄断协议行为的案件中，被告涉嫌固定向第三人转手商品价格的案件共 1 件，占 20.0%；被告涉嫌限定向第三人最低转售价格的案件 2 件，占 40.0%；另有 2 件案件判决书中未说明被告具体涉嫌何种纵向垄断协议行为。

表 4-15　被告涉嫌纵向垄断协议行为案件

序号	案 号	案件名称	被告涉嫌纵向垄断行为具体类型
1	（2015）粤知法商民初字第 33 号	东莞市横沥国昌电器商店与东莞市晟世欣兴格力贸易有限公司、东莞市合时电器有限公司纵向垄断协议纠纷一审民事判决书	限制最低转售价格
2	（2016）京民终 214 号	田军伟与北京家乐福商业有限公司双井店等垄断纠纷二审民事判决书	固定向第三人转售商品价格
3	（2012）沪高民三（知）终字第 63 号	北京锐邦涌和科贸有限公司与强生（上海）医疗器材有限公司、强生（中国）医疗器材有限公司纵向垄断协议纠纷案	限定向第三人最低转售价格
4	（2015）烟商初字第 125 号	上海荣进实业有限公司与烟台欣和企业食品有限公司买卖合同纠纷	未说明
5	（2013）宁商终字第 749 号	曹艳梅与南京雅客勤商贸有限公司特许经营合同纠纷上诉案	未说明

从以上分析得出，在纵向垄断协议案件中，限定向第三人最低转售价格的案件是主要方式，其次是固定向第三人转手商品价格。有 2 件案件判决书中未说明被告具体涉嫌何种纵向垄断协议行为，以及前述横向垄断中一件案件判决书中未说明被告具体涉嫌何种横向垄断协议行为，可能与承办法官专业不熟悉具有关系，因为确认是何种垄断行为是基础问题，否则怎么来评判是否违法和合法，相关市场如何界定？

虽然根据《反垄断法》第 14 条，限制转售价格并不要求经营者具有市场支配地位，即只要存在纵向垄断协议即违法，但是从上海高院的强生案判决来看，认定限制最低转售价格行为是否构成《反垄断法》第 14 条禁止的垄断协议，需要考察该行为是否产生了限制竞争的效果，要考量相关市场竞争是否充分、被告市场地位是否强大、被告实施限制最低转售价格的动机、限制最低转售价格的竞争效果等四方面情况。

无论是适用《反垄断法》第 14 条还是第 17 条，都是对限制、排除竞争的行为进行的规制。从学理上而言，一个是品牌内的竞争，一个是品牌之间的竞争，对于消费者而言都是具有积极意义的。品牌内的竞争是说，同样是茅台酒，经销商为了增大利润，往往采取适当降低价格、提高附带服务质量等方式，如果对经销商转售价格进行限定，则会剥夺消费者的这部分福利。品牌间的竞争是说，如果茅台不具有市场支配地位，那么它抬高价格并不会得到规制，因为消费者自然会转而购买其他品牌的酒，这对消费者福利是没有伤害的，而如果具有市场支配地位，为了保护市场，则应对其不公平抬价的行为进行规制。

北京锐邦涌和科贸有限公司诉强生（上海）医疗器材有限公司、强生（中国）医疗器材有限公司纵向垄断协议纠纷案，❶ 是国内首例纵向垄断协议纠纷案件，也是全国首例原告终审判决胜诉的垄断纠纷案件，在我国反垄断审判发展中具有里程碑意义。

该案基本情况：原告锐邦公司作为被告强生公司医用缝线、吻合器等医疗器械产品的经销商，与强生公司已有 15 年的经销合作关系。2008 年 1 月，强生公司与锐邦公司签订《经销合同》及附件，约定锐邦公司不得以低于强生公司规定的价格销售产品。2008 年 3 月，锐邦公司在北京大学人民医院举行的强生医用缝线销售招标中以最低报价中标。2008 年 7 月，强生公司以锐邦公司私自降价为由取消锐邦公司在阜外医院、整形医院的经销权。2008 年 8 月 15 日后，强生公司不再接受锐邦公司医用缝线产品订单，2008 年 9 月完全停止了缝线产品、吻合器产品的供货。2009 年，强生公司不再与锐邦公司续签经销合同。原告向上海市第一中级人民法院起诉，主张被告在经销合同中约定的限制最低转售价格条款，构成《反垄断法》所禁止的纵向垄断协议，诉请法院判令被告赔偿因执行该垄断协议对原告低价竞标行为进行"处罚"而给原告造成的经济损失人民币 1 439.93 万元。

上海市高级人民法院二审认为，该案相关市场是中国大陆地区的医用缝线产品市场，该市场竞争不充分，强生公司在此市场具有很强的市场势力，该案所涉限制最低转售价格协议在该案相关市场产生了排除、限制竞争的效果，同时并不存在明显、足够的促进竞争效果，应认定构成垄断协议。强生公司对锐邦公司所采取的取消部分医院经销资格、停止缝线产品供货行为属于《反垄断法》禁止的垄断行为，强生公司应赔偿上述垄断行为给锐邦公司造成的 2008

---

❶ 上海市高级人民法院（2012）沪高民三（知）终字第 63 号民事判决书。

年缝线产品正常利润损失。据此判决强生公司赔偿锐邦公司经济损失人民币 53 万元。

4.10.3 滥用市场支配地位案件

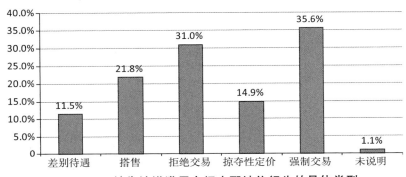

图 4-25 被告涉嫌滥用市场支配地位行为的具体类型

注：由于部分案件的被告同时涉及多种垄断行为，图中各数据之和大于100%。

　　如图 4-25 所示，在本书统计的 87 件被告涉嫌滥用市场支配地位行为的案件中，有 10 件案件被告涉嫌实施差别待遇行为，占 11.5%；19 件案件被告涉嫌实施搭售行为，占 21.8%；27 件案件被告涉嫌实施拒绝交易行为，占 31.0%；13 件案件被告涉嫌实施掠夺性定价行为，占 14.9%；31 件案件被告涉嫌实施强制交易行为，占 35.6%；另有 1 件案件判决书中未说明被告涉嫌滥用市场支配地位行为的具体类型。

　　从以上分析得出，涉嫌实施强制交易行为、涉嫌实施拒绝交易行为和涉嫌实施搭售行为分别位居前三名，前三种垄断行为占滥用市场支配地位违法行为约88%，是目前滥用市场支配地位案件中主要的违法类型。

　　盛大网络案是 2009 年 10 月由上海市第一中级人民法院判决的一件滥用市场支配地位行为的反垄断案，也是由中国法院判决的第一起反垄断案，引起了海内外的广泛关注。该案被告上海盛大网络发展有限公司和上海玄霆娱乐信息科技有限公司共同经营一家名为"起点中文网"的网络文学网站，并在网站上发表了一部颇受欢迎的网络小说《星辰变》。之后，原告北京书生电子公司委托另外两名作者创作了《星辰变续集》，在其经营的网络文学网站"读吧网"上发表。盛大网络认为《星辰变续集》侵犯了其对《星辰变》的版权，所以要求《星辰变续集》的两名作者停止创作该续集并在"起点中文网"发表书面致歉信。两名作者服从了盛大网络的要求。此外，盛大网络还要求其他网站不要转载已经在"读吧网"发表的《星辰变续集》。原告诉称被告违反了《反垄断法》第17条第1款第4项的规定，实施了滥用市场支配地位的行为。上海市一中院受理此案后经庭审认为，原告没有提供足够的证据证明被告在网络文学市场具有支配地位并裁定，即使被告具有市场支配地位，被告保护自己版权的行为也属"正当"，并没有滥用其市场支配地位。❶

我国《反垄断法》规定，禁止具有市场支配地位的经营者从事滥用市场支配地位的行为。由此说明，规制经营者滥用市场支配地位行为的前提是经营者具有市场支配地位。如果经营者根本就不具有市场支配地位，则其实施的行为可能违反了其他的市场法则，但与《反垄断法》规制的滥用市场支配地位行为无关。市场支配地位，是指经营者在相关市场内具有能够控制商品价格、数量或者其他交易条件，或者能够阻碍、影响其他经营者进入相关市场能力的市场地位。相关市场，是指经营者在一定时期内就特定商品或者服务进行竞争的商品范围和地域范围。确定相关市场，需要考虑商品和地区两个核心要素。我国《反垄断法》规定，具有市场支配地位的经营者，不得滥用市场支配地位，排除、限制竞争。由此可以解读出：具有市场支配地位本身并不违法，《反垄断法》并不禁止市场支配地位本身，只是禁止支配地位滥用。

表 4-16　被告涉嫌滥用市场支配地位案件

序号	案　号	案件名称	被告涉嫌滥用市场支配地位行为具体类型
1	（2015）京知民初字第1850号	象山捷达网络技术服务部与中国互联网络信息中心垄断纠纷一审民事判决书	拒绝交易
2	（2015）京知民初字第1853号	顾正文与中国互联网络信息中心垄断纠纷一审民事判决书	拒绝交易
3	（2016）京73民初270号	天津市河西区速捷网络技术服务部与中国互联网络信息中心等垄断协议纠纷一审民事判决书	拒绝交易
4	（2016）京73民初269号	天津市河西区速捷网络技术服务部与中国互联网络信息中心、北京新网数码信息技术有限公司、萍乡市人民政府垄断协议纠纷一审民事判决书	拒绝交易

❶　王真. 中国首例反装断网络案件一中宣判［J］. 财经，2011（17）.

续表

序号	案　　号	案件名称	被告涉嫌滥用市场支配地位行为具体类型
5	（2016）京 73 民初 272 号	天津市河西区速捷网络技术服务部与中国互联网络信息中心、北京新网数码信息技术有限公司、十堰市人民政府垄断协议纠纷一审民事判决书	拒绝交易
6	（2016）京 73 民初 617 号	天津市河西区速捷网络技术服务部与中国互联网络信息中心垄断纠纷一审民事判决书	拒绝交易
7	（2016）京 73 民初 467 号	天津市河西区速捷网络技术服务部与中国互联网络信息中心垄断纠纷一审民事判决书	拒绝交易
8	（2016）京 73 民初 595 号	天津市河西区速捷网络技术服务部与中国互联网络信息中心垄断纠纷一审民事判决书	拒绝交易
9	（2015）京知民初字第 1845 号	郑敏杰与中国互联网络信息中心、北京市国信公证处垄断纠纷一审民事判决书	拒绝交易
10	（2015）京知民初字第 1846 号	郑敏杰与中国互联网络信息中心、北京市国信公证处、厦门易名科技股份有限公司垄断纠纷一审民事判决书	拒绝交易
11	（2016）吉民终 556 号	吉林省龙达热力有限公司四平分公司与被上诉人四平热力有限公司滥用市场支配地位纠纷二审民事判决书	垄断性定价，拒绝交易，强制交易，搭售
12	（2015）昆知民重字第 3 号	云南盈鼎生物能源股份有限公司与中国石化销售有限公司云南石油分公司、中国石化销售有限公司拒绝交易纠纷案民事判决书	拒绝交易
13	（2016）最高法民再 98 号	吴小秦与陕西广电网络传媒（集团）股份有限公司捆绑交易纠纷申请再审民事判决书	捆绑交易

续表

序号	案　号	案件名称	被告涉嫌滥用市场支配地位行为具体类型
14	（2015）沪高民三（知）终字第23号	杨志勇与中国电信股份有限公司、中国电信股份有限公司上海分公司滥用市场支配地位纠纷二审民事判决书	差别待遇
15	（2014）宁知民初字第256号	原告王鑫宇与被告中国电信股份有限公司徐州分公司垄断纠纷案民事判决书	差别待遇
16	（2015）沁民崇义初字第00065号	刘寿山与张金龙、刘玉莲为拒绝交易纠纷一审民事判决书	拒绝交易
17	（2014）粤高法民三终字第1141号	顾芳与中国南方航空股份有限公司拒绝交易纠纷二审民事判决书	拒绝交易
18	（2013）沪一中民五（知）初字第208号	杨志勇与中国电信股份有限公司、中国电信股份有限公司上海分公司滥用市场支配地位纠纷案	捆绑交易
19	（2014）沪高民三（知）终字第105号	童华与中国移动通信集团上海有限公司滥用市场支配地位纠纷上诉案	拒绝交易、差别待遇
20	（2014）筑民三（知）初字第193号	江裕贵诉遵义铁路联营联运实业有限公司、成都铁路局垄断纠纷一案一审民事判决书	限定交易
21	（2014）筑民三（知）初字第171号	赵兴诉遵义铁路联营联运实业有限公司、成都铁路局垄断纠纷一案一审民事判决书	限定交易
22	（2013）民三终字第4号	北京奇虎科技有限公司与腾讯科技（深圳）有限公司、深圳市腾讯计算机系统有限公司滥用市场支配地位纠纷上诉案	捆绑交易

续表

序号	案 号	案件名称	被告涉嫌滥用市场支配地位行为具体类型
23	（2014）陕民三终字第00035号	咸阳联合客运服务有限公司与咸阳市秦都出租汽车客运服务部、咸阳市渭城出租汽车客运服务部、咸阳市华光出租汽车客运服务部、咸阳市公共交通集团公司、咸阳市城市客运管理处限定交易纠纷二审判决书	限定交易
24	（2014）陕民三终字第00034号	咸阳华秦出租汽车服务有限公司与咸阳市秦都出租汽车客运服务部、咸阳市渭城出租汽车客运服务部、咸阳市华光出租汽车客运服务部、咸阳市公共交通集团公司、咸阳市城市客运管理处限定交易纠纷二审判决书	限定交易
25	（2013）苏知民终字第0147号	高邮市通源油运有限公司与泰州石油化工有限责任公司、中国石化扬子石油化工有限公司等垄断纠纷二审民事判决书	垄断性定价
26	（2013）浙甬知初字第86号	宁波科元塑胶有限公司与宁波联能热力有限公司技术服务合同纠纷一审民事判决书	垄断性定价、拒绝交易、捆绑交易、差别待遇等
27	（2013）粤高法民三终字第458号	陈桂英与广东燕塘乳业股份有限公司滥用市场支配地位纠纷二审民事判决书	限定交易
28	（2013）粤高法民三终字第306号	华为技术有限公司与交互数字技术公司、交互数字通信有限公司、交互数字公司滥用市场支配地位纠纷上诉案	垄断性定价，搭售，差别待遇
29	（2013）陕民三终字第00038号	陕西广电网络传媒（集团）股份有限公司与吴小秦捆绑交易纠纷上诉案	捆绑交易
30	（2013）青知民初字第2号	徐亮与青岛通宝汽车有限公司捆绑交易纠纷案	捆绑交易

续表

序号	案 号	案件名称	被告涉嫌滥用市场支配地位行为具体类型
31	（2012）宁知民初字第653号	原告通源公司与被告泰州石化公司、扬子石化公司、中石化公司垄断纠纷案民事判决书	垄断性定价，差别待遇
32	（2011）粤高法民三初字第2号	北京奇虎科技有限公司与腾讯科技（深圳）有限公司、深圳市腾讯计算机系统有限公司滥用市场支配地位纠纷案	捆绑交易
33	（2012）闽民终字第884号	冯永明与福建省高速公路有限责任公司滥用市场支配地位纠纷上诉案	差别待遇
34	（2012）渝一中法民初字第00446号	戴海波与中国电信集团重庆市电信公司、中国电信股份有限公司、中国电信股份有限公司重庆分公司垄断纠纷案	垄断性定价
35	（2012）苏知民终字第0004号	无锡市保城气瓶检验有限公司与无锡华润车用气有限公司拒绝交易纠纷上诉案	拒绝交易
36	（2012）湘高法民三终字第22号	上诉人刘大华因与被上诉人湖南华源实业有限公司（下称"湖南华源公司"）、东风汽车有限公司东风日产乘用车公司（下称"东风日产乘用车公司"）垄断纠纷一案	垄断性定价，拒绝交易
37	（2010）浙知终字第125号	湖州一亭白蚁防治服务有限公司与湖州市白蚁防治研究所有限公司垄断纠纷上诉案	强制交易
38	（2010）高民终字第489号	唐山市人人信息服务有限公司与北京百度网讯科技有限公司垄断纠纷上诉案	强制交易
39	（2010）高民终字第481号	李方平与中国网通（集团）有限公司北京市分公司垄断纠纷上诉案	差别待遇

续表

序号	案　号	案件名称	被告涉嫌滥用市场支配地位行为具体类型
40	（2009）沪高民三（知）终字第 135 号	北京书生电子技术有限公司与上海盛大网络发展有限公司、上海玄霆娱乐信息科技有限公司垄断纠纷上诉案	限定交易
41	（2008）粤高法立民终字第 193 号	北京掌中无限信息技术有限公司诉深圳市腾讯计算机系统有限公司垄断及不正当竞争纠纷案	拒绝交易
42	（2004）一中民初字第 225 号	北京安定保开锁服务中心等诉北京通信公司营业局等垄断纠纷案	差别待遇
43	（2016）渝 01 民终 1156 号	湖南湘百合药业有限公司与重庆青阳药业有限公司买卖合同纠纷上诉案	拒绝交易
44	（2014）深中法商终字 1903 号	深圳市蒙哥贸易有限公司与深圳市有荣配销有限公司买卖合同纠纷二审民事判决书	搭售
45	（2014）潍商终字第 505 号	潍坊隆舜和医药有限公司与山东华信制药集团股份有限公司买卖合同纠纷二审民事判决书	垄断性定价
46	（2013）浙商外终字第 24 号	上诉人宁波××××塑胶有限公司为与被上诉人宁波××热力有限公司供用热力合同纠纷一案 宁波科元塑胶有限公司与宁波联能热力有限公司技术服务合同纠纷案	垄断性定价、拒绝交易、捆绑交易、差别待遇
47	（2016）辽 04 民终 1746 号	抚顺中兴时代广场商业有限公司诉抚顺市热力有限公司供用热力合同纠纷二审民事判决书	搭售；拒绝交易
48	（2016）京 02 民终 10233 号	兰州智达创诚电子科技有限公司与微软（中国）有限公司等买卖合同纠纷二审民事判决书	限定交易

序号	案　号	案件名称	被告涉嫌滥用市场支配地位行为具体类型
49	（2016）豫 01 民终 12190 号	湖北京华陶瓷科技有限公司与郑州振东科技有限公司承揽合同纠纷二审民事判决书	限定交易
50	（2016）浙 0206 民初 829 号	宁波保税区富如电子有限公司与奉化盈信减震器厂合同纠纷一审民事判决书	强制交易
51	（2016）赣民终 66 号	邓新生、温明生与海力控股集团有限公司因买卖合同纠纷二审民事判决书	指定交易
52	（2016）豫 01 民终 3326 号	郑州慧阳科技有限公司与河南国基置业有限公司大学城管理中心、河南国基置业有限公司合同纠纷二审民事判决书	强制交易
53	（2015）嘉秀民初字第 991 号	姜涛与北京华奥汽车服务有限公司、北京华奥汽车服务有限公司嘉兴分公司服务合同纠纷一审民事判决书	垄断性定价
54	（2015）浙杭商外终字第 57 号	上海万延实业有限公司与华润万家生活超市（浙江）有限公司买卖合同纠纷二审民事判决书	交易时附加不合理条件
55	（2015）渝五中法民终字第 06579 号	彭各、彭显与重庆华宇物业服务有限公司物业服务合同纠纷上诉案	垄断价格
56	（2015）阿商终字第 30 号	额济纳旗福乐蒙能源实业有限责任公司与额济纳旗策克口岸永鑫综合服务有限责任公司物业服务合同纠纷二审民事判决书	强制交易
57	（2015）苏中商终字第 01615 号	南通市新航贸易有限公司与南京大旺食品有限公司苏州分公司买卖合同纠纷二审民事判决书	垄断性定价
58	（2015）晋民终字第 333 号	晋城市峰景房地产开发有限公司与晋城市恒光热力有限公司合同纠纷二审判决书	强制交易

续表

序号	案　号	案件名称	被告涉嫌滥用市场支配地位行为具体类型
59	（2014）深中法商终字第2018号	长春泰瑞商贸有限公司与沃尔玛（中国）投资有限公司买卖合同纠纷二审民事判决书	交易时附加不合理条件
60	（2015）大民三终字第806号	冒旭东与中国联合网络通信有限公司大连市分公司电信服务合同纠纷二审民事判决书	拒绝交易
61	（2013）锡民二初字第524号	锡林郭勒盟万亿鑫房地产开发有限责任公司与王树恒房屋拆迁安置补偿合同纠纷一审民事判决书	垄断性定价
62	（2014）三中民终字第10581号	李德章、仲怀芸与北京华远意通供热科技发展有限公司供用热力合同纠纷上诉案	差别待遇
63	（2014）浙杭民终字第2096号	周朝霞与杭州港华燃气有限公司服务合同纠纷二审民事判决书	搭售
64	（2014）密民初字第00181号	张燕杰与北京中加恒业房地产开发有限公司等确认合同效力纠纷一审民事判决书	搭售
65	（2013）海南一中民三终字第241号	蒋原华与海南天然橡胶产业集团股份有限公司西达分公司林业承包合同纠纷上诉案	限定交易
66	（2014）周民终字第190号	项城市电视台、项城市亿嘉置业有限公司与项城市金地置业有限公司、河南省恒宇置业有限公司、项城市明建房地产开发有限公司、河南信德房地产开发有限公司、河南赟金置业有限公司确认合同无效纠纷上诉案	拒绝交易
67	（2013）郑民再终字第169号	申诉人窦思林与被申诉人巩义市供电公司合同纠纷一案	搭售
68	（2013）衢江商外初字第1号	大陆马牌贸易（上海）有限公司与宁晓燕联营合同纠纷一审民事判决书	强制交易

续表

序号	案　号	案件名称	被告涉嫌滥用市场支配地位行为具体类型
69	（2013）佛中法民二终字第335号	上诉人××××（惠州）工业气体有限公司因与被上诉人佛山市××××钢板有限公司买卖合同纠纷一案	强制交易
70	（2012）渝四中法民终字第00380号	付春国与刘待江、重庆市秀山土家族苗族自治县食品公司确认合同效力纠纷上诉案	强制交易
71	（2012）渝四中法民终字第00379号	赵明昌与刘待江、重庆市秀山土家族苗族自治县食品公司确认合同效力纠纷上诉案	强制交易
72	（2012）渝四中法民终字第00378号	付春国与刘待江、重庆市秀山土家族苗族自治县食品公司确认合同效力纠纷上诉案	强制交易
73	（2012）渝四中法民终字第00377号	赵明昌与刘待江、重庆市秀山土家族苗族自治县食品公司确认合同效力纠纷上诉案	强制交易
74	（2010）浙商提字第66号	申请人鲍××合同纠纷一案	强制交易
75	（2009）杭桐商初字第800号	浙江奔腾建材有限公司与鲍其成合同纠纷案	强制交易
76	（2016）苏12民终802号	泰州石油化工有限责任公司与高邮市通源油运有限公司运输合同纠纷二审民事判决书	强制交易
77	（2014）哈民一民终字第962号	于世荣与哈尔滨哈达农副产品股份有限公司合同纠纷二审民事判决书	强制交易
78	（2014）昌民初字第04459号	英国可林化学有限公司与北京豪威量科技有限公司买卖合同纠纷案	搭售
79	（2015）杭西知民初字第667号	周盛春与阿里巴巴（中国）有限公司计算机软件著作权权属纠纷、计算机软件著作权许可使用合同纠纷一审民事判决书	拒绝交易

续表

序号	案 号	案件名称	被告涉嫌滥用市场支配地位行为具体类型
80	（2010）烟民三初字第 232 号	烟台威力狮汽车服务用品有限公司与杭州圣马汽车用品有限公司特许经营合同纠纷案	强制交易
81	（2016）苏 02 民终 985 号	无锡美华化工有限公司与淄博齐田医药化工有限公司联营合同纠纷二审民事判决书	强制交易
82	（2016）川民终 258 号	白山出版社与外语教学与研究出版社有限责任公司、成都布克购书中心有限公司、成都布克购书中心有限公司玉沙分公司著作权权属、侵权纠纷二审民事判决书	未说明
83	（2015）吉民三知终字第 65 号	吉林大学出版社与长春出版集团著作权纠纷二审民事判决书	拒绝交易
84	（2015）吉民三知终字第 68 号	吉林大学出版社有限责任公司诉长春联合图书城有限责任公司等著作权权属、侵权纠纷二审民事判决书	拒绝交易
85	（2015）吉民三知终字第 66 号	吉林大学出版社有限责任公司诉长春联合图书城有限责任公司等著作权权属、侵权纠纷二审民事判决书	拒绝交易
86	（2014）菏民一终字第 173 号	菏泽市泰群日化有限公司与菏泽市花都商埠良华洗化用品经营部二审民事判决书	强制交易
87	（2011）魏北民初字第 86 号	文怀想与周勇侵权损害赔偿纠纷案	强制交易

4.10.3.1 相关市场分析

相关市场分析在认定滥用市场支配地位纠纷中是基础问题，因此，也是双方主要的争议焦点和法院认定是否侵权判断的重要因素。

4.10.3.2 在滥用市场支配地位案件中是否均须明确界定相关市场

我国《反垄断法》第 12 条规定，相关市场是指经营者在一定时期内就特定商品或服务进行竞争的商品范围和地域范围。可见，相关市场包括相关商品市场以及相关地域市场。我国《反垄断法》第 17 条第 2 款规定，本法所称的市场支配地位是指经营者在相关市场内具有能够控制商品价格、数量或者其他交易条件，或者能够阻碍、影响其他经营者进入相关市场能力的市场地位。

如在广东省深圳市惠尔讯科技有限公司与广东省深圳市有害生物防治协会垄断纠纷上诉案中，广东省深圳市中级人民法院经审理认为，原告深圳市惠尔讯科技有限公司作为该案垄断纠纷的诉讼主体适格。该案需要首先明确相关市场的范围，并在此基础上判断被告深圳市有害生物防治协会的行为是否构成垄断。法院认定该案所涉及的相关服务市场系提供除"四害"有偿服务市场，相关地域市场为深圳市。

相关市场是指经营者就一定的商品或者服务从事竞争的范围或者区域，主要包含了商品和地域两个要素。界定相关市场是判断是否构成垄断的第一步，判定一个经营者是否居于垄断地位或者市场支配地位，是否排除、限制了市场竞争，都必须以界定相关市场为前提。国务院反垄断委员会《关于相关市场界定的指南》对相关市场的界定提供了几种方法，即可以基于商品的特征、用途、价格等因素进行需求替代分析，必要时进行供给替代分析，在经营者竞争的市场范围不够清晰或不易确定时，可以按照假定垄断者测试的分析思路来界定相关市场，鼓励经营者根据案件具体情况，运用客观、真实的数据，借助经济学分析方法来界定相关市场。

广西运德汽车运输集团有限公司等与邹志坚滥用市场支配地位纠纷上诉案中，崇左汽车客运中心提供的服务主要包括为车辆办理进站手续，根据运管部门批准的班线、班次，按实际情况确定发车时间，公布里程、票价，提供停车、发车和旅客候车等场地设施，提供售票配客、办理行包托运、组织旅客上下及进出站验票等服务。地域主要是从崇左汽车总站发车的车辆路线所涵盖的区域。邹志坚指控崇左汽车客运中心的垄断行为具体体现在售票这一环节，因此，判断该案垄断行为是否成立的相关市场应指往返崇左市的县、市、省际班车客运车辆的售票市场。❶

在上诉人奇虎公司与被上诉人腾讯公司、腾讯计算机公司滥用市场支配地位纠纷案❷（下称"腾讯 QQ"垄断案）中，最高人民法院认为：第一，并非在任何滥用市场支配地位的案件中均必须明确而清楚地界定相关市场。竞争行为都是在一定的市场范围内发生和展开的，界定相关市场可以明确经营者之间

---

❶ 韦晓云. 广西运德汽车运输集团有限公司等与邹志坚滥用市场支配地位纠纷上诉案—垄断纠纷案中滥用市场支配地位的界定［DB/OL］.［2017-07-01］. http://www.pkulaw.cn.

❷ 详见最高人民法院（2013）民三终字第 4 号民事判决书。

竞争的市场范围及其面对的竞争约束。在滥用市场支配的案件中，合理地界定相关市场，对于正确认定经营者的市场地位、分析经营者的行为对市场竞争的影响、判断经营者行为是否违法以及在违法情况下需承担的法律责任等关键问题，具有重要意义。因此，在反垄断案件的审理中，界定相关市场通常是重要的分析步骤。尽管如此，是否能够明确界定相关市场取决于案件具体情况，尤其是案件证据、相关数据的可获得性、相关领域竞争的复杂性等。同时，本院认为，在滥用市场支配地位案件的审理中，界定相关市场是评估经营者的市场力量及被诉垄断行为对竞争的影响的工具，其本身并非目的。即使不明确界定相关市场，也可以通过排除或者妨碍竞争的直接证据对被诉经营者的市场地位及被诉垄断行为可能的市场影响进行评估。因此，并非在每一个滥用市场支配地位的案件中均必须明确而清楚地界定相关市场。

第二，在滥用市场支配地位案件中，主张他人滥用市场支配地位的当事人对相关市场的界定承担举证责任。法院根据案件证据、当事人主张及专家意见等对当事人所主张的相关市场是否合理作出判断。如果认定当事人所主张的相关市场界定并不合理，则应尽可能根据案件具体情况对相关市场进行重新界定。但是，受证据、数据以及竞争复杂性的局限，在某些具体案件中对相关市场作出清晰界定是极为困难的。

第三，关于一审法院对该案相关市场的界定。该案中，一审法院对该案相关市场进行了如下分析和界定：首先，认定综合性即时通信服务、跨平台即时通信服务、跨网络即时通信服务属于该案相关商品市场范围，单一的即时通信、社交网站、微博服务属于该案相关商品市场范围；其次，将传统电话、传真以及电子邮箱排除在该案相关商品市场之外；最后，考虑了互联网领域平台竞争的特点对该案相关商品市场界定的影响。在此基础上，一审法院认定上诉人奇虎公司关于综合性即时通信产品及服务构成一个独立的相关商品市场的主张不能成立。可见，一审法院实际上已经对该案相关商品市场进行了界定，只是由于该案相关市场的边界具有模糊性，一审法院仅对其边界的可能性进行了分析而没有对相关市场的边界给出明确结论。

有鉴于此，上诉人关于一审法院未对该案相关商品市场作出明确界定，属于该案基本事实认定不清的上诉理由不能成立，本院不予支持。

在华为技术有限公司与IDC公司滥用市场支配地位纠纷上诉案，广东省深圳市中级人民法院经审理认为，原告主张相关市场的范围是：相关地域市场是中国市场和美国市场，相关商品市场是被告方在3G无线通信技术中的wcdma、cdma2000、td-scdma标准下的每一个必要专利许可市场构成的集合束，换句话说，被告方在中国和美国的3G无线通信技术标准（wcdma、cdma2000、td-scdma）

中的每一个必要专利许可市场，均构成一个独立的相关市场，该案的相关市场是该一个个独立相关市场的集合束。对原告界定的相关市场的范围，予以确认。基于 3G 标准中每一个必要专利的唯一性和不可替代性，被告方在 3G 标准中的每一个必要专利许可市场均拥有完全的份额，具有阻碍或影响其他经营者进入相关市场的能力。因此，应依法认定被告方在原告界定的相关市场中具有市场支配地位。对相关市场的界定，主要取决于商品或服务市场的可替代程度。由于该案涉及专利技术标准化所带来的相关市场之界定问题，因此，分析该问题必须要了解技术标准化条件下的必要专利。所谓标准是指为在一定的范围内获得最佳秩序，经协商一致制定并由公认机构批准，共同使用的和重复使用的一种规范性文件。技术标准是指对一个或几个生产技术设立的必须得符合要求的条件以及能达到此标准的实施技术。技术标准具有强制性，其实质上是一种统一的技术规范，能保障重复性的技术事项在一定范围内得到统一，以保证产品或服务的互换性、兼容性和通用性，从而降低生产成本，并且消除消费者的替换成本以保护消费者的利益，并促进技术进步。

无锡市保城气瓶检验有限公司诉无锡华润车用气有限公司拒绝交易垄断案❶中，江苏省无锡市中级人民法院经审理认为：华润车用气公司系无锡市区唯一一家提供天然气汽车加气业务的公司，在没有相反证据的情况下，可以认定华润车用气公司在无锡市区的天然气汽车加气市场具有市场支配地位。

4.10.3.3 相关市场界定中"假定垄断者测试"的可适用性及其适用方法

在前述"腾讯 QQ"垄断案中，最高人民法院还指出：第一，作为界定相关市场的一种分析思路，假定垄断者测试（hmt）具有普遍的适用性。假定垄断者测试的基本思路是，在假设其他条件不变的前提下，通过目标商品或者服务某个变量的变化来测试目标商品与其他商品之间的可替代程度。实践中，假定垄断者测试的分析方法有多种，既可以通过数量不大但有意义且并非短暂的价格上涨（ssnip）的方法进行，又可以通过数量不大但有意义且并非短暂的质量下降（ssndq）的方法进行。同时，作为一种分析思路或者思考方法，假定垄断者测试在实际运用时既可以通过定性分析的方法进行，又可以在条件允许的情况下通过定量分析的方法进行。

第二，在实践中，选择何种方法进行假定垄断者测试取决于案件所涉市场竞争领域以及可获得的相关数据的具体情况。如果特定市场领域的商品同质化特征比较明显，价格竞争是较为重要的竞争形式，则采用数量不大但有意义且

---

❶ 详见江苏省无锡市中级人民法院（2011）锡知民初字第 0031 号民事判决书，江苏省高级人民法院（2012）苏知民终字第 0004 号民事裁定书。

并非短暂的价格上涨（ssnip）的方法较为可行。但是如果在产品差异化非常明显且质量、服务、创新、消费者体验等非价格竞争成为重要竞争形式的领域，采用数量不大但有意义且并非短暂的价格上涨（ssnip）的方法则存在较大困难。特别是，当特定领域商品的市场均衡价格为零时，运用 ssnip 方法尤为困难。在运用 ssnip 方法时，通常需要确定适当的基准价格，进行 5%～10% 幅度的价格上涨，然后确定需求者的反应。在基准价格为零的情况下，如果进行5%～10% 幅度的价格增长，增长后其价格仍为零；如果将价格从零提升到一个较小的正价格，则相当于价格增长幅度的无限增大，意味着商品特性或者经营模式发生较大变化，因而难以进行 ssnip 测试。

第三，关于假定垄断者测试在该案中的可适用性问题。该案中，被诉垄断行为是腾讯公司与腾讯计算机公司滥用在网络即时通信服务市场上的支配地位，损害奇虎公司的利益；涉及的商品是 qq 即时通信软件，被上诉人通过该软件、基于互联网提供免费网络即时通信服务。在被诉垄断行为发生之时，利用免费的基础服务吸引和凝聚大量用户，利用巨大的用户资源经营增值业务和广告以实现盈利，然后以增值业务和广告的盈利支撑免费服务的生存和发展，已经成为互联网服务提供商通行的商业模式。因此，互联网服务提供商在互联网领域的竞争中更加注重质量、服务、创新等方面的竞争而不是价格竞争。在这一商业模式下，如果互联网服务提供者针对广大用户提高基础服务价格即价格从免费提高到较小幅度收费，则可能引起大量用户的流失，进而影响其增值服务和广告服务的收入。在该案被诉垄断行为发生之时，腾讯 qq、飞信、阿里旺旺、百度 hi、msn 等即时通信服务都是免费的。根据 cnnic《中国即时通信用户调研报告》（2009 年度）的调查结果，不愿意为使用即时通信服务付费的用户比例高达 60.6%。根据艾瑞咨询《中国即时通信用户行为研究报告》（2010-2011 年）的调查结果，2009 年中国即时通信用户不愿意支付任何费用的比例为 64.9%，2010 年 51.2% 的中国即时通信用户从未支付任何费用。enet的新闻调查也显示，如果腾讯 qq 即时通信服务收费，只有 6.69% 的用户表示将付费并继续使用；81.71% 的用户将转而使用其他即时通信软件。可见，在免费的互联网基础即时通信服务已经长期存在并成为通行商业模式的情况下，用户具有极高的价格敏感度，改变免费策略转而收取哪怕是较小数额的费用都可能导致用户的大量流失。同时，将价格由免费转变为收费也意味着商品特性和经营模式的重大变化，即由免费商品转变为收费商品，由间接盈利模式转变为直接盈利模式。在这种情况下，如果采取基于相对价格上涨的假定垄断者测试，很可能将不具有替代关系的商品纳入相关市场中，导致相关市场界定过宽。因此，基于相对价格上涨的假定垄断者测试并不完全适宜在该案中适用。

一审法院在该案中未作变通而直接运用基于价格上涨的假定垄断者测试方法，有所不当，法院予以纠正。上诉人有关一审法院错误地运用假定垄断者测试的上诉理由部分成立，二审法院予以支持。应该说明的是，尽管基于相对价格上涨的假定垄断者测试难以在该案中完全适用，但仍可以采取该方法的变通形式，例如基于质量下降的假定垄断者测试。由于质量下降程度较难评估以及相关数据难以获得，因此可以采用质量下降的假定垄断者测试进行定性分析而不是定量分析。

4.10.3.4 互联网领域平台竞争的特点对相关市场界定的影响

在前述"腾讯QQ"垄断案中，上诉人认为，互联网应用平台与该案的相关市场界定无关；被上诉人则认为，互联网竞争实际上是平台的竞争，该案的相关市场范围远远超出了即时通信服务市场。对此，最高人民法院二审认为：

第一，互联网竞争一定程度地呈现出平台竞争的特征。该案被诉垄断行为发生时，互联网的平台竞争特征已经比较明显。互联网经营者通过特定的切入点进入互联网领域，在不同类型和需求的消费者之间发挥中介作用，以此创造价值。在平台的一端，互联网经营者提供的服务通常是免费的，以此吸引用户的注意力；在平台的另一端，互联网经营者利用用户资源和注意力提供收费增值服务或者向广告主提供广告服务。中国大陆地区的大型互联网企业已经日益平台化。以被上诉人所在的即时通信领域为例，即时通信除了基本通信功能外，还逐渐集成了电子邮件、博客、音乐、电视、游戏和搜索等多种功能，成为具有交流、娱乐、商务办公、客户服务等特性的综合化信息平台。在这种环境下，互联网经营者为了获取广告业务和增值业务的盈利，既在争夺用户注意力方面存在竞争，又在争夺广告主方面存在竞争。

第二，判断该案相关商品市场是否应确定为互联网应用平台，其关键问题在于，网络平台之间为争夺用户注意力和广告主的相互竞争是否完全跨越了由产品或者服务特点所决定的界限，并给经营者施加了足够强大的竞争约束。这一问题的答案最终取决于实证检验。在缺乏确切的实证数据的情况下，最高人民法院注意到如下四个方面：首先，互联网应用平台之间争夺用户注意力和广告主的竞争以其提供的关键核心产品或者服务为基础。例如该案中，上诉人提供的核心产品和服务是互联网安全服务，被上诉人则主要提供即时通信服务。其次，互联网应用平台的关键核心产品或者服务在属性、特征、功能、用途等方面上存在较大的不同。虽然广告主可能不关心这些产品或者服务的差异，只关心广告的价格和效果，因而可能将不同的互联网应用平台视为彼此可以替代，但是对于免费端的广大用户而言，其很难将不同平台提供的功能和用途完全不同的产品或者服务视为可以有效地相互替代。一个试图查找某个历史人物生平的用户通常会选择使用搜索引擎而不是即时通信，其几乎不会认为两者可以相互替代。再次，互联网应用平台关键核心产品或者服务的特性、功能、用途等差异决定了其所争夺的主要用户群体和广告主可能存在差异，因而在获取经济利益的模式、目标用户群、所提供的后续市场产品等方面存在较大区别。最后，该案中应该关注的是被上诉人是否利用了其在即时通信领域中可能的市场支配力量排除、限制互联网安全软件领域的竞争，将其在即时通信领域中可能存在的市场支配力量延伸到安全软件领域，这一竞争过程更多地发生在免费的用户端。如果把搜索引擎、新闻门户、互联网安全等平台均纳入该案相关商品市场范围，可能会夸大其他网络平台对被上诉人的即时通信所形成的潜在竞争约束，弱化被上诉人实际的市场力量。鉴于上述理由，最高人民法院在该案相关市场界定阶段将不主要考虑互联网平台竞争的特性。

第三，该案中对互联网企业平台竞争特征的考虑方式。相关市场界定的目的是为了明确经营者所面对的竞争约束，合理认定经营者的市场地位，并正确判断其行为对市场竞争的影响。即使不在相关市场界定阶段主要考虑互联网平台竞争的特性，但为了正确认定经营者的市场地位，仍然可以在识别经营者的市场地位和市场控制力时予以适当考虑。因此，对于该案，不在相关市场界定阶段主要考虑互联网平台竞争的特性并不意味着忽视这一特性，而是为了以更恰当的方式考虑这一特性。

第四，关于一审法院对此问题的处理。一审法院并未明确认定该案相关市场应界定为互联网应用平台，但其指出该案相关商品市场界定应考虑互联网领域平台竞争的特点。最高人民法院认为，这种一般性的分析思路对于互联网领域竞争问题的处理是适当的，但在该案的特定情况下，由于缺乏明确的实证数据，网络平台竞争在该案中的影响并不明显，在相关市场界定阶段过多地考虑互联网应用平台，可能放大其他网络平台对被上诉人所形成的竞争约束。

4.10.3.5　网络即时通信服务相关地域市场界定需考虑的因素

在前述"腾讯QQ"垄断案中，上诉人主张，该案的相关地域市场是中国大陆地区的即时通信服务市场；被上诉人主张，该案的相关地域市场应为全球市场。对此，最高人民法院二审认为：

第一，关于相关地域市场界定的一般方法。相关地域市场的界定，同样遵循相关市场界定的一般方法。通常认为，在假定垄断者测试的框架下，相关地域市场界定需要考虑的主要因素是：在价格、质量等竞争因素发生变化的情况下，其他地区经营者对目标区域的假定垄断者是否会构成有效的竞争约束。从需求替代的角度，主要考虑需求者因商品价格或者其他竞争因素的变化而转向或考虑转向其他地域购买商品的证据、商品的运输成本和运输特征、多数需求者选择商品的实际区域和主要经营者商品的销售分布、地域间的贸易壁垒、特定区域需求者偏好等因素。从供给替代的角度，则主要考虑其他地域的经营者对商品价格等竞争因素的变化作出反应的证据、其他地域的经营者供应或销售相关商品的即时性和可行性等因素。

第二，关于该案相关地域市场的界定。本院将从中国大陆地区的即时通信服务市场这一目标地域开始，对该案相关地域市场进行考察。因为基于互联网的即时通信服务可以低成本、低代价到达或者覆盖全球，并无额外的、值得关注的运输成本、价格成本或者技术障碍，所以在界定相关地域市场时，本院将主要考虑多数需求者选择商品的实际区域、法律法规的规定、境外竞争者的现状及其进入的及时性等因素。由于每一个因素均不是决定性的，因此，本院将根据上述因素进行综合评估。首先，中国大陆地区境内绝大多数用户均选择使用中国大陆地区范围内的经营者提供的即时通信服务。上诉人所委托专家根据艾瑞咨询的数据计算得出，在 2010 年中国消费者花费在即时通信的时间中，用于国际即时通信产品的时间低于 3%且呈逐步下降趋势，用于国内即时通信产品的时间则高于 97%。这至少表明，中国大陆地区境内用户对于国际即时通信产品并无较高的关注度。其次，我国有关互联网的行政法规规章等对经营即时通信服务规定了明确的要求和条件。即时通信服务属于增值电信业务，经营即时通信服务需要遵守一系列行政法规或者规章的规定。《电信条例》第 7 条规定，国家对电信业务经营按照电信业务分类，实行许可制度。经营电信业务，必须依照本条例的规定取得国务院信息产业主管部门或者省、自治区、直辖市电信管理机构颁发的电信业务经营许可证。未取得电信业务经营许可证，任何组织或者个人不得从事电信业务经营活动。该条例第 13 条规定，经营增值电信业务，应当具备下列条件：（1）经营者为依法设立的公司；（2）有与开展经营活动相适应的资金和专业人员；（3）有为用户提供长期服务的信誉或者能力；（4）国家规定的其他条件。工业和信息化部《电信业务经营许可管理办法》第 6 条进一步细化了许可条件，要求经营者具备一定的注册资本（在省、自治区、直辖市范围内经营的，注册资本最低限额为 100 万元；在全国或者跨省、自治区、直辖市范围经营的，注册资本最低限额为 1 000 万元）、有必要的场地、设施及技术方案、公司及其主要出资者和主要经营管理人员三年内无违反电信监督管理制度的违法记录等。国务院《互联网信息服务管理办法》第 6 条规定，从事经营性互联网信息服务，除应当符合《电信条例》规定的要求外，还应当具备下列条件：（1）有业务发展计划及相关技术方案；（2）有健全的网络与信息安全保障措施，包括网站安全保障措施、信息安全保密管理制度、用户信息安全管理制度；（3）服务项目属于本办法第 5 条规定范围的，已取得有关主管部门同意的文件。国务院《外商投资电信企业管理规定》对境外经营者进入中国电信市场的条件作了规定。该规定第 2 条规定，外商投资电信企业，是指外国投资者同中国投资者在中华人民共和国境内依法以中外合资经营形式，共同投资设立的经营电信业务的企业。该规定第 5 条规定，外商投资电信企业的注册资本应当符合下列规定：（1）经营全国的或者跨省、自治区、直辖市范围的基础电信业务的，其注册资本最低限额为 10 亿元；经营增值电信业务的，其注册资本最低限额为 1 000 万元；（2）经营省、自治区、直辖市范围内的基础电信业务的，其注册资本最低限额为 1 亿元；经营增值电信业务的，其注册资本最低限额为 100 万元。由以上行政法规、规章等规定可知，我国对即时通信等增值电信业务实行行政许可制度，外国经营者通常不能直接进入我国大陆境内经营，需要以中外合资经营企业的方式进入并取得相应的行政许可。再次，位于境外的即时通信服务经营者的实际情况。在该案被诉垄断行为发生前，多数主要国际即时通信经营者例如 msn、雅虎、skype、谷歌等均已经通过合资的方式进入中国大陆地区市场。因此，在被诉垄断行为发生时，尚未进入我国大陆境内的主要国际即时通信服务经营者已经很少。如果我国大陆境内的即时通信服务质量小幅下降，已没有多少境外即时通信服务经营者可供境内用户选择。最后，境外即时通信服务经营者在较短的时间内（例如一年）及时进入中国大陆地区并发展到足以制约境内经营者的规模存在较大困难。境外即时通信服务经营者首先需要通过合资方式建立企业、满足一系列许可条件并取得相应的行政许可，这在相当程度上延缓了境外经营者的进入时间。综上，法院认为，该案相关地域市场应为中国大陆地区市场。

第三，关于一审法院对该案相关地域市场的界定。一审法院以境外经营者可向中国大陆地区用户提供即时通信服务、被上诉人也向世界各地用户提供服务、有一定数量的境外用户在使用被上诉人提供的即时通信服务等作为重要论据，认定该案相关地域市场应为全球市场。对此，最高人民法院认为：首先，境外经营者可向中国大陆地区用户提供即时通信服务并不等于其能够及时进入并对境内经营者形成有力的竞争约束。其次，相关地域市场界定关注的是境外经营者能否及时进入并对境内经营者形成有力的竞争约束，境内经营者是否向境外用户提供服务以及境外用户是否使用境内经营者提供的服务与此并无直接关联性。况且，该案证据表明，境外用户使用腾讯 qq 即时通信服务的数量较小且多为与国内亲友保持联系。因此，一审法院关于该案相关地域市场的界定欠妥，法院予以纠正。上诉人的相应上诉理由成立，二审予以支持。

4.10.3.6 市场份额在认定市场支配力方面的地位和作用

在前述"腾讯 QQ"垄断案中，最高人民法院还指出，市场份额在认定市场支配力方面的地位和作用必须根据案件具体情况确定。一般而言，市场份额越高，持续的时间越长，就越可能预示着市场支配地位的存在。尽管如此，市场份额只是判断市场支配地位的一项比较粗糙且可能具有误导性的指标。在市场进入比较容易，或者高市场份额源于经营者更高的市场效率或者提供了更优异的产品，或者市场外产品对经营者形成较强的竞争约束等情况下，高的市场份额并不能直接推断出市场支配地位的存在。特别是，互联网环境下的竞争存在高度动态的特征，相关市场的边界远不如传统领域那样清晰，在此情况下，更不能高估市场份额的指示作用，而应更多地关注市场进入、经营者的市场行为、对竞争的影响等有助于判断市场支配地位的具体事实和证据。

4.10.3.7　滥用市场支配地位行为的分析步骤与方法

在广西运德汽车运输集团有限公司等与邹志坚滥用市场支配地位纠纷上诉案中，❶ 法院采取两步法，首先需要判定是否居于市场支配地位，这是一项复杂的基础性工作。市场支配地位，又称市场优势地位或市场控制地位，是指企业的一种状态，一般是指企业在特定市场上所具有的某种程度的支配或者控制力量，即在相关的产品市场、地域市场和时间市场上，拥有决定产品产量、价格和销售等各方面的控制能力。《反垄断法》第 19 条第 1 款规定："有下列情形之一的，可以推定经营者具有市场支配地位：（1）一个经营者在相关市场的市场份额达到二分之一的；（2）两个经营者在相关市场的市场份额合计达到三分之二的；（3）三个经营者在相关市场的市场份额合计达到四分之三的。"该案中的运德汽车公司系国家大型二类企业，具有交通部一级客运资质，拥有各类营运客货车 2 200 辆，客货运班线 700 余条，覆盖广西，辐射粤、琼、川、渝、滇、黔、闽、湘、赣、浙、苏、鄂、豫等省，开通南宁至香港、澳门、越南河内、海防、下龙湾，北海至下龙湾，凭祥至越南谅山等跨国班线，被评为"广西 50 强企业""中国道路运输企业 100 强"，在广西的客货运市场占有重要地位。运德汽车公司下属的崇左汽车客运中心是崇左市唯一一家经批准为旅客及营运车辆运输提供服务的客运服务企业，所有往返崇左市的县、市、省际班车客运车辆都必须由崇左汽车客运中心统一管理运营，统一售票，崇左汽车客运中心在往返崇左市的县、市、省际班车客运车辆的售票市场中占有 100% 的市场份额，没有竞争者，认定其具有市场支配地位是无异议的。

其次审查该企业被指控的行为是否属于滥用。《反垄断法》第 17 条第 1 款以列举的方式规定了滥用市场支配地位的典型情形，其中第（四）项规定：

---

❶　详见广西壮族自治区崇左市中级人民法院（2009）崇民初字第 44 号民事判决书，广西壮族自治区高级人民法院（2011）桂民三终字第 9 号民事判决书。

"没有正当理由，限定交易相对人只能与其进行交易或者只能与其指定的经营者进行交易。"崇左汽车客运中心和崇左汽车总站同属运德汽车公司的下属企业，在人、财、物等方面有着紧密的联系。崇左汽车客运中心利用其统一售票的市场支配地位，故意不卖邹志坚客车的车票，向拟购买邹志坚客车车票的旅客兜售崇左汽车总站客车车票的行为，属于"限定交易相对人只能与其指定的经营者进行交易"的情形，应构成滥用市场支配地位。

在前述"腾讯QQ"垄断案中，最高人民法院还指出，第一，市场支配地位是经营者在相关市场内具有能够控制商品价格、数量或者其他交易条件，或者能够阻碍、影响其他经营者进入相关市场能力的市场地位。根据《反垄断法》第18条的规定，市场支配地位的认定是综合评估多个因素的结果，包括但不限于如下因素：该经营者在相关市场的市场份额以及相关市场的竞争状况、该经营者控制销售市场或者原材料采购市场的能力、该经营者的财力和技术条件、其他经营者对该经营者在交易上的依赖程度、其他经营者进入相关市场的难易程度等。上述因素需要根据个案情况具体考量，每一个均不一定具有决定性作用。此外，《反垄断法》第19条规定了市场支配地位的推定规则，即经营者在相关市场的市场份额达到二分之一的，可以推定其具有市场支配地位，但是这一推定可以被推翻。可见，市场支配地位是多因素综合评估的结果。

第二，市场份额在认定市场支配力方面的地位和作用必须根据案件具体情况确定。一般而言，市场份额越高，持续的时间越长，就越可能预示着市场支配地位的存在。尽管如此，市场份额只是判断市场支配地位的一项比较粗糙且可能具有误导性的指标。在市场进入比较容易，或者高市场份额源于经营者更高的市场效率或者提供了更优异的产品，或者市场外产品对经营者形成较强的竞争约束等情况下，高的市场份额并不能直接推断出市场支配地位的存在。特别是，互联网环境下的竞争存在高度动态的特征，相关市场的边界远不如传统领域那样清晰，在此情况下，更不能高估市场份额的指示作用，而应更多地关注市场进入、经营者的市场行为、对竞争的影响等有助于判断市场支配地位的具体事实和证据。

在华为技术有限公司与IDC公司滥用市场支配地位纠纷上诉案中，被告拥有全球（包括中国和美国）3G无线通讯领域wcdma、cdma2000、td—scdma标准中的必要专利，基于3G标准中每一个必要专利的唯一性和不可替代性，被告在3G标准中的每一个必要专利许可市场均拥有完全的份额，被告在相关市场内具有阻碍或影响其他经营者进入相关市场的能力。由于被告不进行任何实质性生产，仅以专利许可作为其经营模式，原告无法通过标准必要专利的交叉许可来制约被告。故就该案来说，被告在与原告进行3G标准必要专利许可谈判时，具备控制原告使用其 3G 标准必要专利的价格、数量及其他交易条件的能力，鉴于此，应认定被告在原告界定的该案相关市场中具有市场支配地位。

该案原告与被告方均是 etsi 标准组织的成员，被告方在加入 etsi 时，明确承诺要将其必要专利以 frand 原则授权给标准组织的其他成员使用。原告已举证证明，被告交互数字技术公司在 etsi 声称的必要专利，对应中国电信领域的移动终端和基础设施之技术标准，亦是中国的必要专利。根据我国的法律，被告亦应将其必要专利以 frand 原则授权给原告使用。在进行必要专利的授权许可谈判时，必要专利权人掌握其必要专利达成许可条件的信息，而谈判的对方不掌握这些交易信息，由于双方信息不对称，故必要专利许可合同交易的实现，依赖于必要专利权人在合同签订、履行时均应遵循 frand 原则，故被告负担的 frand 义务贯穿于必要专利授权许可谈判、签订、履行的整个过程。

必要专利的交易价格，是反映必要专利权人是否按 frand 原则进行授权许可的关键因素。将被告授权给苹果、三星等公司的专利许可条件，与被告向原告发出的要约条件进行比较，无论是按照一次性支付专利许可使用费为标准，还是按照专利许可使用费率为标准，被告拟授权给原告的专利使用费均远远高于苹果、三星等公司。该案被告方不仅要求原告支付高昂的许可费，还强迫原告及其联属公司给予其所有专利的免费许可，使之可以获得额外的利益。这表明被告方存在过高定价和歧视性定价的行为。

案件查明的事实显示，原告所拥有的专利在质量及数量上远远超过被告方，换句话说，原告专利的市场和技术价值远远超越被告。在移动通信领域，都拥有必要专利的权利人，相互间进行交叉许可不是反竞争的，但由于被告方不进行任何实质性生产，仅以专利许可作为其经营模式，使之可以获得额外的利益，这将进一步加剧被告方收取过高的专利许可使用费对价。这表明被告违背了 frand 义务。

双方还处于谈判阶段时，在被告自身于缔约阶段违背 frand 义务的情况下，被告向美国国际贸易委员会和美国特拉华州地方法院，对原告提出必要专利的禁令之诉，要求禁止原告使用其必要专利，由于原告在与被告的谈判中一直处于善意状态，被告在美国提起诉讼的目的，在于逼迫原告接受过高专利许可交易条件，必要专利权人不能禁止善意的谈判对方使用其必要专利，被告的行为属于滥用市场支配地位的行为。被告在与原告谈判期间，在美国针对原告提起必要专利禁令之诉，这在性质上不属于拒绝交易行为，而属于逼迫原告接受过高专利许可交易条件之手段的行为。由于原告的生产活动主要在中国深圳，被告在美国提起的必要专利禁令之诉，会对原告出口产品的行为产生排除、限制性影响，所以被告该行为明显违背其作为 3G 标准之必要专利权人所应负担的

frand 义务，属于滥用市场支配地位的行为，受我国反垄断法约束。

原告指控被告向其发出的必要专利授权许可要约之条件，包括被告将其必要专利和非必要专利捆绑搭售给原告。标准技术条件下的必要专利具有唯一性和不可替代性，而非必要专利具有可替代性。各个无线通信领域的标准组织，均要求其成员在加入时履行声明义务，以披露加入成员的必要专利和专利申请，各相关主体为借助标准的力量拓展对外专利许可的范围，亦会积极向标准化组织披露，尽管各相关主体披露的专利和专利申请，未必就是必要专利和专利申请，但对于特定的标准组织成员来说，其享有的必要专利和专利申请权至少可以其声明的范围为前提，故对于特定的标准组织成员来说，其拥有的必要专利和专利申请权是可以确定的。专利权人不应当利用标准化的力量为自己的非必要专利寻求最大化的许可市场，该案被告利用其必要专利授权许可市场条件下的支配地位，将必要专利与非必要专利搭售，属于滥用市场支配地位的行为。

无锡市保城气瓶检验有限公司诉无锡华润车用气有限公司拒绝交易垄断案❶中，江苏省无锡市中级人民法院经审理认为：根据《反垄断法》的规定，具有市场支配地位的经营者，不得滥用其支配地位，无正当理由拒绝与相对人交易。因此，判断拒绝交易这一垄断行为是否成立，不仅要审查是否存在拒绝与相对人交易的行为，而且还应审查这种行为是否具有正当理由，同时也不能将个别的未及时交易的行为直接等同于拒绝交易行为。

江苏省高级人民法院认为：根据我国《反垄断法》的有关规定，拒绝交易行为必须同时符合下列构成要件：①企业具有市场支配地位。②实施了拒绝交易行为，即购买者不能从该企业获得相关商品或服务。③拒绝交易行为排除、限制了相关市场竞争。④拒绝交易无正当理由。该案中，保城公司依据《反垄断法》主张华润车用气公司没有及时为涉案两辆汽车办理加气卡，构成拒绝交易，并据此要求华润车用气公司赔偿其经济损失。而纵观该案事实，不能认定华润车用气公司的涉案行为构成拒绝交易。

对市场支配地位进行界定有三个重要的标准：市场结构、市场行为、市场结果，分别对应经营者的市场份额、市场行为和盈利情况，在认定经营者是否构成市场支配地位时，要综合上述三种因素进行判定。在上述三种因素中，市场份额是判定经营者是否具有市场支配地位的最简明的考察指标，因此，我国《反垄断法》规定了可以根据一定的市场份额，来推定某经营者具有市场支配地位。但该推定的事实具有相对性，经营者可以通过反证来推翻该相对事实，

---

❶ 详见江苏省无锡市中级人民法院（2011）锡知民初字第 0031 号民事判决书，江苏省高级人民法院（2012）苏知民终字第 0004 号民事裁定书。

从而证明自己不具有市场支配地位。❶

4.10.3.8 滥用知识产权案件

表 4-17 被告涉嫌滥用知识产权行为的案件

序号	案　号	案件名称	涉案知识产权类型
1	（2008）粤高法立民终字第 193 号	北京掌中无限信息技术有限公司与广东省深圳市腾讯计算机系统有限公司垄断纠纷上诉案	计算机软件著作权
2	（2013）粤高法民三终字第 306 号	华为技术有限公司与交互数字技术公司、交互数字通信有限公司、交互数字公司滥用市场支配地位纠纷上诉案	专利权

　　如表 4-17 所示，本次统计的被告涉嫌滥用市场支配地位案件中有 2 件案件涉及对知识产权的滥用。《反垄断法》第 55 条规定："经营者依照有关知识产权的法律、行政法规规定行使知识产权的行为，不适用本法；但是，经营者滥用知识产权，排除、限制竞争的行为，适用本法。"

　　北京掌中无限信息技术有限公司与广东省深圳市腾讯计算机系统有限公司垄断纠纷上诉案，❷ 是一起典型的因知识产权行使所引起的垄断纠纷案件，涉及《反垄断法》在知识产权领域中的法律适用问题。尽管该案审结时，我国《反垄断法》尚未生效，但由于当时我国并没有《反垄断法》，因此，《反垄断法》草案所确立的立法精神，就成为审理该案的重要指导依据。

　　该案是广东省法院判决的首例垄断纠纷案件，该案是在《反垄断法》颁布之前审结的反垄断案件，在互联网行业内影响较大。该案创造性地运用价值分析方法，遵循维护市场自由竞争秩序，鼓励技术发展和创新的市场竞争原则作出判决。符合我国后来出台的《反垄断法》的立法精神。

　　知识产权本身具有垄断性，是一种法定垄断权，因此，取得并行使知识产权的行为一般被看作为《反垄断法》豁免的行为。因享有知识产权而取得一定时间内的垄断地位，是法律为了鼓励创新、刺激科技竞争而采用的法律技术手段。当知识产权人在法定范围内行使权利时，法律要维护知识产权人的垄断地位，但当知识产权人在行使权利的过程中不适当地扩张其垄断地位，或者谋求非法利益，限制竞争时，其就将成为《反垄断法》规制的对象。可见，享有知

---

❶ 祝建军.《反垄断法》在知识产权纠纷中的适用 [J]. 人民司法，2008（16）.
❷ 详见深圳市中级人民法院（2006）深中法民三初字第 556 号民事判决书，广东省高级人民法院（2008）粤高法立民终字第 193 号民事判决书。

识产权并不意味着知识产权领域内的任何行为均可以被《反垄断法》所豁免，一旦知识产权行使超出了权利行使的正当界限，即构成知识产权滥用行为。当滥用知识产权的行为对市场竞争构成实质性限制时，就应该适用《反垄断法》对之进行调整。

知识产权制度与反垄断制度既具有统一性，又具有冲突性，二者以不同的功能共同实现对市场经济秩序的维护。知识产权法虽然在智力成果的使用上具有排除竞争对手的功能，但却在智力成果创造领域中激励了竞争，而《反垄断法》以保护竞争为其核心目标。同时，知识产权法与《反垄断法》均以促进消费者福利和公共利益为终极目标。《反垄断法》介入知识产权领域，并不意味着对知识产权本身作为垄断权性质的否定，而是在承认和保护这种权利的同时，防止和控制知识产权被滥用、限制和阻碍市场竞争。❶

4.11 一审法院地域分布

4.11.1 地理地域分布

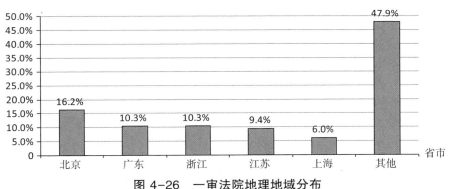

图 4-26　一审法院地理地域分布

如图 4-26 所示，在本书统计的 117 件反垄断民事诉讼案件中，一审发生在北京市的最多，共计 19 件，占 16.2%；其次是一审在广东省的案件共计 12 件，占 10.3%；一审在浙江省的案件共计 12 件，占 10.3%；再次是一审发生在江苏省的案件，共计 11 件，占 9.4%；一审发生在上海市的案件共计 7 件，占 6.0%；一审发生在其他省份的案件共计 56 件，占 47.9%。说明目前反垄断民事诉讼案件主要集中发生在经济较为发达的省份。

---

❶ 祝建军.《反垄断法》在知识产权纠纷中的适用［J］. 人民司法，2008（16）.

以 2008 年 8 月 1 日《反垄断法》实施以后，截至 2010 年 5 月为例，全国法院受理 10 起反垄断民事案件，其中北京法院 6 件（移送浙江法院 2 件）；上海法院 1 件；重庆法院 2 件，浙江法院受理 1 件（另北京法院移送 2 件）。这些案件中，原告一审申请撤销 3 件；一审判决驳回原告诉讼请求的 4 件（其中 3 件上诉后二审维持一审判决 2 件）。上述案件反映如下特点：一是滥用市场支配地位的案件居多，达到 9 件，涉及垄断协议只有 1 件，而且涉及新技术领域的案件较多，约占一半；二是法律专业人士起诉居多，目的在于要求法院澄清《反垄断法》的适用规则，因此，请求赔偿多是象征性的；三是和解撤诉案件比较大，约占三分之一，其中都是被告主动寻求和解，或者自愿纠正相关行为；四是目前判决处理的案件中，全部驳回了原告的诉讼请求，且主要原因在于原告难以证明相关市场、被告的市场支配地位或者被告滥用市场支配地位。❶

上海市第一中级人民法院、上海市高级人民法院、深圳市中级人民法院、广东省高级人民法院、北京第一中级人民法院、北京第二中级人民法院和北京市高级人民法院是处理反垄断民事诉讼案件经验较为丰富的法院。相对而言，深圳市中级人民法院和广东省高级人民法院在处理与《反垄断法》相关的涉及 IT 产业争议的案件上更有经验。❷

4.11.2　原告所在地及被告所在地占比

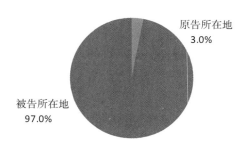

图 4-27　一审法院地域分布

如图 4-27 所示，在本书统计的 117 件反垄断民事诉讼案件中，一审法院在被告所在地的案件共计 114 件，占 97%；仅有 3 件案件一审法院在原告所在

---

❶　孔祥俊，邵中林. 中国反垄断民事诉讼制度之构建［M］//中国世界贸易组织研究会竞争政策与法律专业委员会. 中国竞争法律与政策研究报告（2010 年），北京：法律出版社，2010（30）.
❷　宁宣凤，彭荷月，刘佳. 论最高人民法院司法解释对中国反垄断民事诉讼的影响［M］//祁欢主编. 2013 反垄断年度论坛和政策评论，北京：中国政法大学出版社，2014：271.

地，占 3%。

表 4-18 一审法院在原告所在地的案件

序号	案 号	案件名称
1	（2012）湘高法民三终字第 22 号	上诉人刘大华因与被上诉人湖南华源实业有限公司（下称"湖南华源公司"）、东风汽车有限公司东风日产乘用车公司（下称"东风日产乘用车公司"）垄断纠纷一案
2	（2010）烟民三初字第 232 号	烟台威力狮汽车服务用品有限公司与杭州圣马汽车用品有限公司特许经营合同纠纷案
3	（2016）苏 02 民终 985 号	无锡美华化工有限公司与淄博齐田医药化工有限公司联营合同纠纷二审民事判决书

从以上分析得出，在反垄断民事诉讼中，原告在提起诉讼时均是选择被告所在地，原告所在地提起诉讼的案件仅 3 件，基本上可忽略不计。《最高人民法院关于审理因垄断行为引发的民事纠纷案件应用法律若干问题的规定》第 4 条规定："垄断民事纠纷案件的地域管辖，根据案件具体情况，依照民事诉讼法及相关司法解释有关侵权纠纷、合同纠纷等的管辖规定确定。"关于侵权纠纷的管辖，《民事诉讼法》第 28 条规定："因侵权行为提起的诉讼，由侵权行为地或者被告住所地人民法院管辖。"说明反垄断民事诉讼中，原告选择侵权行为地的很少，而是选择被告住所地人民法院管辖。这是否与最高人民法院司法解释规定有直接联系，即第一审垄断民事纠纷案件，由省、自治区、直辖市人民政府所在地的市、计划单列市中级人民法院以及最高人民法院指定的中级人民法院管辖。此外，根据《最高人民法院关于知识产权法院案件管辖等有关问题的通知》第 3 条的规定，北京知识产权法院、上海知识产权法院、广州知识产权法院分别管辖北京全市、上海全市和广东全省（深圳除外❶）的第一审垄断民事案件。这种管辖对于原告在起诉时，可能不存在不方便或担心司法公正的顾虑。

前述司法审判机关为应对日趋增加的垄断诉讼，在人财物方面需要提前作

---

❶ 《关于知识产权法院案件管辖等有关问题的通知》第 3 条第 2 款规定："广州知识产权法院对广东省内的第一审垄断民事纠纷实行跨区域管辖。"按字面理解，凡广东省内的第一审垄断民事案件均应由广州知识产权法院管辖。不过实际上，根据广州知识产权法院编制规定，广州知识产权法院不管辖深圳市区划内的案件；在广州知识产权法院成立后，深圳市中级人民法院知识产权审判原来的管辖维持不变。参见林广海．广州故事：知识产权法院多棱镜［J］．法律适用，2015（10）．

好应对，尤其在《反垄断法》官培养方面，需要时间和经验，另在反垄断审判中的技术人员、专家咨询人员也是重要的力量，需要一定体制保障。

4.12 一审法院级别管辖分布

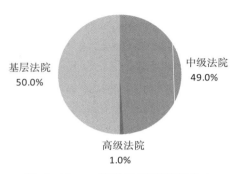

图 4-28　一审法院级别管辖分布

如图 4-28 所示，在本书统计的 117 件反垄断民事诉讼案件中，一审法院为基层法院的案件共计 59 件，占 50%；一审法院为中级人民法院的案件共计 57 件，占 49%；一审法院为高级法院的案件仅 1 件，占 1%。

从以上分析得出，约 59% 的案件均由基层法院管辖，约 39% 的案件由中级人民法院管辖，明显与《最高人民法院关于审理因垄断行为引发的民事纠纷案件应用法律若干问题的规定》中规定的要求不一致，这主要是因为：一是 2012 年 6 月 1 日起，才施行《最高人民法院关于审理因垄断行为引发的民事纠纷案件应用法律若干问题的规定》，才明确垄断行为引发的民事纠纷案件的管辖一般由省、自治区、直辖市人民政府所在地的市、计划单列市中级人民法院以及最高人民法院指定的中级人民法院管辖。经最高人民法院批准，基层人民法院可以管辖第一审垄断民事纠纷案件；二是本报告搜集的案件包括了 2012 年 6 月 1 日以前的案件，故存在基层人民法院管辖的情况；三是目前仍然存在的将涉及垄断的案件以合同、侵权等案由立案，被告不抗辩或即使抗辩一审法院没有进行移送情形所导致。因此，最高人民法院应当严格要求执行《最高人民法院关于审理因垄断行为引发的民事纠纷案件应用法律若干问题的规定》。

反垄断民事纠纷案件有其特殊性，主要体现在其高度的专业性、复杂性和较大的影响力。由于反垄断民事诉讼刚刚起步，我们对于反垄断民事诉讼的规律和特点认识还不够深刻。因此，有审判力量相对充足、审判经验相对较多的法院集中管辖，更有利于尽快提高审判水平、保证审判质量和统一裁判标准。实际上，最高人民法院早在 2008 年 4 月 1 日起施行的《最高人民法院民事案件案由规定》中，就将垄断纠纷与各种不正当竞争纠纷集中规定，统一纳入了知识产权纠纷范围。这既明确了由人民法院知识产权审判庭统一负责各类垄断民事纠纷案件的审理，也确定了垄断民事纠纷案件要与知识产权案件一样，实行集中管辖。考虑到有些垄断行为涉及的地域范围有限，影响较小，同时未来垄断纠纷民事案件可能会有增加的趋势，人民法院对垄断纠纷案件的审判经验和审理水平也将进一步提高，为以后合理规划管辖布局留下空间，我们参照此前对知识产权案件的管辖模式，规定了指定基层法院管辖的制度。此外，我们初步认为，从本质上讲，凡是需要以《反垄断法》为裁判依据的民事纠纷，都属于垄断民事纠纷。垄断民事纠纷案件既侵权纠纷，也包括合同纠纷等其他纠纷。就垄断协议而言，协议当事人之间也可能因垄断协议本身发生纠纷，例如在合同纠纷中提出垄断抗辩或者反诉。此时，这种抗辩和反诉直接影响着合同的效力，如果受理法院以其没有垄断纠纷案件管辖权为由不予审理或者要求当事人另行起诉，可能会造成不同审理法院对于同一合同的效力判断出现冲突，影响司法的权威性和公信力。因此，我们借鉴了有关国家对此问题的处理方法，选择了此情况下不具备垄断民事纠纷管辖权的法院应当将案件移送有管辖权的人民法院的处理方式。❶ 在实施《最高人民法院关于审理因垄断行为引发的民事纠纷案件应用法律若干问题的规定》以前，《最高人民法院关于人民法院应否受理低价倾销不正当竞争纠纷及其管辖确定问题的批复》（（2010）民三他字第 13 号）指出，经营者依据《反不正当竞争法》第 11 条的规定以低价倾销不正当竞争纠纷向人民法院提起民事诉讼的，人民法院应当依法受理，并可以参照《最高人民法院关于审理不正当竞争民事案件应用法律若干问题的解释》第 18 条的规定确定管辖。如果原告同时依据《反垄断法》的有关规定以垄断纠纷提出诉讼请求的，则全案宜由省会市或者计划单列市中级人民法院管辖。

需要注意的是，如果案件并非以垄断纠纷立案，那么在立案时就不可能适用垄断纠纷案件的集中管辖。但在审理中，当事人可以依据《反垄断法》提出抗辩或者反诉。如在合同纠纷中，被告以原告实施垄断行为为由提出抗辩或者反诉。此时，这种抗辩和反诉直接影响着合同的效力，如果法院以其没有垄断纠纷案件管辖权为由不予受理或者要求当事人另行起诉，可能会造成不同审理法院对于同一合同的效力判断出现冲突，影响司法的权威性和公

---

❶ 袁定波. 明确垄断民事纠纷集中管辖专门管辖［N］. 法制日报，2012-04-25.

信力。即使当事人没有提出抗辩或者反诉，人民法院也可以依职权认为案件需要依据反垄断作出裁判。这就意味着发生移送管辖问题。在决定是否符合移送管辖条件时，一方面需要维护垄断民事纠纷案件集中管辖制度；另一方面也要防止当事人滥用垄断抗辩或者反诉拖延诉讼。因此，受诉法院应首先对当事人提出的垄断或者反诉进行审查，看其是否确有证据支持。如果确有证据支持，则应将案件移送有管辖权的人民法院；如果明显缺乏证据支持，则不应移送管辖。❶

同时，《民事诉讼法》（2013 年 1 月 1 日起施行）第 19 条规定："高级人民法院管辖在本辖区有重大影响的第一审民事案件"，北京奇虎科技有限公司与腾讯科技（深圳）有限公司、深圳市腾讯计算机系统有限公司滥用市场支配地位纠纷案一审就由广东省高级人民法院审理（案号（2011）粤高法民三初字第 2 号），这也是本书统计案件中唯一一件一审由高级人民法院审理的涉及垄断纠纷的民事案件。

4.13　一审法院审理期限分布

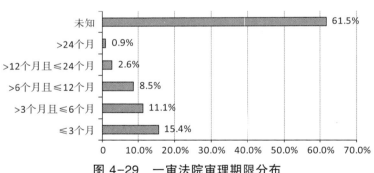

图 4-29　一审法院审理期限分布

如图 4-29 所示，在本书统计的 117 件反垄断民事诉讼案件中，72 件案件一审审理期限因公布信息有限无法统计，占 61.5%；一审审理期限在 3 个月以内的案件 18 件，占 15.4%；一审审理期限超过 3 个月在 6 个月以内的案件 13 件，占 11.1%；一审审理期限超过 6 个月在 12 个月以内的案件 10 件，占 8.5%；一审审理期限超过 12 个月且在 24 个月以内的案件 3 件，占 2.6%；一审审理期限超过 24 个月的案件 1 件，占 0.9%。

---

❶ 朱理．中国反垄断私人执行五周年回顾与展望［M］//中国世界贸易组织研究会竞争政策与法律专业委员会．中国竞争法律与政策研究报告（2013 年），北京：法律出版社，2014：24.

从以上分析得出，一审中约 62.0% 的案件因公布判决书的信息问题，导致无法统计审理期限（此部分数据主要是基层法院），这更加说明基层法院在审理反垄断民事诉讼中因专业原因所引起的裁判质量问题。可以统计审理期限的案件约占 38.0%，其中三个月以内审理的约 16.0%，三个月以内审理完毕一般来讲是适用了简易程序，对于反垄断民事诉讼因其举证、质证、庭审和裁判比一般民事诉讼肯定复杂疑难，故要求三个月以内审理完毕是具有较大难度的，因此，此部分案件就不是适用《反垄断法》进行审理。一审审理期限超过 12 个月的约占 11.0%，甚至还有超过 24 个月审理期限的，说明反垄断民事诉讼审理期限较长，当事人和代理人要有足够的心理准备。

4.14　一审判决结果分析

4.14.1　垄断认定分析

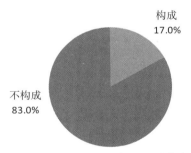

图 4-30　一审法院对被告涉嫌垄断行为的认定

如图 4-30 所示，在本书统计的 117 件反垄断民事诉讼案件中，一审法院认定被告行为构成垄断行为的案件共计 19 件，占 17%；另 96 件案件中一审法院均未认定被告行为构成垄断，占 83%。

从以上分析得出，占 17% 的案件中，法院支持了原告诉讼请求，原告败诉率约 83%。这个胜诉比例与 2011 年以前相比，明显有大的改善，原告胜诉比例的提高与最高人民法院实施《最高人民法院关于审理因垄断行为引发的民事纠纷案件应用法律若干问题的规定》有直接因果联系，因为该规定明确了举证规则、原告主体资格等关键问题。自 2008 年 8 月 1 日《反垄断法》实施以来，截至 2011 年年底，全国地方法院共受理垄断民事一审案件 61 件，审结 53 件，审结案件中原告胜诉的案件"没有"。❶ 自 2008 年 8 月 1 日《反垄断法》实施至 2010 年 5 月，全国法院共受理 10 起民事诉讼案件，但绝大多数以原告败诉或撤诉告终。❷

由上述分析可以看出，在反垄断诉讼中，原告胜诉之难是由反垄断诉讼案件的特性所决定的，反垄断诉讼案件的一大特点就是举证困难，例如刘大华诉湖南华源实业有限公司、东风汽车有限公司东风日产乘用车公司等垄断纠纷案，法院以原告举证不足为由判决驳回上诉，维持原判。❸ 我国《反垄断法》第 50 条是关于垄断行为民事责任的基本规定。但该条款十分笼统、抽象，在反垄断民事诉讼实践中，存在垄断行为证明难等现实问题。2012 年 5 月 8 日，《最高人民法院关于审理因垄断行为引发民事纠纷案件应用法律若干问题的规定》的发布，对垄断民事纠纷案件中的举证责任分配、专家证据等问题进行了明确，细化了相关诉讼规则，在一定程度上减轻了原告的证明难度。❹

如华为诉 IDC 滥用市场支配地位一案中，原告不仅要花费大量精力证明被告在相关产品的相关市场中占据支配地位，同时要证明被告无正当理由对原告实行差别待遇所需的证据材料多为商业机密，很难获取。另外，即原告及原告代理人的诉讼能力软弱。原告或者其代理人大多对《反垄断法》缺乏充分的研究，对具体条款的适用存在诸多误解。大多数代理人在诉讼中根本不知道收集何种证据，更谈不上正确运用这些证据进行分析和论证。而在原告胜诉的案件中，原告或者代理人均对《反垄断法》较为熟悉，同时审理法官也对此类案件有着比较深入的研究或了解。❺ 在上诉人顾芳因与被上诉人中国南方航空股份有限公司（下称"南方航空公司"）拒绝交易纠纷一案❻中，一审法院认为，顾芳认为南方航空公司在该案相关市场具有支配地位，证据不充分，原审法院不予采信。从该案事实来看，顾芳也没有证据证明在此之前曾经被南方航空公司拒绝订立航空旅客运输合同，也没有证据证明在案涉航班取消后，南方航空公司依然拒绝与其订立航空旅客运输合同。事实上，在案涉航班取消后，顾芳依然与南方航空公司订立了航空旅客运输合同，从成都搭乘南方航空公司的其

---

❶ 孙维晨. 我国三年来反垄断民事一审案件原告无一胜诉 [N]. 中国经济周刊，2012-05-23.

❷ 反垄断民事诉讼全国仅受案 10 起 [EB/OL]. [2017-03-04]. http://www.mofcom.gov.cn/aarticle/huiyuan/zhanlhd/201009/20100907141058.html.

❸ 详见湖南省长沙市中级人民法院（2011）长中民三初字第 0158 号民事判决书，湖南省高级人民法院（2012）湘高法民三终字第 22 号民事判决书.

❹ 王先林. 我国《反垄断法》实施的基本机制及其效果—兼论以垄断行业作为我国《反垄断法》实施的突破口 [J]. 法学评论，2012（5）.

❺ 朱理. 中国反垄断私人执行五周年回顾与展望 [M] //中国世界贸易组织研究会竞争政策与法律专业委员会. 中国竞争法律与政策研究报告（2013 年），北京：法律出版社，2014：25.

❻ 详见广东省高级人民法院（2014）粤高法民三终字第 1141 号民事判决书.

他航班返回到广州。由此可见，南方航空公司取消航班的行为并非针对顾芳个人，也不具有排除、限制竞争的目的。南方航空公司取消航班的行为并非属于《反垄断法》意义上的滥用市场支配地位的行为。一审法院驳回顾芳的全部诉讼请求。顾芳不服一审判决，提起上诉。二审驳回上诉，维持原判。

　　对于人民法院在审理反垄断民事案件中，有观点认为很多案件本身不是实质性的涉及反垄断，这些案件的相当一部分是基于《反垄断法》第3章关于滥用市场支配地位的规定提起的，其中的一些案件，比如盛大网络案、百度搜索案、中国移动案等都引起了社会的广泛关注。但是，各地法院所受理的数起滥用市场支配地位案件中并不存在《反垄断法》上的案由或诉因，属于反垄断"伪案"。这些案件中被告的行为或者连字面上都不属于《反垄断法》所禁止的滥用市场支配地位的行为，或者仅在字面上属于、但因为没有排除或限制竞争而实际上不属于《反垄断法》所禁止的滥用市场支配地位的行为。对于这些案件，各地法院不应该依据《反垄断法》进行审理。❶ 但此观点也值得商榷，依据民事诉讼法是不告不理，法院在未经审理时不可能知道或应当知道是否涉及反垄断。

表 4-19　一审法院认定被告构成垄断行为的案件

序号	案　号	案件名称
1	（2016）赣 0424 民初 2180 号	陈某甲与王某某经营者集中纠纷案判决书
2	（2016）最高法民再 98 号	吴小秦与陕西广电网络传媒（集团）股份有限公司捆绑交易纠纷申请再审民事判决书
3	（2013）高民终字第 4325 号	北京市水产批发行业协会与娄丙林垄断纠纷二审民事判决书
4	（2013）粤高法民三终字第 306 号	华为技术有限公司与交互数字技术公司、交互数字通信有限公司、交互数字公司滥用市场支配地位纠纷上诉案
5	（2013）陕民三终字第 00038 号	陕西广电网络传媒（集团）股份有限公司与吴小秦捆绑交易纠纷上诉案
6	（2010）浙知终字第 125 号	湖州一亭白蚁防治服务有限公司与湖州市白蚁防治研究所有限公司垄断纠纷上诉案

❶ 郑文通. 我国反空断诉讼对"滥用市场支配地位"规定的误读 [J]. 法学，2010（5）.

续表

序号	案 号	案件名称
7	（2016） 苏 12 民终 1749 号	蔡建林、赵志高与冯夏俊合同纠纷二审民事判决书
8	（2016） 渝 01 民终 1156 号	湖南湘百合药业有限公司与重庆青阳药业有限公司买卖合同纠纷上诉案
9	（2016）冀民终 513 号	张宗楼与郭长虎合同纠纷二审民事判决书
10	（2016） 豫 03 民终 1923 号	王会朋与郑立红、常晶晶确认合同无效纠纷二审民事判决书
11	（2015）浙杭商外终字第 57 号	上海万延实业有限公司与华润万家生活超市（浙江）有限公司买卖合同纠纷二审民事判决书
12	（2015）康民二初字第 2845 号	原告赣州世鸿气体有限公司等诉被告赣州市南康区金鑫工业气体有限公司合同纠纷民事一审判决书
13	（2015） 连 商 终 字 第 00373 号	连云港君美电子有限公司与于洪波买卖合同纠纷二审民事判决书
14	（2015） 福民初字第 258 号	屈传玉与被告孙福东等六被告合同纠纷一审民事判决书
15	（2015） 长民二初字第 378 号	李明伟与金春山庆典服务合同纠纷一审民事判决书
16	（2015） 宣中民二终字第 00146 号	郎溪县混凝土行业协会与郎溪宇方混凝土搅拌有限公司不当得利纠纷二审民事判决书
17	（2014） 周民终字第 190 号	项城市电视台、项城市亿嘉置业有限公司与项城市金地置业有限公司、河南省恒宇置业有限公司、项城市明建房地产开发有限公司、河南信德房地产开发有限公司、河南赟金置业有限公司确认合同无效纠纷上诉案
18	（2015） 郴民二终字第 67 号	汝城县捷运达渣土运输有限公司与汝城县运发渣土运输有限公司、汝城县新俊渣土运输有限公司、郴州市龙胜渣土运输有限公司联营合同纠纷二审民事判决书
19	（2015） 郴民二终字第 66 号	郴州市龙胜渣土运输有限公司与汝城县运发渣土运输有限公司、汝城县新俊渣土运输有限公司、汝城县捷运达渣土运输有限公司联营合同纠纷二审民事判决书

4.14.2　被告行为不构成垄断的原因分析

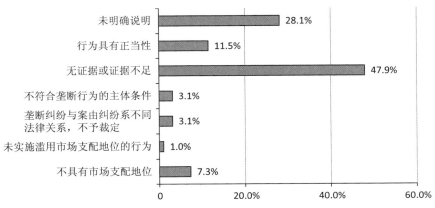

图 4-31　一审法院认定被告行为不构成垄断的原因

　　如图 4-31 所示，在本书统计的 96 件一审法院认定被告行为不构成垄断的民事诉讼案件中，27 件案件一审判决书中未明确说明认为被告行为不构成垄断的原因，占 28.1%；11 件案件一审法院认为被告行为具有正当理由，占 11.5%；46 件案件一审法院认为原告无证据或现有证据不足以证明被告行为具有垄断性和排他性，会导致限制竞争的后果，故认定被告行为不构成垄断，占 47.9%；有 3 件案件一审法院认为被告不符合《反垄断法》所规定的垄断行为主体条件，即不属于同一行业中具有竞争关系的经营者，占 3.1%；3 件案件一审法院认为垄断纠纷与该案案由纠纷系不同法律关系，不应并案处理，故不予裁判，占 3.1%；7 件案件一审法院认为被告在相关市场中不具备支配地位，占 7.3%；另有 1 件案件一审法院认为被告虽然具备在相关市场中的支配地位，但并未实施滥用市场支配地位的行为，故其行为不构成垄断，占 1.0%。

　　从以上分析得出，一审法院认为原告无证据或现有证据不足以证明被告行为具有垄断性和排他性，会导致限制竞争的后果，故认定被告行为不构成垄断占 48.0%，接近一半的案件中，原告会被以此理由裁判败诉，这不得不引起原告在反垄断民事诉讼中对此法律问题的重视，提前做好案件结果风险的评估，证据必须能回应法院关切的焦点问题。27 件案件一审判决书中未明确说明被告行为不构成垄断的原因分析，因约占 28.% 位居第二，说明承办法官对反垄断民事诉讼专业度的欠缺，没有回应公众关注的是什么原因不构成垄断行为，比如是证据不足，还是有其他正当理由？因此，提高裁判文书的说理性在反垄断民事诉讼中具有更高的要求。一审法院认为被告行为具有正当理由的约占

12.0%，位居第三，正当理由根据《反垄断法》规定，除了第 17 条所列的第一种滥用情形（即，以不公平的高价销售商品或者以不公平的低价购买商品的情形）之外，其他所有该条列明的滥用行为都可以存在正当理由而进行抗辩。《反垄断法》本身没有规定谁承担"正当理由"抗辩的相应举证责任，但是"正当理由"作为一个抗辩概念，显然就意味着被告应该承担相应的举证责任。最高院的《最高人民法院关于审理因垄断行为引发的民事纠纷案件应用法律若干问题的规定》对此也进行了明确地确认。在以往的反垄断民事诉讼案例中，很多被告都利用证明其涉案被控行为存在正当理由而非常成功地避免了承担相应法律责任。

在百度案和盛大案中，法院都认可了被告关于其实施涉案被控行为具有正当理由因此不构成滥用的辩解。在中国网通案中，法院同样认为被告对于不同用户采取不同的策略具有合理性，被告这样做的目的是为了防范信用风险而保护自身利益不受损害。在腾讯案中，法院对于腾讯实施被控行为是否具有正当理由进行了详尽的分析。有意思的是，法院参考了《民法通则》以及《侵权责任法》中的"正当防卫"以及"紧急避险"概念。最终，法院认定腾讯所采取的涉案被控措施超出了必要的限度。法院特别指出，腾讯所采取的反制措施的最终指向目标是 QQ 用户而不是 360 本身，意味着腾讯所强调的这种自力救济的直接反击对象是错误的。❶

另有 3 件案件，法院认为不属于同一行业中具有竞争关系的经营者和认为垄断纠纷与该案案由纠纷系不同法律关系，不能一并处理，尽管目前此类案件不多，但仍然需要原告注意，即一个是主体资格的问题，另一个是能否并案处理的问题。

4.14.3　消费者福利分析

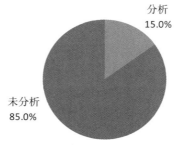

图 4-32　一审判决分析消费者福利案件占比

---

❶　梁勇. 反垄断民事诉讼中的举证责任分配［J］. 电子知识产权，2013（5）.

　　如图 4-32 所示，在本书统计的 117 件反垄断民事诉讼案件中，一审判决对被告行为是否影响消费者福利进行分析的案件 17 件，占 15%。

　　从以上分析得出，司法机关在审理反垄断民事诉讼中，仅少部分案件中法院考量了消费者福利，约占 85% 的案件中没有考量案情对消费者福利的影响。《反垄断法》的主要目的是保护和促进竞争，进而实现其公共政策目的，并使得普遍大众由此而受益。竞争法的意义体现在其追求的竞争过程本身以及与竞争相关的经济福利。竞争法既要关注市场行为对竞争的限制、扭曲，维护竞争过程本身，创造相互争胜的市场环境；也应考虑竞争作为手段所能实现的经济福利。竞争法越来越重视对竞争福利效果的评估与考量，以效果为基础的效益观日益渗透到全世界竞争立法和执法的改革中。欧盟前竞争委员尼莉叶·克洛伊在推行以效果为基础的竞争法改革中也指出："一个植根于坚实的经济学的基于效果分析的方法，保证市民享受有效竞争的动态市场经济利益。"❶ 消费者福利标准有利于实现公平分配的经济效率提升，适用起来又比较简便，已经成为《反垄断法》实践中矫正效率主张的基准，成为竞争效果分析的重要标杆。注重价值判断和社会公平的法学领域，越来越多的人认为"《反垄断法》的最基本目标不是效率问题，而是分配问题，是阻止财富不公平地从消费者转移给拥有市场势力的生产者，即防止通过垄断剥夺消费者应得的福利"。❷

　　中国反垄断民事诉讼和反垄断行政执法中，均普遍存在关注消费者福利不够，如此这样，可能会存在就是否排除或限制竞争分析不准确和视角偏差。

表 4-20　一审判决分析消费者福利案件

序号	案　号	案件名称
1	（2015）粤知法商民初字第 33 号	东莞市横沥国昌电器商店与东莞市晟世欣兴格力贸易有限公司、东莞市合时电器有限公司纵向垄断协议纠纷一审民事判决书
2	（2016）京民终 214 号	田军伟与北京家乐福商业有限公司双井店等垄断纠纷二审民事判决书

---

❶ Bishop，S. and M. Walker. The Economics of EC Competition Law：Concepts，Application and Measurement. London：Sweet & Maxwell. p. 10（2002）.

❷ Robert H. Lande，Wealth Transfers as the Original and Primary Concern of Antitrust：The Efficiency Interpretation Challenged，34 HastingsL. J（1982）.

续表

序号	案　号	案件名称
3	（2015）沪高民三（知）终字第 23 号	杨志勇与中国电信股份有限公司、中国电信股份有限公司上海分公司滥用市场支配地位纠纷二审民事判决书
4	（2013）民三终字第 4 号	北京奇虎科技有限公司与腾讯科技（深圳）有限公司、深圳市腾讯计算机系统有限公司滥用市场支配地位纠纷上诉案
5	（2013）粤高法民三终字第 458 号	陈桂英与广东燕塘乳业股份有限公司滥用市场支配地位纠纷二审民事判决书
6	（2013）粤高法民三终字第 306 号	华为技术有限公司与交互数字技术公司、交互数字通信有限公司、交互数字公司滥用市场支配地位纠纷上诉案
7	（2013）陕民三终字第 00038 号	陕西广电网络传媒（集团）股份有限公司与吴小秦捆绑交易纠纷上诉案
8	（2011）粤高法民三初字第 2 号	北京奇虎科技有限公司与腾讯科技（深圳）有限公司、深圳市腾讯计算机系统有限公司滥用市场支配地位纠纷案
9	（2012）闽民终字第 884 号	冯永明与福建省高速公路有限责任公司滥用市场支配地位纠纷上诉案
10	（2012）湘高法民三终字第 22 号	上诉人刘大华因与被上诉人湖南华源实业有限公司（下称"湖南华源公司"）、东风汽车有限公司东风日产乘用车公司（下称"东风日产乘用车公司"）垄断纠纷一案
11	（2008）粤高法立民终字第 193 号	北京掌中无限信息技术有限公司诉深圳市腾讯计算机系统有限公司垄断及不正当竞争纠纷案
12	（2004）一中民初字第 225 号	北京安定保开锁服务中心等诉北京通信公司营业局等垄断纠纷案
13	（2016）苏 12 民终 1749 号	蔡建林、赵志高与冯夏俊合同纠纷二审民事判决书
14	（2016）渝 01 民终 1156 号	湖南湘百合药业有限公司与重庆青阳药业有限公司买卖合同纠纷上诉案
15	（2015）苏中商终字第 01615 号	南通市新航贸易有限公司与南京大旺食品有限公司苏州分公司买卖合同纠纷二审民事判决书

续表

序号	案　　号	案件名称
16	（2015）晋民终字第333号	晋城市峰景房地产开发有限公司与晋城市恒光热力有限公司合同纠纷二审判决书
17	（2015）大民三终字第806号	冒旭东与中国联合网络通信有限公司大连市分公司电信服务合同纠纷二审民事判决书

4.14.4　涉密信息处理

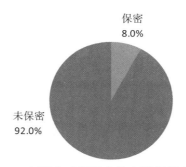

图 4-33　一审判决对当事人信息进行保密处理案件占比

如图 4-33 所示，在本书统计的 117 件反垄断民事诉讼案件中，一审判决对当事人信息进行保密处理的案件共计 9 件（见表 4-21），占 8%。

表 4-21　一审判决书保密处理案件

序号	案　　号	案件名称	保密信息
1	（2014）宁知民初字第256号	王鑫宇与中国电信股份有限公司徐州分公司垄断纠纷案民事判决书	当事人身份信息；当事人手机号码
2	（2013）粤高法民三终字第306号	华为技术有限公司与交互数字技术公司、交互数字通信有限公司、交互数字公司滥用市场支配地位纠纷上诉案	当事人之间专利交易谈判的相关信息
3	（2010）浙知终字第125号	湖州××务××司与湖州市××防治研究所有限公司垄断纠纷上诉案	原、被告名称；委托代理人信息
4	（2013）浙商外终字第24号	上诉人宁波××××塑胶有限公司为与被上诉人宁波××热力有限公司供用热力合同纠纷一案	原、被告名称；委托代理人信息

续表

序号	案　号	案件名称	保密信息
5	（2016）豫 03 民终 1923 号	王会朋与郑立红、常晶晶确认合同无效纠纷二审民事判决书	当事人银行账户信息
6	（2015）嘉秀民初字第 991 号	姜涛与北京华奥汽车服务有限公司、北京华奥汽车服务有限公司嘉兴分公司服务合同纠纷一审民事判决书	当事人车牌号信息
7	（2013）佛中法民二终字第 335 号	上诉人××××（惠州）工业气体有限公司因与被上诉人佛山市××××钢板有限公司买卖合同纠纷一案	原、被告名称；委托代理人信息
8	（2011）湖安商初字第 214 号	南京××式××城××务××司与安吉××医疗用品有限公司合同纠纷案	原、被告名称；委托代理人信息
9	（2010）浙商提字第 66 号	申请人鲍××合同纠纷一案	原、被告名称；委托代理人信息

　　如表 4-21 所示，一审判决中进行保密处理的当事人信息主要分为以下几类：（1）原、被告名称；（2）当事人委托代理人信息；（3）当事人手机号、车牌号、银行账户等个人隐私信息；（4）当事人之间专利交易谈判的相关信息。根据《关于人民法院在互联网公布裁判文书的规定》（2016 年 10 月 1 日施行）第 8 条规定，人民法院在互联网公布裁判文书时，应当对下列人员的姓名进行隐名处理：（1）婚姻家庭、继承纠纷案件中的当事人及其法定代理人；（2）刑事案件被害人及其法定代理人、附带民事诉讼原告人及其法定代理人、证人、鉴定人；（3）未成年人及其法定代理人。第 10 条规定，人民法院在互联网公布裁判文书时，应当删除下列信息：（1）自然人的家庭住址、通讯方式、身份证号码、银行账号、健康状况、车牌号码、动产或不动产权属证书编号等个人信息；（2）法人以及其他组织的银行账号、车牌号码、动产或不动产权属证书编号等信息；（3）涉及商业秘密的信息；（4）家事、人格权益等纠纷中涉及个人隐私的信息；（5）涉及技术侦查措施的信息；（6）人民法院认为不宜公开的其他信息。

4.14.5　判赔金额分析

4.14.5.1　判决被告赔偿案件所占比例

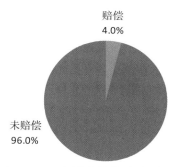

图 4-34　一审判决被告赔偿案件所占比例

如图 4-34 所示，在本书统计的 117 件反垄断民事诉讼案件中，一审判决被告承担民事赔偿责任的案件仅 5 件，占 4%，112 件中占 96% 的案件一审法院均未支持原告要求被告承担赔偿责任的诉求。从以上分析得出，实际上反垄断民事诉讼的案件本身不多，支持赔偿的案件更少。

《反垄断法》第 50 条规定："经营者实施垄断行为，给他人造成损失的，依法承担民事责任。"❶ 该条对《反垄断法》的损害赔偿问题进行了原则性的规定。据此，垄断行为给他人造成损害时，构成《民法通则》规定的侵权行为，应承担民事责任。❷ 另依据《最高人民法院关于审理因垄断行为引发的民事纠纷案件应用法律若干问题的规定》第 14 条，被告实施垄断行为，给原告造成损失的，根据原告的诉讼请求和查明的事实，人民法院可以依法判令被告承担停止侵害、赔偿损失等民事责任。根据原告的请求，人民法院可以将原告

---

❶　《反垄断法》第 50 条将适用该条规定的无过失损害赔偿制度的侵权行为限定为"垄断行为"。依该法第 3 条，"垄断行为"是指垄断协议、滥用市场支配地位行为和排除限制竞争的经营者集中三种行为，而不包括该法第五章规定的行政垄断行为。因此，根据字面理解，行政垄断行为的受害人无权依《反垄断法》第 50 条请求损害赔偿，但这并不影响受害人依《国家赔偿法》请求损害赔偿。《国家赔偿法》第 2 条规定："国家机关和国家机关工作人员违法行使职权侵犯公民、法人和其他组织的合法权益造成损害的，受害人有依照本法取得国家赔偿的权利。国家赔偿由本法规定的赔偿义务机关履行赔偿义务。"违反《反垄断法》第五章规定的行政垄断行为，无疑符合该条款的规定。参见黄勇.《反垄断法》上的损害赔偿及其计算初论［N］.中国社会科学院研究生院学报，2009（4）.

❷　全国人大法工委在阐述该条的立法理由时，引用《民法通则》规定的 10 种民事责任方式之后指出，"经营者实施垄断行为对他人造成损失具体承担何种民事责任，依据具体情况和有利于受损失人的原则确定"。参见全国人大法工委. 反垄断法：条文说明、立法理由与相关规定［M］. 北京：北京大学出版社，2007：316-317.

因调查、制止垄断行为所支付的合理开支计入损失赔偿范围。第 15 条，被诉合同内容、行业协会的章程等违反《反垄断法》或者其他法律、行政法规的强制性规定的，人民法院应当依法认定其无效。因此，在反垄断民事诉讼中，法院还存在认定被诉合同内容、行业协会的章程无效，以及停止侵害的民事责任，导致适用赔偿的民事责任更加少。

4.14.5.2　赔偿金额举证情况分析

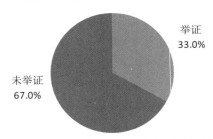

图 4-35　一审诉讼中原告赔偿金额举证情况分析

如图 4-35 所示，在本书统计的 117 件反垄断民事诉讼案件中，一审诉讼中原告对要求赔偿的金额进行举证的案件仅有 17 件，占 33%；另 100 件案件中原告均未对其主张的赔偿金额进行举证，占 67%。

表 4-22　原告对赔偿金额进行举证的案件

序号	案　号	案件名称
1	（2016）京民终 214 号	田军伟与北京家乐福商业有限公司双井店等垄断纠纷二审民事判决书
2	（2014）宁知民初字第 256 号	王鑫宇与中国电信股份有限公司徐州分公司垄断纠纷案民事判决书
3	（2015）沁民崇义初字第 00065 号	刘寿山与张金龙、刘玉莲为拒绝交易纠纷一审民事判决书
4	（2014）粤高法民三终字第 1141 号	顾芳与中国南方航空股份有限公司拒绝交易纠纷二审民事判决书
5	（2014）沪高民三（知）终字第 105 号	童华与中国移动通信集团上海有限公司滥用市场支配地位纠纷上诉案
6	（2014）筑民三（知）初字第 193 号	江裕贵诉遵义铁路联营联运实业有限公司、成都铁路局垄断纠纷一案一审民事判决书

续表

序号	案 号	案件名称
7	（2014）筑民三（知）初字第171号	赵兴诉遵义铁路联营联运实业有限公司、成都铁路局垄断纠纷一案一审民事判决书
8	（2013）民三终字第4号	北京奇虎科技有限公司与腾讯科技（深圳）有限公司、深圳市腾讯计算机系统有限公司滥用市场支配地位纠纷上诉案
9	（2013）苏知民终字第0147号	高邮市通源油运有限公司与泰州石油化工有限责任公司、中国石化扬子石油化工有限公司等垄断纠纷二审民事判决书
10	（2014）琼海法事初字第7号	王隆柳与东方海盛鱼港管理有限公司、东方市海洋与渔业局、中国石油化工股份有限公司海南石油分公司垄断协议纠纷案
11	（2013）高民终字第4325号	北京市水产批发行业协会与娄丙林垄断纠纷二审民事判决书
12	（2013）浙甬知初字第86号	宁波科元塑胶有限公司与宁波联能热力有限公司技术服务合同纠纷一审民事判决书
13	（2013）粤高法民三终字第458号	陈桂英与广东燕塘乳业股份有限公司滥用市场支配地位纠纷二审民事判决书
14	（2013）陕民三终字第00038号	陕西广电网络传媒（集团）股份有限公司与吴小秦捆绑交易纠纷上诉案
15	（2012）宁知民初字第653号	通源公司与泰州石化公司、扬子石化公司、中石化公司垄断纠纷案民事判决书
16	（2011）粤高法民三初字第2号	北京奇虎科技有限公司与腾讯科技（深圳）有限公司、深圳市腾讯计算机系统有限公司滥用市场支配地位纠纷案
17	（2012）湘高法民三终字第22号	上诉人刘大华因与被上诉人湖南华源实业有限公司（下称"湖南华源公司"）、东风汽车有限公司东风日产乘用车公司（下称"东风日产乘用车公司"）垄断纠纷一案

从以上分析得出，仅少量的原告对其主张的赔偿进行积极举证，这也是导致原告胜诉率不高的一种主因之一，那么占绝对多数的当事人没有就赔偿举证，没有举证的原因如搜集不到证据、没有组织证据（依赖法官的法定赔偿）、

证据不足等多种原因所导致。但是《反垄断法》并没有对《反垄断法》民事诉讼举证责任分配作具体规定，也正是因为这种规定上概括性、模糊性，使得《反垄断法》私人诉讼在实践中缺乏可操作性。

《反垄断法》没有规定（客观）证明责任倒置。按照相关法律规定，原告应当对被控垄断行为的存在及其具有排除、限制竞争的效果，原告所受损失，被控垄断行为与原告所受损失之间的因果关系承担举证责任；被告应当对不构成垄断行为的各种抗辩事由承担举证责任。❶

4.14.5.3 赔偿金额确定方式

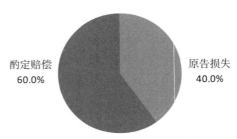

酬定赔偿
60.0%

原告损失
40.0%

图 4-36 一审法院确定赔偿金额方式

如图 4-36 所示，在本书统计的 5 件一审判决被告承担赔偿责任的案件中，2 件案件赔偿金额根据原告损失确定，占 40%；3 件案件赔偿金额由法院自由裁量酬定赔偿，占 60%。

从以上分析得出，垄断损失的计算的方法，具有较强的灵活性，各国立法均未规定特定的计算方式。在反垄断司法实践中，因具体的垄断行为和所在市场的不同，选用的计算方法也表现出多样性。只要理论基础可靠，法院对采取何种理论计算损失并无严格限制。鉴于损失额的计算不可能特别精确，因此，法院在损失计算环节应当给原告以一定的弹性，如果能够确定因违法垄断行为产生了损害，即使损害的数额不能确定，法院仍可判令被告给予赔偿。

---

❶ 朱理. 反垄断案件中的举证责任转移 ［N］. 中国工商报，2015-7-1.

表 4-23　一审判决被告承担民事赔偿责任的案件

序号	案　号	案件名称	一审判决被告赔偿金额/元
1	（2016）赣 0424 民初 2180 号	陈某甲与王某某经营者集中纠纷案判决书	10 000
2	（2016）最高法民再 98 号	吴小秦与陕西广电网络传媒（集团）股份有限公司捆绑交易纠纷申请再审民事判决书	15
3	（2014）琼海法事初字第 7 号	王隆柳与东方海盛鱼港管理有限公司、东方市海洋与渔业局、中国石油化工股份有限公司海南石油分公司垄断协议纠纷案	1 844 490
4	（2013）粤高法民三终字第 458 号	陈桂英与广东燕塘乳业股份有限公司滥用市场支配地位纠纷二审民事判决书	142 541
5	（2013）粤高法民三终字第 306 号	华为技术有限公司与交互数字技术公司、交互数字通信有限公司、交互数字公司滥用市场支配地位纠纷上诉案	20 000 000

在华为技术有限公司与 IDC 公司滥用市场支配地位纠纷上诉案中，由于原告与被告均未提供证据证明因被告方侵权致原告受损或被告因侵权获利数额的确切证据，故法院考虑由于三被告的垄断民事侵权行为，会导致原告在中国因委托律师而产生律师费、在美国因委托律师而产生律师费、因公证取证而产生公证费，以及竞争利益受损等损失，加之再考虑被告侵权行为的性质、主观过错程度，以及给原告造成损害的严重性，酌定三被告赔偿原告垄断民事侵权之经济损失人民币 2 000 万元。

基于上述考虑，法院判决三被告立即停止针对原告华为技术有限公司实施的过高定价和搭售的垄断民事侵权行为，并连带赔偿原告经济损失人民币 2 000 万元。

4.15 二审上诉情况

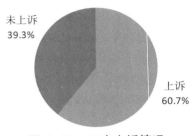

图 4-37 二审上诉情况

如图 4-37 所示，在本书统计的 117 件反垄断民事诉讼案件中，有 71 件案件当事人提起上诉，占 60.7%；46 件案件当事人未提及上诉，占 39.3%。

从以上分析得出，在反垄断民事诉讼中，因不服一审判决提起上诉的约占 61.0%，39.0% 的当事人服从一审判决未提起上诉，说明上诉率是比较高的，这与一审原告诉请没有得到支持，或者是一审判决没有在事实方面认定清楚，法律适用方面不准确有关，导致当事人不息诉。

4.16 二审上诉人分布

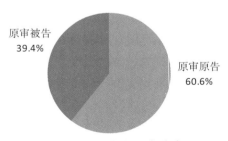

图 4-38 二审上诉人分布

如图 4-38 所示，在本书统计的 71 件当事人提起上诉的反垄断民事诉讼案件中，上诉人为原审原告的案件共计 43 件，占 60.6%；上诉人为原审被告的案件共计 28 件，占 39.4%。

从以上分析得出，一审法院未认定被告行为构成垄断的有 96 件案件（占 83%），71 件上诉案件中为原审原告提起的案件 43 件，因此，只有约 50% 的原审原告愿意提起上诉。117 件反垄断民事诉讼案件中，一审法院认定被告行为构成垄断行为的案件 19 件，上诉人为原审被告的案件 28 件，❶ 在不认定被告构成垄断行为的案件中，约有 10 件案件的被告不服原一审判决而提起上诉。这与上文中对反垄断民事诉讼案件的诉讼结果的分析也是一致的，因原告败诉率过高，故原审原告一般也多为二审案件的上诉人。

4.17　二审判决结果分析

4.17.1　维持、改判各自占比

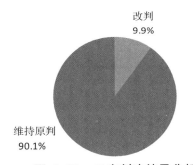

图 4-39　二审判决结果分析

如图 4-39 所示，在本书统计的 71 件当事人提起上诉的反垄断民事诉讼案件中，二审判决驳回上诉维持原判的案件共计 64 件，占 90.1%；二审法院改判一审判决的案件 7 件，占 9.9%。

从以上分析得出，仅约 10.0% 的案件在二审会改判，约占 90.0% 的案件二审会维持原判。说明反垄断民事案件二审改判的概率相当低，其实在所有民事诉讼案件中也是如此，并且根据上述反垄断诉讼案件的级别管辖分析，39.0% 的反垄断民事诉讼案件一审都在中级人民法院，这是由反垄断民事案件的标的额以及在事实认定和法律适用上对法官的高要求所决定的。因此，反垄断民事诉讼案件的一审阶段基本将事实认定与法律适用归纳得十分清楚，此阶段也是诉讼代理人及当事人最耗费心力的阶段。因此，当事人如欲提起上诉，应当找到一审判决事实认定不清，或事实认定和法律适用错误的证据和依据，否则，二审不仅导致诉讼成本增加和诉讼时间延长，还会导致上诉人改判的期望值落实。

---

❶ 报告 4.14.1 中是一审法院认定被告行为构成垄断行为的案件 19 件，但实际上，多数案件案由不是反垄断，而是合同和其他侵权纠纷，故不认定垄断行为，仍有一部分当事人不服原判决而提起上诉。

4.17.2 改判理由分析

表 4-24 二审改判案件

序号	案　号	案件名称	改判理由
1	（2016）最高法民再 98 号	吴小秦与陕西广电网络传媒（集团）股份有限公司捆绑交易纠纷申请再审民事判决书	原审判决事实认定不清，法律使用错误
2	（2012）沪高民三（知）终字第 63 号	北京锐邦涌和科贸有限公司与强生（上海）医疗器材有限公司、强生（中国）医疗器材有限公司纵向垄断协议纠纷案	原审判决事实认定不清，法律适用错误
3	（2016）冀民终 513 号	张宗楼与郭长虎合同纠纷二审民事判决书	原审判决事实认定清楚，法律适用错误
4	（2016）赣民终 66 号	邓新生、温明生与海力控股集团有限公司因买卖合同纠纷二审民事判决书	原审判决认定事实错误，应予纠正
5	（2014）深中法商终字第 2018 号	长春泰瑞商贸有限公司与沃尔玛（中国）投资有限公司买卖合同纠纷二审民事判决书	原判认定事实清楚，但适用法律略有不当，本院予以纠正
6	（2015）郴民二终字第 67 号	汝城县捷运达渣土运输有限公司与汝城县运发渣土运输有限公司、汝城县新俊渣土运输有限公司、郴州市龙胜渣土运输有限公司联营合同纠纷二审民事判决书	原审判决虽然认定事实清楚，但处理不当，本院予以纠正
7	（2015）郴民二终字第 66 号	郴州市龙胜渣土运输有限公司与汝城县运发渣土运输有限公司、汝城县新俊渣土运输有限公司、汝城县捷运达渣土运输有限公司联营合同纠纷二审民事判决书	原审判决虽然认定事实清楚，但处理不当，二审法院予以纠正

　　如表 4-24 所示，在本书统计的 7 件二审改判的涉及垄断纠纷的民事案件中，有 2 件案件因"原审判决事实认定不清，法律适用错误"改判，另 5 件案件"原审判决事实认定清楚"，但"法律适用错误"故改判。未有因程序错误

而改判的案件。

4.18　后续反垄断诉讼

2014 年 12 月，浙江金驰律师事务所代理的"洪某诉中国人民财产保险浙江分公司横向垄断协议纠纷案"，是最先的尝试。2015 年该所再次代理的"杜某诉中国人民财产保险浙江分公司横向垄断协议纠纷案"。❶ 如果涉嫌垄断行为已经被反垄断执法机构查处，认定构成垄断行为，那么原告在该处理决定效力确定后起诉，更有利于原告维护自身的正当权益并最终获得赔偿救济。原告选择后续诉讼有两大好处：一是不需要运用任何其他资源的情况下即可以证明违法行为存在；二是可以从先前的案件中获得有关证据材料和文件材料。❷ 对于反垄断执法机构所作出的认定不存在垄断行为的调查结论或行政决定，在当事人提出适用的证据时，人民法院应当依据当事人提供的证据重新认定。❸ 需要注意的是，《反垄断法》规定了经营者集中的事前申报审查程序，达到国务院规定的申报标准的经营者集中行为，经营者必须向反垄断执法机构进行申报，由反垄断执法机构进行审查。对不服的可以依法提起行政诉讼。因此，某个经营者行为是否非法的垄断行为应由反垄断执法机构来进行判断，只有被反垄断执法机构依法认定非法垄断行为的经营者集中行为，当事人才能向法院提起反垄断民事诉讼。❹ 对于反垄断执法机构裁决某案件违法后，有关当事人以执法机构的行政决定为证据向法院提起诉讼的"跟进诉讼"中，法院是否应认可该行政决定的问题，❺ 从目前司法实践分析，法院是支持的，如消费者以反垄断执法机关针对固定转售商品价格的垄断协议行为作出的《处罚决定书》作为证据提起反垄断民事赔偿诉讼，如何确认《处罚决定书》针对的事实与当事人主张的损失之间的关联性是该案的焦点问题。该案适用的规则是：在没有相反证

---

❶ 中国世界贸易组织研究会竞争政策与法律专业委员会.中国竞争法律与政策研究报告（2015年）[M].北京：法律出版社，2016：54-55.

❷ 吴宏伟，孟雁北.中国反垄断及反不正当竞争诉讼制度及发展 [M]//中国世界贸易组织研究会竞争政策与法律专业委员会.中国竞争法律与政策研究报告（2011年），北京：法律出版社，2012：147.

❸ 吴宏伟，闫卫军.论反垄断执法机构的行政决定在反垄跟进诉讼程序中的效力 [J].新疆社科论坛，2010（5）.

❹ 王先林.论反垄断民事诉讼与行政执法的衔接与协调 [J].江西财经大学学报，2010（3）：87-91.

❺ 吴韬，郭珺，霍晓冉等.中国竞争法律与政策研究成果述评 [M]//中国世界贸易组织研究会竞争政策与法律专业委员会.中国竞争法律与政策研究报告（2011年），北京：法律出版社，2012：206.

据的情况下，应当确认《处罚决定书》记载的事项为真实。由于《处罚决定书》中已经认定经营者雅培公司与交易相对人达成了固定向第三人转售商品价格的垄断协议，即使《处罚决定书》没有记载交易相对人，但是，如果要排除家乐福双井店与雅培公司之间的《商品合同》属于《处罚决定书》针对的范围，雅培公司和家乐福双井店有义务提交两者之间的协议。该案涉及的另一个焦点问题是是否允许间接购买者提起反垄断民事赔偿诉讼。该案适用的规则是：间接购买商品的消费者可以针对垄断行为提起民事诉讼。在《处罚决定书》已经认定雅培公司存在垄断行为，该垄断行为具有排除和限制竞争效果的情况下，间接购买商品的消费者仍然应当对其主张的损失与垄断行为之间存在因果关系承担证明责任。❶

4.19　法律适用分析

4.19.1　《反垄断法》与《合同法》

横向价格固定垄断协议（价格卡特尔）、划分销售市场、划分销售对象（客户）、联合抵制协议以及纵向价格固定垄断协议（限制转售价格协议）等垄断协议被认为是严重危害消费者利益的核心卡特尔。协议中存在核心卡特尔条款时，法院无须再考虑相关市场的界定，也无须再对相关市场的竞争状况进行经济分析，可径行认定为不得豁免的垄断协议。如原告（反诉被告）苏州巨星轻质建材有限公司（下称"巨星公司"）与被告（反诉原告）南通飞轮轻质建材有限公司（下称"飞轮公司"）合同纠纷案，一审法院遂依照《合同法》第52条第1款第（5）项、《反垄断法》第13条之规定，判决驳回双方当事人的诉讼请求。宣判后，巨星公司不服一审判决，提起上诉，二审法院判决驳回上诉，维持原判。❷

2012-2013年间，法院专注于法律适用问题。以"积极探索和总结法律适用的新问题"为重点审理垄断民事纠纷。❸2014～2015年间，个案裁判呈现出我国反垄断民事诉讼制度中存在的难题与不足，其中尤以与界定相关市场和认

---

❶　北京知识产权法院（2014）京知民初字第146号民事判决书。

❷　详见江苏省如皋市人民法院（2009）皋民二初字第0833号民事判决书，江苏省南京市中级人民法院（2010）通中商终字第0003号民事判决书。

❸　吴宏伟，董笃义. 中国反垄断和反不正当竞争民事诉讼制度及发展［M］//中国世界贸易组织研究会竞争政策与法律专业委员会. 中国竞争法律与政策研究报告（2013年），北京：法律出版社，2014：130.

定市场支配地位相关的问题为甚。2014 年 12 月 9 日《关于依法平等保护非公有制经济　促进非公有制经济健康发展的意见》(法发（2014）27 号) 明确提出，应当为非公有制经济发展提供有力的司法保障，加强反垄断案件的审理，依法制止占有市场支配地位的垄断者滥用垄断地位，严格追究违法垄断行为的法律责任，为各种所有制经济主体提供竞争高效公平的市场环境。在通过个案裁判依法落实该司法政策时，如何正确界定相关市场和认定市场支配地位是法院面临的主要争议和难题之一。❶

4.19.2　技术合同司法解释

　　重庆市长奔汽车标准件制造有限公司与重庆生祥工贸有限公司技术合同纠纷上诉案❷，重庆市第五中级人民法院经审理认为，根据《合同法》第 329 条规定，非法垄断技术、妨碍技术进步或者侵害他人技术成果的技术合同无效。该案中，渝安公司为东风 eq6380 汽车零部件产品的 11 个技术资料的权利人。长奔公司与渝安公司签订的东风小康 2007 年度零部件采购合同书第八章维护知识产权协议明确约定，长奔公司不得将渝安公司提供的技术资料向第三方扩散。长奔公司与生祥公司签订东风小康汽车 2007 年度零部件采购合同书，授权生祥公司生产加工"东风"微车的零部件，并将该案所涉的 eq6380 汽车零部件产品的 11 个技术资料提供给生祥公司的行为违反了长奔公司与渝安公司签订的采购合同书，侵害了渝安公司的技术成果。该采购合同书中有关长奔公司向生祥公司提供技术资料的约定应为无效。由于长奔公司无权擅自向生祥公司扩散涉案技术资料，原告和被告签订的东风小康汽车 2007 年度零部件采购合同书第八章"维护知识产权协议"第 1 条关于生祥公司不得将长奔公司提供的技术资料向第三方扩散且依此生产的产品只能供给原告的约定同属无效。依照《合同法》第 329 条，《最高人民法院关于审理技术合同纠纷案件适用法律若干问题的解释》第 44 条、《关于民事诉讼证据的若干规定》第 35 条以及《民事诉讼法》第 128 条之规定，法院判决驳回原告长奔公司的全部诉讼请求。

　　宣判后，长奔公司不服一审判决，上诉至重庆市高级人民法院。因长奔公司未在指定期限内缴纳案件受理费，重庆市高级人民法院对长奔公司的上诉按自动撤回处理，一审判决已发生法律效力。

---

❶　吴宏伟，董笃笃 . 中国反垄断民事诉讼制度及发展 ［M］//中国世界贸易组织研究会竞争政策与法律专业委员会 . 中国竞争法律与政策研究报告（2015 年），北京：法律出版社，2016：102.

❷　案情详见重庆市第五中级人民法院（2009）渝五中法民初字第 279 号民事判决书，重庆市高级人民法院（2011）渝高法民终字第 59 号民事判决书。

技术合同纠纷案件的审理过程中，如果发现技术合同侵害了他人技术成果而无效时，对真正权利人如何处理？根据最高人民法院《关于民事诉讼证据的若干规定》第35条之规定，当事人主张的法律关系的性质或者民事行为的效力与人民法院根据案件事实作出的认定不一致的，人民法院应当告知当事人可以变更诉讼请求。该案中，法院依法告知长奔公司可以变更诉讼请求，但长奔公司明确表示不变更诉讼请求。根据最高人民法院《关于审理技术合同纠纷案件适用法律若干问题的解释》第44条的规定，渝安公司作为技术资料的真正权利人是有权利参加诉讼的。审理中法院依法向渝安公司送达了通知书，告知其为该案的利害关系人，并可以作为有独立请求权的第三人参加诉讼或者依法向有管辖权的人民法院另行起诉。当有独立请求权的第三人对合同标的技术提出权属或侵权请求时，如果受理法院有管辖权的，可以将权属、侵权纠纷与技术合同纠纷合并审理；如果没有管辖权的，应当告知第三人向有管辖权的法院另行起诉。权属、侵权纠纷另案受理后，技术合同纠纷应当中止诉讼。具体到该案，渝安公司在接到该通知后15日内未提起诉讼，由于作为真正权利人的渝安公司不在此案中主张权利，法院依法可以继续审理此案。❶

4.19.3 《反垄断法》与反不正当竞争法

垄断行为侵害的对象既包括经营者，也包括普通消费者，在国外司法实践和国内学术研究中，争议比较多的就是普通消费者（间接购买者）是否具有原告资格。我国《反垄断法》第50条规定："经营者实施垄断行为，给他人造成损失的，依法承担民事责任。"在此，"他人"应指所有因垄断行为受到损害的主体，包括自然人、法人或者其他组织。因此，广西运德汽车运输集团有限公司等与邹志坚滥用市场支配地位纠纷上诉案一审判决适用《反垄断法》第50条及《反不正当竞争法》第20条第2款的规定认定邹志坚作为自然人可以直接向法院提起民事诉讼是正确的。关于自然人是否可以向法院提起垄断民事诉讼，最高人民法院《关于审理因垄断行为引发的民事纠纷案件应用法律若干问题的规定》[法释（2012）5号]第2条已经有明确规定："原告直接向人民法院提起民事诉讼，或者在反垄断执法机构认定构成垄断行为的处理决定发生法律效力后向人民法院提起民事诉讼，并符合法律规定的其他受理条件的，人民法院应当受理。"该司法解释于2012年6月1日开始施行，此后，这一问题应

---

❶ 赵克．重庆市长奔汽车标准件制造有限公司与重庆生祥工贸有限公司技术合同纠纷上诉案—侵害他人技术成果的技术合同的效力［J］．人民司法，2012（16）．

该不会再有争议。❶

北京共和联动图书有限公司与北京世纪卓越信息技术有限公司低价倾销纠纷上诉案，❷ 北京市朝阳区人民法院经审理认为：共和联动公司和世纪卓越公司均从事图书销售业务，属同业竞争者，具有竞争关系。共和联动公司在该案中起诉世纪卓越公司以低于成本的价格销售图书《不生病的智慧3》构成不正当竞争，而非指控世纪卓越公司实施了垄断行为，故对世纪卓越公司提出应适用反垄断法审理的辩称，不予支持。一审法院认为，根据现有证据，不能认定世纪卓越公司以上述价格销售涉案图书的行为属于以低于成本的价格销售商品。判决驳回共和联动公司的诉讼请求。宣判后，共和联动公司不服一审判决，提起上诉。二审审理过程中，共和联动公司与世纪卓越公司达成和解协议，撤回上诉。

承办法官认为：❸ 该案中，被告世纪卓越公司提出原告共和联动公司诉称其以低于成本的价格销售涉案图书的行为发生在反垄断法施行之后，认为按照新法优于旧法的法律适用规则，该案应适用反垄断法审理。因此，该案首先需要解决法律适用问题。

对以低于成本的价格销售商品的行为，我国反不正当竞争法和反垄断法均进行了规定。1993 年 12 月 1 日开始施行的《反不正当竞争法》第 11 条第 1 款

---

❶ 韦晓云. 广西运德汽车运输集团有限公司等与邹志坚滥用市场支配地位纠纷上诉案—垄断纠纷案中滥用市场支配地位的界定 [J]. 人民司法，2012（22）.

❷ 原告诉称：2008 年 6 月，江苏文艺出版社出版了《不生病的智慧3》一书。原告受江苏文艺出版社委托，成为该书在全国范围内的独家发行单位。《不生病的智慧3》一书定价 29 元，原告在全国范围内的统一发行价为定价的 55%，即 15.95 元。原告发行后不久，发现世纪卓越公司在其网站上以明显低于原告发行价的价格销售上述图书，该价格亦低于其成本价。原告认为，原告与世纪卓越公司同为图书销售单位，存在竞争关系，世纪卓越公司以排挤竞争对手为目的，以明显低于其成本的价格销售涉案图书，构成了不正当竞争，损害了原告的合法权益。因此，原告请求法院判令世纪卓越公司停止不正当竞争行为、在《中国图书商报》上向原告赔礼道歉、赔偿经济损失 5 万元及诉讼合理支出 5 000 元。

被告辩称：（1）共和联动公司诉称被告以低于成本的价格销售涉案图书的行为发生在反垄断法施行之后，故该案应适用反垄断法审理。（2）被告的销售行为符合法律规定且使消费者受益，共和联动公司亦没有提供证据证明被告的涉案行为符合低价倾销行为的构成要件。共和联动公司不是涉案图书的独家发行单位，其对外销售价格不构成涉案图书的成本价；共和联动图书公司从事图书编辑、二级批发等业务，而被告是网络零售商，其与共和联动公司之间不存在直接竞争关系；共和联动公司指控的低价倾销行为是被告的短期促销行为，并不具有排斥竞争对手的故意，且被告从 2008 年 6 月至 12 月 11 日间销售涉案图书的平均价格为 16.36 元，被告的促销行为只能使消费者获益，不会对市场秩序或相关市场主体产生任何根本影响；共和联动公司亦没有因被告的上述行为受到任何损失。综上，被告不同意共和联动公司的诉讼请求，请求法院驳回其诉讼请求。

❸ 苏志甫. 北京共和联动图书有限公司与北京世纪卓越信息技术有限公司低价倾销纠纷上诉案—低价倾销图书行为的认定 [J]. 人民司法，2009（24）.

规定，经营者不得以排挤竞争对手为目的，以低于成本的价格销售商品。同时该法第20条规定，经营者违反该法规定，给被侵害的经营者造成损害的，应当承担损害赔偿责任；被侵害的经营者的合法权益受到不正当竞争行为损害的，可以向人民法院提起诉讼。而2008年8月1日起施行的《反垄断法》第17条则明确禁止具有市场支配地位的经营者没有正当理由以低于成本的价格销售商品。该法第18条和第19条还对如何认定经营者具有市场支配地位加以规定。那么，依据上述规定，是否可以认为反垄断法针对低于成本价销售行为作出了新的规定，在法律适用时应替代反不正当竞争法？

就此，首先应当从我国竞争法的立法体例谈起。纵观世界各国关于竞争法的立法体例，主要存在两种立法模式。一种是分立式立法，即将反不正当竞争法和反垄断法分别立法，分别针对不同的违反公平竞争的行为予以规范，例如德国、日本，这种立法模式下的反不正当竞争法仅调整狭义的不正当竞争行为。另一种是综合调整的立法模式，即将反不正当竞争法和反垄断法所调整的违反公平竞争的行为规定在一部法律当中统一调整。从我国现有的竞争法立法模式来看，显然属于前一种，即分立式立法。但由于我国制定反不正当竞争法时并无反垄断法，故在反不正当竞争法中存在一些本应由反垄断法调整的内容，故在反垄断法出台之后，二者存在一些重复之处。但是，从目前来看，在现有的法律框架下，两部法律在保护对象、规制标准及适用范围上仍然存在着比较明显的差别，仍应针对各自规制的行为分别适用。

其次，两部法律关于低于成本价销售行为的调整对象存在差异。反垄断法所规制的低于成本价销售行为仅限于具有市场支配地位的市场主体，而反不正当竞争法并无此限制。并且，两部法律对低于成本价销售行为的法律责任也不相同，反不正当竞争法对于低价倾销行为并没有设置行政处罚条款，而《反垄断法》第47条则对市场主体实施包括低于成本价销售行为在内的滥用市场支配地位的行为设置了行政处罚条款，即责令停止违法行为、没收违法所得或罚款。

最后，根据最高人民法院《民事案件案由规定》，倾销纠纷就是指反不正当竞争法规定的低于成本价销售行为。在该规定中，将倾销纠纷和垄断纠纷并列为"不正当竞争、垄断纠纷"的下一级案由，而未将倾销纠纷划入垄断纠纷。

基于以上三点，该案仍应在反不正当竞争法的框架下进行审理。

4.19.4　垄断行为持续适用反垄断

北京锐邦涌和科贸有限公司诉强生（上海）医疗器材有限公司、强生（中国）医疗器材有限公司纵向垄断协议纠纷案中，❶该案二审的争议焦点是：一、被上诉人强生上海公司和强生中国公司所实施行为部分发生在 2008 年 8 月 1 日《反垄断法》实施日之前，该案是否适用《反垄断法》；上海市高级人民法院二审认为：《反垄断法》于 2008 年 8 月 1 日实施，该案《经销合同》虽于 2008 年 1 月 2 日签订，但其有效期一直延续到 2008 年 12 月 31 日。《反垄断法》实施后，该合同未予终止，强生公司与经销商继续履行该合同，并实施该案被控垄断行为，故该案应当适用《反垄断法》。

4.20 重要行业垄断

4.20.1 行业协会垄断

我国《反垄断法》第 16 条规定："行业协会不得组织本行业的经营者从事本章禁止的垄断行为"。这意味着，行业协会不得组织会员企业达成法律所禁止的垄断协议，例如，行业协会通过制定自律公约的方式达成价格同盟，以限制或排除同行业竞争，此时，可适用反垄断法禁止横向垄断协议制度，来规制与约束该行业协会的行为。行业协会是由众多会员企业组成的非营利性组织，是企业自我管理、自我服务的自律性组织。在市场经济条件下，由同行业经营者组成行业协会或者其他社会团体，在沟通本行业与政府的关系，为会员提供信息服务，支持会员企业参与国际竞争，实行行业自律等方面，发挥着重要作用。但由于行业协会是由企业会员组成，其企业会员一般是竞争性、营利性的，当本行业市场竞争激烈时，有些行业协会的会员企业很可能通过行业协会通谋以固定价格、限制产量、瓜分市场等。鉴于此，反垄断法亦对行业协会的行为予以管控与约束。

社会团体在维护会员权益方面，具有一定的优势。但因其竞争文化缺失和专业知识产权不足，在一定时间内仍然是风险较高的主体。如上诉人广东粤超体育发展股份有限公司（下称"粤超公司"）与被上诉人广东省足球协会（下称"省足协"）、广州珠超联赛体育经营管理有限公司（下称"珠超公司"）垄断纠纷一案，❷粤超公司向原审法院起诉称：省足协于 2009 年 8 月 17 日向珠超公司颁发了《举办广东省室内五人制足球联赛批准书》（下称《批准书》），批准其独家实行在广东省内的五人制足球联赛的投资、组织、管理、

---

❶ 详见上海市高级人民法院（2012）沪高民三（知）终字第 63 号民事判决书。
❷ 详见广东省高级人民法院（2014）粤高法民三终字第 242 民事判决书。

运营和举办的相关资格，并批准其独家拥有该五人制足球联赛的相关知识产权和一切商业经营开发权利。2009年7月8日，省足协与珠超公司签订《新广东省室内五人制足球联赛协议书》（下称《协议书》），批准其独家拥有广东省室内五人制足球联赛相关知识产权和一切商业经营开发权利，并每年收取10万元劳务费。据此，粤超公司认为，首先，省足协颁发的批准书具有排他、限制竞争的效果，是限制同行业之间竞争的排他性协议，违反《反垄断法》第11条"行业协会应当加强行业自律，引导本行业的经营者依法竞争，维护市场竞争秩序"的规定；其次，省足协给珠超公司颁发的批准书违背《中国足球协会章程》的宗旨性规定，不利于团结足球工作者共同发展足球事业；最后，省足协给珠超公司颁发的批准书也违背了《广东省足球协会章程》中宗旨和任务2.1"团结、动员全省足球工作者，提高我省足球运动水平"、2.7"合法经营任何有利于广东足球事业的商业活动"的具体规定，不利于团结、动员全省足球工作者以提高本省的足球运动水平。综上，特诉讼请求：（1）判令《批准书》无效；（2）判令《协议书》无效；（3）该案的诉讼费用由省足协和珠超公司承担。

一审法院判决：驳回广东粤超体育发展股份有限公司的全部诉讼请求。粤超公司不服原审判决，提起上诉。二审法院驳回上诉，维持原判。

在行业协会涉嫌垄断的案件中，行业协会多数认为自己不属于诉讼主体，如在娄丙林与北京市水产批发行业协会垄断纠纷上诉案（北京市水产批发行业协会与娄丙林垄断纠纷上诉案）中，关于该案双方当事人的主体是否适格的问题，法院认为，根据《最高人民法院关于审理因垄断行为引发的民事纠纷案件应用法律若干问题的规定》的规定，无论作为水产批发协会的单位会员，还是作为垄断协议的受害者，娄丙林均可以因垄断行为遭受损失为由提起民事诉讼，其主体适格。《反垄断法》第11条、第16条、第46条第3款均涉及行业协会的行为，因此行业协会应为《反垄断法》所规制的对象。水产批发协会于2011年9月29日被准予登记，取得法人资格。因此水产批发协会主体适格。结合2011年9月29日水产批发协会成立后至2012年更名为"大连獐子岛渔业集团股份有限公司北京销售组合"前的会议记录和2011年9月份至2011年11月份的水产批发协会财务报表，可以认定至少在2011年9月29日至2011年12月31日期间，系以水产批发协会的名义对外开展活动。水产批发协会具有独立的民事权利能力、民事行为能力和民事责任能力，其主体适格。❶

如广东省深圳市惠尔讯科技有限公司与广东省深圳市有害生物防治协会垄

---

❶ 详见北京市高级人民法院（2013）高民终字第4325号民事判决书。

断纠纷上诉案，属于行业协会公约引发横向垄断协议纠纷的典型案例。

娄丙林与北京市水产批发行业协会垄断纠纷上诉案（北京市水产批发行业协会与娄丙林垄断纠纷上诉案，关于"奖罚规定"第1条、第2条的规定是否属于垄断协议的问题。一审法院认为，在水产批发协会未提交证据证明涉案手册已被废止的情况下，可以认定手册作为水产批发协会的章程自2011年6月1日施行至今一直处于使用中。该手册中"奖罚规定"部分第1条关于"禁止会员不正当竞争，不按协会规定的销售价格折价销售扇贝"的规定和第2条关于"禁止会员向本协会会员所在的市场向非会员销售整件扇贝"的规定均系固定商品价格的规定，违反《反垄断法》第13条第（1）项的强制性规定，应认定为无效。二审法院就"关于水产批发协会是否组织经营者达成固定、变更价格的垄断协议以及涉案'奖惩规定'第1、2条是否属于垄断协议的问题"认为。

根据《反垄断法》的相关规定，禁止具有竞争关系的经营者达成固定或者变更商品价格的垄断协议，垄断协议是指排除、限制竞争的协议、决定或者其他协同行为。根据查明的事实，《北京市水产批发行业协会手册》中"奖罚规定"第1条规定"禁止会员不正当竞争，不按协会规定的销售价格折价销售扇贝"。在水产批发协会2011年9月29日登记成立之后，水产批发协会多次组织会议对于不同种类的扇贝产品的销售价格、禁止不按规定价格折价销售以及相应处罚等进行讨论并作出相应的决定，意图通过固定和变更价格减少甚至消除会员之间的竞争，并尽可能地提高销售利润，从而获得獐子岛公司的销售返利，这本身在一定程度上会减弱或消除市场竞争，产生排除或限制竞争的效果，最终损害消费者的利益。

水产批发协会主张涉案扇贝价格系执行獐子岛公司的价格决定，但是并未提交充分的证据证明水产批发协会决定的销售价格确实来源于獐子岛公司的要求，同时在案的会议记录中，水产批发协会固定的价格与獐子岛公司规定的价格之间也存在一定的差别，例如，在2011年11月3日的会议记录中载明，"11月份扇贝销售价格：大贝售价每斤19元，收价18.6元，中贝售价每斤17元，收价16.6元，小贝售价每斤13元，收价13.6元，扣贝售价每斤11元，收价11.6元"。根据獐子岛公司出具的证明内容，可以认定獐子岛公司对商品的供应价格执行全国统一价格政策，但并不能由此证明水产批发协会决定的实际销售价格由獐子岛公司确定。此外2012年销售激励政策中的内容显示，经销商不得低于最低产品价格销售产品，也进一步印证了，獐子岛公司仅对产品的最低价格进行限定，但并未固定产品的销售价格。综上，水产批发协会的前述主张，依据不足，本院不予支持。

2011年12月25日"协会会议"的记录显示，水产批发协会规定"不准整件向有会员的市场销售，发现一次罚款10 000元"。《北京市水产批发行业协会手册》中"奖罚规定"第2条规定"禁止会员向本协会会员所在的市场向非会员销售整件扇贝"。如果允许整件对外销售，则势必会引起非会员之间或会员与非会员之间的价格竞争，从而使得会员之间的价格协议形同虚设，因此前述规定本质上仍具有排除、限制竞争的效果。水产批发协会以执行獐子岛公司的销售政策，防止串货为由主张该行为的正当性，依据不足，本院不予支持。

综上，原审判决认定水产批发协会组织经营者达成固定、变更价格的垄断协议、奖惩规定第1、2条属于垄断协议，结论正确，应予维持。水产批发协会的该项上诉理由不成立，本院不予支持。根据《最高人民法院关于审理因垄断行为引发的民事纠纷案件应用法律若个问题的规定》的相关规定，被诉合同内容、行业协会的章程等违反《反垄断法》或者其他法律、行政法规的强制性规定的，人民法院应当依法认定其无效。根据已经查明的事实，"奖惩规定"系《北京市水产批发行业协会手册》的组成内容，且2011年12月25日会议记录，"一、关于会员串货、折价问题，怎么杜绝此类事情的发生，经研究：按原来规定，不准整件向有会员的市场销售，发现一次罚款10 000元，大家举手一致同意通过"。由此可见该"奖惩规定"对于会员而言仍为有效规定。虽然原审判决中有关"奖惩规定"属于章程的认定存在不当，但根据前文所述理由，原审判决认定"奖罚规定"第1条、第2条属于固定商品价格的垄断协议，应当无效，结论正确，应予维持。水产批发协会以上述规定不属于章程以及"奖惩规定"未实施等为由，主张原审判决有关"奖罚规定"第1条、第2条属于固定商品价格垄断协议的认定结论错误，依据不足，法院不予支持。❶

表4-25　被告为行业协会的案件

序号	案　号	案件名称
1	（2013）高民终字第4325号	北京市水产批发行业协会与娄丙林垄断纠纷二审民事判决书
2	（2015）宣中民二终字第00146号	郎溪县混凝土行业协会与郎溪宇方混凝土搅拌有限公司不当得利纠纷二审民事判决书

---

❶　详见北京市高级人民法院（2013）高民终字第4325号判决书。

4.20.2 公用企业垄断

广西运德汽车运输集团有限公司等与邹志坚滥用市场支配地位纠纷上诉案，❶ 是典型的公用企业限制竞争案。广西壮族自治区崇左市中级人民法院经审理认为，邹志坚提供的视听资料等证据证实，崇左汽车客运中心确实存在利用其统一售票的支配地位，故意不卖南宁江南客运站的车票或者向拟购买南宁江南客运站车票的旅客兜售南宁埌东客运站的车票等行为。该行为属于《反不正当竞争法》第6条规定的"公用企业或者其他依法具有独占地位的经营者，不得限定他人购买其指定的经营者的商品，以排挤其他经营者的公平竞争"，和《反垄断法》第17条第（4）项规定的"禁止具有市场支配地位的经营者从事下列滥用市场支配地位的行为：没有正当理由，限定交易相对人只能与其进行交易或者只能与其指定的经营者进行交易"的情形，崇左汽车客运中心的垄断行为在一定程度上影响了邹志坚客车乘坐率，侵害了邹志坚的利益，应停止侵害，赔偿经济损失。

表 4-26　被告属于公用企业的案件

序号	案　号	案件名称	被告从事行业
1	（2016）吉民终556号	吉林省龙达热力有限公司四平分公司与被上诉人四平热力有限公司滥用市场支配地位纠纷二审民事判决书	电力、热力生产及供应业
2	（2015）昆知民重字第3号	云南盈鼎生物能源股份有限公司与中国石化销售有限公司云南石油分公司、中国石化销售有限公司拒绝交易纠纷案民事判决书	燃气生产和供应业
3	（2013）沪一中民五（知）初字第208号	杨志勇与中国电信股份有限公司、中国电信股份有限公司上海分公司滥用市场支配地位纠纷案	电力供应业
4	（2014）沪高民三（知）终字第105号	童华与中国移动通信集团上海有限公司滥用市场支配地位纠纷上诉案	电信服务业

❶ 详见广西壮族自治区崇左市中级人民法院（2009）崇民初字第44号民事判决书，广西壮族自治区高级人民法院（2011）桂民三终字第9号民事判决书。

续表

序号	案　号	案件名称	被告从事行业
5	（2013）苏知民终字第0147号	高邮市通源油运有限公司与泰州石油化工有限责任公司、中国石化扬子石油化工有限公司等垄断纠纷二审民事判决书	石油化工行业
6	（2013）浙甬知初字第86号	宁波科元塑胶有限公司与宁波联能热力有限公司技术服务合同纠纷一审民事判决书	电力、热力生产及供应业
7	（2012）宁知民初字第653号	通源公司与泰州石化公司、扬子石化公司、中石化公司垄断纠纷案民事判决书	石油化工行业
8	（2012）苏知民终字第0004号	无锡市保城气瓶检验有限公司与无锡华润车用气有限公司拒绝交易纠纷上诉案	燃气供应业
9	（2010）高民终字第481号	李方平与中国网通（集团）有限公司北京市分公司垄断纠纷上诉案	电信服务业
10	（2004）一中民初字第225号	北京安定保开锁服务中心等诉北京通信公司营业局等垄断纠纷案	电信服务业；日用产品维修业
11	（2016）辽04民终1746号	抚顺中兴时代广场商业有限公司诉抚顺市热力有限公司供用热力合同纠纷二审民事判决书	热力生产与供应业
12	（2013）郑民再终字第169号	申诉人窦思林与被申诉人巩义市供电公司合同纠纷一案	电力生产与供应业

第5章　反垄断行政诉讼分析

5.1　整体情况

本书截至 2016 年 12 月 30 日，共统计反垄断行政诉讼案件 45 件，主要分为两类：一类是反垄断行政处罚的当事人不服行政处罚决定提起的反垄断行政处罚类的行政诉讼；另一类则是行政相对人不服行政机关的行政垄断行为而提起反垄断行政诉讼。

在年度报告《中国法院知识产权司法保护状况》中，最高人民法院并未公布每年新收垄断行政诉讼一审案件数量，此类案件均统计在除著作权行政案件、专利行政案件、商标行政案件以外的"其他行政案件"之中，因此无法针对垄断行政诉讼案件的官方统计情况进行分析。

《反垄断法》第 8 条规定："行政机关和法律、法规授权的具有管理公共事务职能的组织不能滥用行政权力，排除、限制竞争。"第 32 条规定："行政机关和法律、法规授权的具有管理公共事务职能的组织不得滥用行政权力，限定或者变相限定单位或者个人经营、购买、使用其指定的经营者提供的商品。"

2015 年 2 月 2 日，广州市中级人民法院认定广东省教育厅在"工程造价基本技能赛项"省级比赛中，指定广联达股份有限公司提供的软件为独家参赛软件的行为，违反《反垄断法》的规定。该案的争议焦点主要在于如何认定"行政垄断行为"。广州市中级人民法院在一审判决中指出，《反垄断法》第 32 条规定："行政机关和法律、法规授权的具有管理公共事务职能的组织不得滥用行政权力，限定或者变相限定单位或者个人经营、购买、使用其指定的经营者提供的商品。"省教育厅"指定度假参赛软件"行为符合构成行政垄断的主体和行为条件；关于"滥用行政权力"，法院依据《行政诉讼法》中"行政机关应对自己的具体行政行为负有举证责任"，认定广东省教育厅对自己"指定独家参赛软件"的行为不能提供证据证明其合法性，为此教育厅构成"滥用行政权力"。此外，此案颇具特色的一点在于首次在行政垄断诉讼中引入专家证人出庭这一环节。这是司法领域中第一次受理的行政垄断方面的行政诉讼，涉及了很多方面的专业问题，广州市中级人民法院为了高水平审理，允许《反垄断法》领域和行政诉讼法领域的知名专家发表专家证言。

5.2 案件年度分布情况

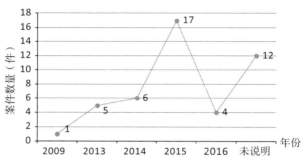

图 5-1 涉及垄断纠纷的行政诉讼案件年度趋势

如图 5-1 所示，在本书统计的 45 件反垄断行政诉讼案件中，以案件一审立案时间来看，2009 年立案 1 件，2013 年立案 5 件，2014 年立案 6 件，2015 年立案 17 件，2016 年立案 4 件，未说明一审立案时间的案件 12 件。

从以上分析得出，反垄断行政诉讼的案件处于萌芽期，但呈现明显的上升趋势，2015 年案件数量是上一年度的近 3 倍。2016 年的立案数量因为反垄断行政诉讼案件的诉讼期限较长，可能很多反垄断行政诉讼案件还没有完全审结及公开，因此不是真实的数据。可以预料的是，随着竞争文化的深入，我国公平竞争审查制度的实施，行政机关和法律、法规授权的具有管理公共事务职能的组织如果不及时清理有关限制竞争的文件，不改变原来传统的管理方法，将有越来越多的反垄断行政诉讼案件。

深圳市斯维尔科技有限公司（下称"斯维尔"）诉广东省教育厅滥用行政职权案于 2014 年 4 月 22 日在广东省中级人民法院立案受理，于当年 6 月 26 日公开开庭审理，于 2015 年 2 月 2 日作出一审判决，确认广东省教育厅在 2014 年"工程造价基本技能赛项"省级选拔赛中，指定广联达股份软件有限公司（下称"广联达"）软件的行为违法。一审宣判后，广东省教育厅和第三人广联达双双提出上诉，要求二审法院确认"指定软件"行为合法有据，不存在违反反垄断法的情况。2015 年 5 月 28 日，广东高院对该案开庭审理，裁判结果目前未可知。该案是自 2008 年我国颁布实施《反垄断法》以来，第一起被法院正式受理并进入实质审理阶段的行政垄断诉讼，该案产生的司法判决

对我国《反垄断法》及《行政诉讼法》的实施具有里程碑意义。❶

5.3　原告主体分类

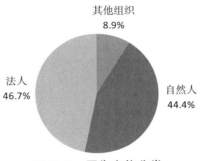

图 5-2　原告主体分类

　　如图 5-2 所示，在本书统计的 45 件反垄断行政诉讼案件中，原告为法人的案件居多，共计 21 件，占 46.7%；原告为自然人的案件共计 20 件，占 44.4%；原告为其他组织的案件仅 4 件，占 8.9%。

　　从以上分析得出，法人仍然是反垄断行政诉讼中的主要参与者，这与法人维权意识以及法人在反垄断行政诉讼中有能力提起诉讼具有重大关系，因为反垄断行政诉讼与反垄断民事诉讼都是专业程度高，而且专业人士的聘请和支付成本均较高。自然人提起行政诉讼的案件也不少，这反映了自然人的反垄断行政诉讼意识在提升，公众对《反垄断法》的公平公正性的信任度有改善。

　　滥用行政权力排除、限制竞争行为是《反垄断法》中的重要内容。对行政垄断的规制手段主要包括行政执法和行政垄断诉讼。2014 年以来，执法机构加大了对行政垄断的执法力度，引起社会广泛关注。国家发改委相继查处了河北省交通厅、山东省交通厅、云南省通信管理局、安徽省蚌埠市卫计委、四川省卫计委、浙江省卫计委等行政垄断案件，彰显了打击行政垄断行为的信心和决心，有利于统一开放、竞争有序市场体系的形成。但同时，行政执法规制行政垄断的方式包括责令改正、依法处分和提出处理建议等，容易受多方面因素影响，有时效果不佳。司法机关对行政垄断案件的介入，对行政垄断行为构成了更为有效的威慑和制约。实践中，还有以下领域的行政垄断值得充分关注：一是在政府管制的领域还存在产业部门或行业监管部门滥用公权力的情形；二是在涉及强制标准或者资

　　❶　孙康君. 从行政垄断第一案看我国行政诉讼受案范围 [J]. 中国审判，2015（15）.

质认证的竞争性领域中可能出现涉嫌行政垄断的行为。❶

5.4 原告主体性质

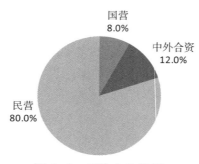

图 5-3 原告主体性质

如图 5-3 所示，在本书统计的 25 件原告为法人及其他组织的涉及垄断纠纷的行政诉讼案件中，原告为民营性质的案件共计 20 件，占 80%；原告为国营性质的案件 2 件，占 8%；原告为中外合资性质的案件共计 3 件，占 12%。

从以上分析得出，民营企业是反垄断行政诉讼中的主要原告，这可能是民营企业是受到行政机关和法律、法规授权的具有管理公共事务职能的组织因滥用行政权力，限定或者变相限定单位或者个人经营、购买、使用其指定的经营者提供的商品，或限定、排除竞争的最大受害者。国有企业在反垄断行政诉讼中，与民营企业相对，具有天然的优势条件，可以与行政机关和法律、法规授权的具有管理公共事务职能的组织进行对话解决，而民营企业除了提起行政诉讼以外，没有平等地位的对话基础和机会，故提起行政诉讼的可能性就大。

中外合资企业也出现了三件反垄断行政诉讼中的原告主体，相对民营企业而言，中外合资企业一般反垄断维权意识较好，未来可能此类案件会有所增长。

表 5-1 原告为中外合资企业的案件

序号	案 号	案件名称
1	（2013）浙湖行终字第 21 号	湖州金能达印染有限公司与浙江省湖州市盐务管理局行政处罚二审行政判决书

---

❶ 黄勇.供给侧结构性改革中的竞争政策［J］.价格理论与实践，2016（1）.

续表

序号	案 号	案件名称
2	（2013）浙湖行终字第30号	湖州金能达印染有限公司与浙江省湖州市盐务管理局行政处罚二审行政判决书（1）
3	（2013）浙湖行终字第31号	湖州金能达印染有限公司与浙江省湖州市盐务管理局行政处罚二审行政判决书（2）

5.5 原告地域分布

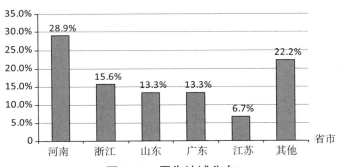

图 5-4 原告地域分布

如图 5-4 所示，在本书统计的 45 件反垄断行政诉讼案件中，原告住所地在河南的案件最多，共计 13 件，占 28.9%；其次是原告住所地在浙江的案件，共计 7 件，占 15.6%；第三是原告住所地在山东和广东的案件，各为 6 件，分别占 13.3%；原告住所地在江苏的案件 3 件，占 6.7%；原告住所地在其他省份的案件共计 10 件，占 22.2%。

从以上分析得出，原告在河南、浙江、山东、广东和江苏五省的案件约占全部案件的 78%，其他省市案件 22%，这说明前述五省是我国现阶段反垄断行政诉讼的主要高发区域。河南作为经济不是快速发展区域，却以约 29% 排名第一位，这说明河南竞争文化的普及，以及行政垄断的维权意识较好。

表 5-2　原告所在地统计情况

序号	原告所在地（省/市）	案件数量/件
1	河南	13
2	浙江	7
3	山东	6
4	广东	6
5	江苏	3
6	北京	2
7	湖北	2
8	安徽	1
9	福建	1
10	黑龙江	1
11	吉林	1
12	云南	1
13	重庆	1

5.6　原告行业分布

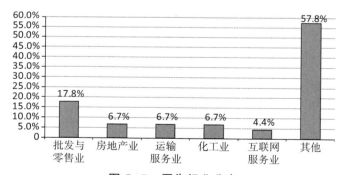

图 5-5　原告行业分布

注：由于计算中采取了四舍五入，故计算结果有误差。图中各数据之和为 100.1%。

如图 5-5 所示，在本书统计的 45 件反垄断行政诉讼案件中，原告从事批发与零售业的案件最多，共计 8 件，占 17.8%；其次是原告从事房地产业、运输服务业、化工业的案件，各 3 件，各占 6.7%；原告从事互联网服务业的案件 2 件，占 4.4%；原告从事其他行业的案件共计 26 件，占 57.8%。

从以上分析得出，批发与零售业的案件共计 8 件，占第一位；房地产业、运输服务业和化工业的案件，各占 3 件位居第二位。竞争越激烈的行业，反垄断行政诉讼也同样集中该行业，房地产业、运输服务业、化工业均是需要相关资质和较大资金投入的行业，近年来房地产业直线下降，在该行业内的电力设施建设、网络铺设等容易出现行政性垄断。而运输服务业和化工业、互联网服务业是近年来高速发展的领域，行政机关和法律、法规授权的具有管理公共事务职能的组织滥用行政权力，限定或者变相限定单位或者个人经营、购买、使用其指定的经营者提供的商品，或限定、排除竞争的空间更大，影响更明显，可以预计的是，运输服务业和化工业、互联网服务业反垄断行政诉讼可能面临更多的案件出现。

5.7　被告主体分类

5.7.1　被告行政机关分类

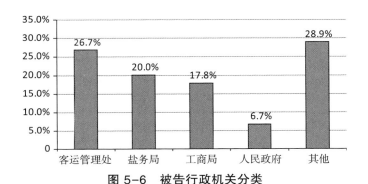

图 5-6　被告行政机关分类

注：由于计算时采用了四舍五入，结果有误差，各比例之和为 100.1%。

如图 5-6 所示，在本书统计的 45 件反垄断行政诉讼案件中，客运管理处作为被告的案件最多，共计 12 件，占 26.7%；其次是盐务局作为被告的案件，共计 9 件，占 20.0%；工商局作为被告的案件共计 8 件，占 17.8%；人民政府作为被告的案件共计 3 件，占 6.7%；其他行政机关作为被告的案件共计 13 件，占 28.9%。

从以上分析得出，客运管理处、盐务局和工商局是反垄断行政诉讼中的主要被告，三者占所有的垄断行政诉讼 64.5%，如真诚公司诉汕尾市政府、汕尾市交通运输局行政垄断案就是典型的客运反垄断行政诉讼案件。客运管理处、盐务局和工商局随着改革的深入，面临反垄断行政诉讼风险越来越大。工商局作为《反垄断法》的执法机构违反《反垄断法》，有损法律的权威。笔者建议执法机构提升员工对《反垄断法》的学习和认识，落实公平竞争审查制度以预防违法风险。

表 5-3　反垄断案件中被告分类

序号	被告行政机关分类	案件数量/件
1	客运管理处	12
2	盐务局	9
3	工商局	8
4	人民政府	3
5	道路运输管理局	1
6	发改委	1
7	公安局	1
8	商务厅	1
9	市场监督局	1
10	通信管理局	1
11	物价局	1
12	运输管理局	1
13	规建局	1
14	国资委	1
15	教育厅	1
16	经信委	1
17	住房和城乡建设局	1

5.7.2　被告主体性质分类

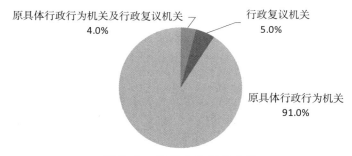

图 5-7　被告主体性质分类

如图 5-7 所示，在本书统计的 45 件反垄断行政诉讼案件中，被告为原具体行政行为机关的案件共计 41 件，占 91%；被告为行政复议机关的案件共 2 件，占 5%；被告为原具体行政行为机关和行政复议机关的案件 2 件，占 4%。

从以上分析得出，作出原具体行政行为机关作为被告最多。2014 年修正前的《行政诉讼法》第 25 条第 2 款规定："经复议的案件，复议机关决定维持原具体行政行为的，作出原具体行政行为的行政机关是被告；复议机关改变原具体行政行为的，复议机关是被告。"据此，行政复议机关的复议往往只是走走过场，未发挥复议机关的行政监督功能，2015 年《行政诉讼法》将第 26 条第 2 款规定："经复议的案件，复议机关决定维持原行政行为的，作出原行政行为的行政机关和复议机关是共同被告；复议机关改变原行政行为的，复议机关是被告。"原具体行政行为机关和行政复议机关共同作为被告，应当是《行政诉讼法》2015 年修订以后的案件。

5.8 原具体行政行为机关级别

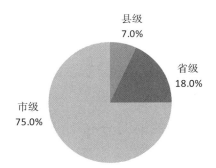

图 5-8 原具体行政行为机关级别分布

如图 5-8 所示，在本书统计的 45 件反垄断行政诉讼案件中，涉案原具体行政行为作出机关为市级机关作出的案件最多，共计 34 件，占 75%；涉案原具体行政行为作出机关省级机关作出的案件 8 件，占 18%；涉案原具体行政行为作出机关为县级机关作出的案件为 3 件，占 7%。

表 5-4　涉案原具体行政行为机关为省级机关的案件

序号	案　号	案件名称
1	（2016）京 0102 行初 1070 号	山东鸿信会计师事务所有限公司与国家工商行政管理总局等其他一审行政判决书
2	（2015）杭西行初字第 337 号	海宁市海州天友房产经纪服务所与浙江省工商行政管理局不履行法定职责一审行政判决书
3	（2015）穗中法行初字第 454 号	袁奕丰与广东省通信管理局、中华人民共和国工业和信息化部不服行政复议决定一审行政判决书
4	（2015）宁行初字第 9 号	金为发与江苏省商务厅行政批准一审行政判决书
5	（2014）穗中法行初字第 149 号	深圳市斯维尔科技有限公司与广东省教育厅、广联达软件股份有限公司其他一审行政判决书
6	（2014）鼓行初字第 16 号	钟启扬与福建省道路运输管理局一审判决书
7	（2015）昆行终字第 154 号	西双版纳旅游客运汽车有限公司与云南省工商行政管理局工商行政处罚二审行政判决书
8	（2014）穗中法行初字第 249 号	陈书伟与广东省发展和改革委员会政府信息公开一审行政判决书

5.9　原具体行政行为机关地域分布

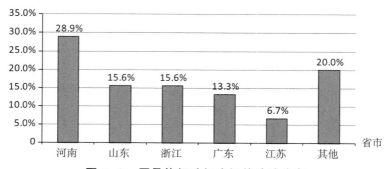

图 5-9　原具体行政行为机关地域分布

如图 5-9 所示，在本书统计的 45 件反垄断行政诉讼案件中，原具体行政行为作出机关在河南的案件最多，共计 13 件，占 28.9%；其次是原具体行政行为作出机关在山东、浙江的案件，各 7 件，分别占 15.6%；原具体行政行为作出机关在广东的案件 6 件，占 13.3%；原具体行政行为机关在江苏的案件 3 件，占 6.7%；原具体行政行为作出机关在其他省份的案件 9 件，占 20.0%。

从以上分析得出，原具体行政行为作出机关在河南的案件占 28.9%，与原告住所地在河南的案件是完全相同的，河南是反垄断行政诉讼高发区域；其次是原告住所地在浙江的案件占 15.6%，与原具体行政行为机关在浙江的案件也是相同的；原告住所地在江苏的案件占 6.7%，与原具体行政行为机关在江苏也是相同的，以及广东同样原具体行政行为机关与原告住所地相同。说明前述原被告双方都是同一区域。而原具体行政行为机关在山东的案件 7 件，原告住所地在山东 6 件，说明有一件案件的原告居住地在外地。反垄断行政诉讼明显特征是区域性较强。

表 5-5　原具体行政行为机关住所地统计情况

序号	原具体行政行为机关住所地（省/市）	案件数量/件
1	河南	13
2	山东	7
3	浙江	7
4	广东	6
5	江苏	3
6	湖北	2
7	安徽	1
8	北京	1
9	福建	1
10	黑龙江	1
11	吉林	1
12	云南	1
13	重庆	1

5.10　被告行政机关负责人出庭应诉情况

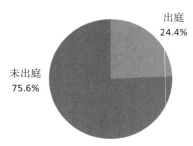

图 5-10　被告行政机关负责人出庭应诉情况

　　如图 5-10 所示，在本书统计的 45 件反垄断行政诉讼案件中，11 件案件被告行政机关负责人出庭应诉，占 24.4%；34 件案件被告行政机关负责人未出庭应诉，占 75.6%。

　　从以上分析得出，被告行政机关负责人未出庭应诉是常态，但出庭应诉率整体高于最高人民法院公布的 5.0%。

　　据最高人民法院统计，到 2014 年年底，在全国各级人民法院审理的行政诉讼案件中，被诉行政机关负责人出庭应诉的比例仍然占不到 5%。

　　1989 年，我国颁布了《行政诉讼法》，于 1990 年 10 月 1 日起正式施行。但是，在行政诉讼法实施的过程中，被诉行政机关负责人不出庭应诉却成为极为普遍的现象，以致 2011 年福建省罗源县县长刘嘉水"亲自出庭"应诉成为轰动一时的新闻。❶ 2004 年，国务院发布了《全面推进依法行政实施纲要》，2007 年，最高人民法院下发了《关于加强和改进行政审判工作的意见》，2008 年，国务院发布了《关于加强市县政府依法行政的决定》，2009 年，最高人民法院发布了《关于当前形势下做好行政审判工作的若干意见》，2010 年，国务院出台了《关于加强法治政府建设的意见》，这些规定都不同程度地规定了被诉行政机关负责人要出庭应诉。2014 年 11 月 1 日，十二届全国人大常委会第十一次会议表决通过"修改行政诉讼法的决定"，并于 12 月 23 日首次提请十二届全国人大常委第六次会议审议，历经三次审议通过。新修订的《行政诉讼法》于 2015 年 5 月 1 日起正式实施。此为《行政诉讼法》实施 24 年来首次修订，第 3 条第 3 款规定：被诉行政机关负责人应当出庭应诉。不能出庭的，应

---

　　❶　陈海．县长为何出庭当被告［N］．南方周末，2002-01-03.

当委托行政机关相应的工作人员出庭。规定首次明确将行政机关负责人列为行政诉讼之被告。第 66 条第 2 款规定："人民法院对被告经传票传唤无正当理由拒不到庭，或者未经法庭许可中途退庭的，可以将被告拒不到庭或者中途退庭的情况予以公告，并可以向监察机关或者被告的上一级行政机关提出依法给予其主要负责人或者直接责任人员处分的司法建议。"第 3 条第 3 款表明：被诉行政机关负责人出庭应诉是原则，不出庭是例外，并且被诉行政机关负责人在确实不能出庭应诉时，必须委托相应的工作人员出庭应诉，以便确保在行政诉讼案件中有被诉行政机关的工作人员参加诉讼。第 66 条第 2 款的规定，显然是为了使总则第 3 条第 3 款的规定能够落到实处而专门设置的。这种结构安排有助于增强被诉行政机关负责人出庭应诉的实践可行性，使"解决行政争议"的预设目标能够在法律条文和现实操作中得以实现。

表 5-6　被告行政机关负责人出庭的案件

序号	案　号	案件名称
1	（2016）豫 0825 行初 14 号	焦作市圣宝科技制钢有限公司与博爱县住房和城乡建设局城乡建设行政管理局一审行政判决书
2	（2016）鄂09行初4号	应城市和和投资有限公司与应城市人民政府一审行政判决书
3	（2016）鲁 0785 行初 7号	广饶鸿烨盐业有限公司与高密市盐务局行政处罚、行政复议一审行政判决书
4	（2015）高法行初字第 27 号	淮安市祥瑞盐化有限公司与高密市盐务局行政处罚一审行政判决书
5	（2015）高法行初字第 30 号	潍坊市海德盐产品销售有限公司与高密市盐务局行政处罚一审行政判决书
6	（2015）高法行初字第 31 号	潍坊市海德盐产品销售有限公司与高密市盐务局行政处罚一审行政判决书
7	（2015）高法行初字第 28 号	潍坊市海德盐产品销售有限公司与高密市盐务局行政处罚一审行政判决书
8	（2015）高法行初字第 29 号	潍坊市海德盐产品销售有限公司与高密市盐务局行政处罚一审行政判决书
9	（2013）浙湖行终字第 30 号	湖州金能达印染有限公司与浙江省湖州市盐务管理局行政处罚二审行政判决书

续表

序号	案　号	案件名称
10	（2013）浙湖行终字第31号	湖州金能达印染有限公司与浙江省湖州市盐务管理局行政处罚二审行政判决书
11	（2015）亳行终字第00075号	亳州宝隆汽车销售服务有限公司与亳州市工商行政管理局工商行政处罚二审行政判决书

5.11　诉讼代理人

5.11.1　原告代理人类型

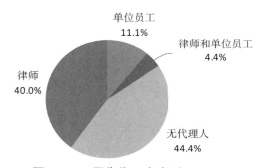

图 5-11　原告代理人类型

　　如图 5-11 所示，在本书统计的 45 件反垄断行政诉讼案件中，判决书中未记载代理人的案件共计 20 件，占 44.4%；原告代理人仅为律师的案件共计 18 件，占 40.0%；原告代理人为单位员工的案件 5 件，占 11.1%；原告代理人为律师和单位员工的案件 2 件，占 4.4%。

　　从以上分析得出，未记载代理人的案件占 44.4%，一般来讲，应当是没有委托代理人，说明原告对是否委托代理人，以及委托律师还是员工作为代理人的法制意识不高，涉及反垄断行政诉讼一般来讲是比较疑难的法律问题，或是行业内普遍的现象，往往会引起较高的关注度，但原告显然没有足够的重视。在约 56.0% 的反垄断行政诉讼中，原告委托了代理人，其中律师占 40.0%，单位员工约占 11.0%。说明律师作为代理人是反垄断行政诉讼中的主要参与者，随着反垄断行政诉讼的深入和实务疑难问题的交叉复杂，律师作为代理人的比例还会持续增长。这方面是专业律师新的业务增长点，可协助审判法官解决专业问题，同时诉讼也是普及竞争文化的一种重要方式。

表 5-7　原告无代理人的案件

序号	案　号	案件名称
1	（2015）穗中法行初字第454号	袁奕丰与广东省通信管理局、工业和信息化部不服行政复议决定一审行政判决书
2	（2014）金婺行初字第39号	马文华与金华市工商行政管理局一审行政判决书
3	（2015）宁行初字第9号	金为发与江苏省商务厅行政批准一审行政判决书
4	（2015）丰行初字第329号	吴丁亚与北京市公安局公安交通管理局丰台交通支队西站大队行政处罚一审行政判决书
5	（2015）中行初字第162号	王连北与郑州市城市公共交通客运管理处一审行政判决书
6	（2015）中行初字第163号	刘涛与郑州市城市公共交通客运管理处一审行政判决书
7	（2015）中行初字第166号	刘玉芳与郑州市城市公共交通客运管理处一审行政判决书
8	（2015）中行初字第161号	孙春梅与郑州市城市公共交通客运管理处一审行政判决书
9	（2015）中行初字第164号	杨刚永与郑州市城市公共交通客运管理处一审行政判决书
10	（2015）中行初字第165号	王开放与郑州市城市公共交通客运管理处一审行政判决书
11	（2014）珠中法行终字第61号	刘其煌与珠海市物价局其他二审行政判决书
12	（2014）松行终字第7号	松原市正兴出租汽车服务有限公司因交通行政许可一案行政判决书
13	（2014）鼓行初字第16号	钟启扬与福建省道路运输管理局一审判决书
14	（2014）深中法行终字第54号	陈书伟与深圳市市场监督管理局其他二审行政判决书
15	（2013）中行初字第201号	张民与郑州市城市公共交通客运管理处履行法定职责一审行政判决书
16	（2013）中行初字第205号	田双林与郑州市城市公共交通客运管理处履行法定职责一审行政判决书

续表

序号	案　号	案件名称
17	（2013）中行初字第 202 号	程建华与郑州市城市公共交通客运管理处履行法定职责一审行政判决书
18	（2013）中行初字第 159 号	王增俊与郑州市城市公共交通客运管理处案
19	（2013）中行初字第 158 号	王长征与郑州市城市公共交通客运管理处案
20	（2014）穗中法行初字第 249 号	陈书伟与广东省发展和改革委员会政府信息公开一审行政判决书

5.11.2　原告委托律所地域分布

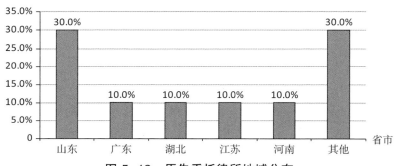

图 5-12　原告委托律所地域分布

如图 5-12 所示，在本书统计的 20 件原告委托律师作为代理人的反垄断行政诉讼案件中，委托山东省律所的案件最多，共计 6 件，占 30.0%；委托广东省律所、湖北律所、江苏律所、河南律所的案件各 2 件，分别占 10.0%；委托其他省律所的案件 6 件，占 30.0%。

从以上分析得出，委托律师作为代理人的案件中，作为代理人的律所山东因占 30% 为第一位，说明山东的原告意识普遍比全国其他地方高，委托广东律所、湖北律所、江苏律所、河南律所的案件分别占 10.0%，位居并列第二位。

结合原告地域分析，前述委托律所作为代理人的区域，同时也是原告占据绝对多数的区域。

5.11.3　被告代理人类型

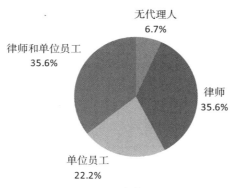

图 5-13　被告代理人类型

如图 5-13 所示，在本书统计的 45 件反垄断行政诉讼案件中，判决书中未记载被告代理人信息的案件 3 件，占 6.7%；被告代理人仅为律师的案件 16 件，占 35.6%；被告代理人为律师和单位员工的案件 16 件，占 35.6%；被告代理人仅为单位员工的案件 10 件，占 22.2%。

从以上分析得出，被告代理人为律师的案件和被告代理人由律师和员工共同代理的案件，均占 35.6%，这说明律师同样是主要的诉讼代理人，但与原告相比，数量稍低。被告是具体行政行为作出机构，在法制意识上要高，而且涉及的案件往往会引发多方关注，案件结果会成为评判是否合法的标准，故往往比较重视案件应诉，会聘请专业律师作为代理人。

表 5-8　被告无代理人的案件

序号	案　号	案件名称
1	（2014）珠中法行终字第 61 号	刘其煌与珠海市物价局二审行政判决书
2	（2013）中行初字第 159 号	王增俊与郑州市城市公共交通客运管理处案
3	（2013）中行初字第 158 号	王长征与郑州市城市公共交通客运管理处案

5.11.4 被告委托律所地域分布

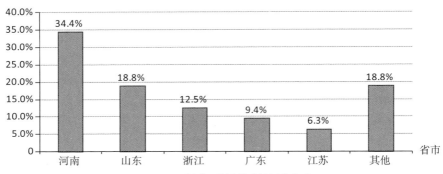

图 5-14 被告委托律所地域分布

如图 5-14 所示，在 32 件被告委托律师作为代理人的反垄断行政诉讼案件中，被告委托河南律所的案件最多，共计 11 件，占 34.4%；其次是委托山东律所的案件，共计 6 件，占 18.8%；委托浙江律所的案件共计 4 件，占 12.5%；委托广东律所的案件共计 3 件，占 9.4%；委托江苏律所的案件共计 2 件，占 6.3%；委托其他省律所的案件共计 6 件，占 18.8%。可以看出，被告委托律所的地域分布与前述原具体行政行为机关的地域分布基本呈现对应关系，说明原具体行政行为机关作为被告时，多倾向于委托本地律所作为代理人。

表 5-9 被告委托律所地域分布

序号	被告委托律所注册地（省/市）	案件数量/件
1	河南	11
2	山东	6
3	浙江	4
4	广东	3
5	江苏	2
6	安徽	1
7	北京	1
8	吉林	1
9	湖北	1

序号	被告委托律所注册地（省/市）	案件数量/件
10	云南	1
11	重庆	1
12	福建	1

5.12　涉案原具体行政行为

5.12.1　涉案原具体行政行为分类（一）

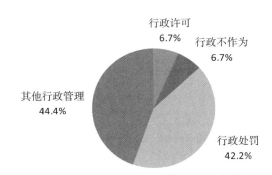

图 5-15　涉案原具体行政行为类型

如图 5-15 所示，在本书统计的 45 件反垄断行政诉讼案件中，被诉原具体行政行为是行政处罚的案件 19 件，占 42.2%；被诉原具体行政行为是行政许可的案件 3 件，占 6.7%；被诉原具体行政行为是行政不作为的案件 3 件，占 6.7%；涉案原具体行政行为是其他行政管理行为的案件 20 件，占 44.4%

从以上分析得出，涉案原具体行政行为是行政管理的案件为 44.4%，占第一位；被诉原具体行政行为是行政处罚的案件为 42.2%，占第二位，第一位和第二位的差距很少，两者数据基本持平。说明行政管理和行政处罚是反垄断行政诉讼中主要的风险类别，应当引起有关行政机关和法律、法规授权的具有管理公共事务职能的组织高度重视。需要注意的是，还有被诉原具体行政行为是行政不作为的案件，涉及行政不作为的案件，可能会存在两种情形：一种是本身具有行政职权没有行使，另一种是本身没有行政职权但原告认为其具有并不行使所导致。所以，此类案件中有关行政机关和法律、法规授权的具有管理公共事务职能的组织应当进行排查和做好息诉的解释工作。

原具体行政行为是行政管理的案件，往往表现为行政机关制定有关规范性文件为主，在深圳市斯维尔科技有限公司诉广东省教育厅涉嫌行政垄断一案中，❶ 行政机关发布的各种"文件""通知"能否作为行政诉讼起诉对象？广州中级人民法院一审认为：该案中的广东省工程造价基本技能省级选拔赛，是由被告广东省教育厅主办的，而省赛组委会发布的各种"赛项通知""赛项技术规范""竞赛规程"，也都是经过省教育厅审核通过方才对外公布的。因此，"指定独家参赛软件"行为是广东省教育厅作出的行政行为，依法属于行政诉讼的受案范围。

表 5-10　涉案原具体行政行为是行政处罚的案件

序号	案　号	案件名称
1	（2016）京 0102 行初 1070 号	山东鸿信会计师事务所有限公司与国家工商行政管理总局等其他一审行政判决书
2	（2016）豫 0825 行初 14 号	焦作市圣宝科技制钢有限公司与博爱县住房和城乡建设局城乡建设行政管理其他一审行政判决书
3	（2015）穗中法行初字第 454 号	袁奕丰与广东省通信管理局、工业和信息化部不服行政复议决定一审行政判决书
4	（2015）尖行初字第 2 号	黑龙江广播电视网络股份有限公司集贤分公司诉与双鸭山市工商行政管理局行政处罚行政判决书
5	（2014）金婺行初字第 39 号	马文华与金华市工商行政管理局一审行政判决书
6	（2014）鄂西陵行初字第 00004 号	兴山天星供电有限公司与宜昌市工商行政管理局工商行政处罚一审行政判决书

---

❶ 该案案情为：2014 年年初，教育部首次将"工程造价基本技能"列为"2013—2015 年全国职业院校技能大赛"赛项之一。4 月 1 日，以广东省教育厅、高职院校、行业企业等组成的工程造价广东"省赛"组委会发通知称，大赛由广东省教育厅主办，广州城建职业学院承办，广联达软件股份有限公司"协办"。在随后组委会公布的《赛项技术规范》和《竞赛规程》中都明确，赛事软件指定使用广联达独家的认证系统、广联达土建算量软件 GCL2013 和广联达钢筋算量软件 GGJ2013。一直在积极介入"工程造价基本技能"国赛和各地省赛的斯维尔公司，认为广东省教育厅指定独家赛事软件的做法，有滥用行政权力之嫌，违反了《反垄断法》。斯维尔公司表示，独家指定广联达的做法对斯维尔造成的损失很大：（1）培训学校为了参加"省赛"和"国赛"，就要购买广联达软件；（2）这些学生毕业后进入施工单位、造价咨询公司，会倾向性选择广联达软件。从长远市场战略看，如果不对这种行政指定产品的做法加以制止，工程造价技能软件的市场将会造成"一家独大"的局面，斯维尔将无立足之地。经多次与省教育厅商洽无果后，2014 年 4 月 26 日，斯维尔向广州市中级人民法院提起行政诉讼，请求法院判决确认广东省教育厅滥用行政权力指定广联达产品为独家参赛软件的行为违法，该案目前二审中。

续表

序号	案 号	案件名称
7	（2016）鲁0785行初7号	广饶鸿烨盐业有限公司与高密市盐务局行政处罚、行政复议一审行政判决书
8	（2015）丰行初字第329号	吴丁亚与北京市公安局公安交通管理局丰台交通支队西站大队行政处罚一审行政判决书
9	（2015）高法行初字第27号	淮安市祥瑞盐化有限公司与高密市盐务局行政处罚一审行政判决书
10	（2015）高法行初字第30号	潍坊市海德盐产品销售有限公司与高密市盐务局行政处罚一审行政判决书
11	（2015）高法行初字第31号	潍坊市海德盐产品销售有限公司与高密市盐务局行政处罚一审行政判决书
12	（2015）高法行初字第28号	潍坊市海德盐产品销售有限公司与高密市盐务局行政处罚一审行政判决书
13	（2015）高法行初字第29号	潍坊市海德盐产品销售有限公司与高密市盐务局行政处罚一审行政判决书
14	（2013）浙湖行终字第30号	湖州金能达印染有限公司与浙江省湖州市盐务管理局行政处罚二审行政判决书（1）
15	（2013）浙湖行终字第31号	湖州金能达印染有限公司与浙江省湖州市盐务管理局行政处罚二审行政判决书（2）
16	（2013）中行初字第158号	王长征与郑州市城市公共交通客运管理处案
17	（2013）浙湖行终字第21号	湖州金能达印染有限公司与浙江省湖州市盐务管理局行政处罚二审行政判决书
18	（2015）昆行终字第154号	西双版纳旅游客运汽车有限公司与云南省工商行政管理局工商行政处罚二审行政判决书
19	（2015）亳行终字第00075号	亳州宝隆汽车销售服务有限公司与亳州市工商行政管理局工商行政处罚二审行政判决书

表 5-11 涉案原具体行政行为是行政许可的案件

序号	案 号	案件名称
1	（2014）盱行初字第0004号	金为发与盱眙县运输管理所行政撤销、行政许可一审行政判决书

续表

序号	案　　号	案件名称
2	（2015）宁行初字第 9 号	金为发与江苏省商务厅行政批准一审行政判决书
3	（2014）松行终字第 7 号	上诉人松原市正兴出租汽车服务有限公司因交通行政许可一案行政判决书

表 5-12　涉案原具体行政行为是行政不作为的案件

序号	案　　号	案件名称
1	（2015）杭西行初字第 337 号	海宁市海州天友房产经纪服务所与浙江省工商行政管理局不履行法定职责一审行政判决书
2	（2014）珠中法行终字第 61 号	刘其煌与珠海市物价局其他二审行政判决书
3	（2014）深中法行终字第 54 号	陈书伟与深圳市市场监督管理局其他二审行政判决书

表 5-13　涉案原具体行政行为是其他行政管理行为的案件

序号	案　　号	案件名称
1	（2016）渝 03 行终 113 号	垫江县经济和信息化委员会与垫江县东渝燃气有限公司其他行政行为上诉案
2	（2016）鄂 09 行初 4 号	应城市和和投资有限公司与应城市人民政府一审行政判决书
3	（2016）粤 15 行初 4 号	汕尾市真诚公共汽车运输有限公司与汕尾市人民政府其他一审行政判决书
4	（2015）温鹿行初字第 267 号	温州天平房地产估价所有限公司与温州市人民政府国有资产监督管理委员会一审行政判决书
5	（2015）中行初字第 162 号	王连北与郑州市城市公共交通客运管理处一审行政判决书
6	（2015）中行初字第 163 号	刘涛与郑州市城市公共交通客运管理处一审行政判决书
7	（2015）中行初字第 166 号	刘玉芳与郑州市城市公共交通客运管理处一审行政判决书

续表

序号	案　号	案件名称
8	（2015）中行初字第161号	孙春梅与郑州市城市公共交通客运管理处一审行政判决书
9	（2015）中行初字第164号	杨刚永与郑州市城市公共交通客运管理处一审行政判决书
10	（2015）中行初字第165号	王开放与郑州市城市公共交通客运管理处一审行政判决书
11	（2015）宁行初字第16号	南京发尔士新能源有限公司与南京市江宁区人民政府市容环境卫生管理行政决定案行政判决书
12	（2014）穗中法行初字第149号	深圳市斯维尔科技有限公司与广东省教育厅、广联达软件股份有限公司其他一审行政判决书
13	（2014）鼓行初字第16号	钟启扬与福建省道路运输管理局一审判决书
14	（2013）中行初字第201号	张民与郑州市城市公共交通客运管理处履行法定职责一审行政判决书
15	（2013）中行初字第205号	田双林与郑州市城市公共交通客运管理处履行法定职责一审行政判决书
16	（2013）中行初字第202号	程建华与郑州市城市公共交通客运管理处履行法定职责一审行政判决书
17	（2013）中行初字第159号	王增俊与郑州市城市公共交通客运管理处案
18	（2010）山行初字第9号	南化盐业（福州）有限公司焦作分公司与焦作市工商行政管理局山阳分局管理纠纷案
19	（2009）浙嘉行终字第24号	平湖市南市白蚁防治站与平湖市规划与建设局行政命令二审行政判决书
20	（2014）穗中法行初字第249号	陈书伟与广东省发展和改革委员会政府信息公开一审行政判决书

5.12.2 涉案原具体行政行为分类（二）

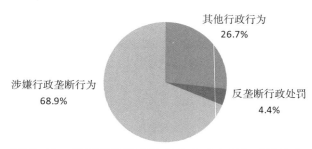

图 5-16　涉案原具体行政行为中反垄断行政处罚占比

如图 5-16 所示，在本书统计的 45 件反垄断行政诉讼案件中，涉案原具体行政行为是反垄断行政处罚的案件 2 件，占 4.4%；涉案原具体行政行为涉嫌行政垄断的案件 31 件，占 68.9%；涉案原具体行政行为为其他行政行为的案件 12 件，占比 26.7%。

有关行政机关和法律、法规授权的具有管理公共事务职能组织的行政垄断方式往往与发布规范性文件，行使行政管理职权密切相关，严格实施公平竞争审查是预防类似风险的重要措施。涉案原具体行政行为是反垄断行政处罚的案件尽管目前数量不多，但随着反垄断行政执法数量增加，被处罚者维权意识提升，以及对反垄断中的疑难问题和《反垄断法》的理解存在偏差，案件可能会有一定的增长。

在广东省教育厅涉嫌行政垄断一案中，广州市中级人民法院在一审判决指出：根据《反垄断法》第 32 条，行政机关和法律、法规授权的具有管理公共事务职能的组织不得滥用行政权力，限定或者变相限定单位或者个人经营、购买、使用其指定的经营者提供的商品。省教育厅"指定独家参赛软件"行为符合构成行政垄断的要素条件，即在主体上，省教育厅是"行政机关和法律、法规授权的具有管理公共事务职能的组织"；在行为上，其"指定独家参赛软件行为"符合"限定或者变相限定单位或者个人经营、购买、使用其指定的经营者提供的商品"；至于"滥用行政权力"，法院依据行政诉讼法规定"行政机关应对自己的具体行政行为负有举证责任"，认定省教育厅对自己"指定独家参赛软件"行为不能提供证据证明其合法性，为此教育厅构成"滥用行政权力"。❶

---

❶　目前该案二审结果未出。

表 5-14　涉案原具体行政行为是反垄断行政处罚的案件

序号	案　号	案件名称
1	（2016）京 0102 行初 1070 号	山东鸿信会计师事务所有限公司与国家工商行政管理总局等其他一审行政判决书
2	（2014）金婺行初字第 39 号	马文华与金华市工商行政管理局一审行政判决书

表 5-15　涉案原具体行政行为涉嫌行政垄断的案件

序号	案　号	案件名称
1	（2016）豫 0825 行初 14 号	焦作市圣宝科技制钢有限公司与博爱县住房和城乡建设局城乡建设行政管理其他一审行政判决书
2	（2014）盱行初字第 0004 号	金为发与盱眙县运输管理所行政撤销、行政许可一审行政判决书
3	（2015）宁行初字第 9 号	金为发与江苏省商务厅行政批准一审行政判决书
4	（2016）渝 03 行终 113 号	垫江县经济和信息化委员会与垫江县东渝燃气有限公司其他行政行为上诉案
5	（2016）鄂 09 行初 4 号	应城市和和投资有限公司与应城市人民政府一审行政判决书
6	（2016）粤 15 行初 4 号	汕尾市真诚公共汽车运输有限公司与汕尾市人民政府其他一审行政判决书
7	（2016）鲁 0785 行初 7 号	广饶鸿烨盐业有限公司与高密市盐务局行政处罚、行政复议一审行政判决书
8	（2015）温鹿行初字第 267 号	温州天平房地产估价所有限公司与温州市人民政府国有资产监督管理委员会一审行政判决书
9	（2015）丰行初字第 329 号	吴丁亚与北京市公安局公安交通管理局丰台交通支队西站大队行政处罚一审行政判决书
10	（2015）高法行初字第 27 号	淮安市祥瑞盐化有限公司与高密市盐务局行政处罚一审行政判决书
11	（2015）高法行初字第 30 号	潍坊市海德盐产品销售有限公司与高密市盐务局行政处罚一审行政判决书

续表

序号	案　号	案件名称
12	（2015）高法行初字第31号	潍坊市海德盐产品销售有限公司与高密市盐务局行政处罚一审行政判决书
13	（2015）高法行初字第28号	潍坊市海德盐产品销售有限公司与高密市盐务局行政处罚一审行政判决书
14	（2015）高法行初字第29号	潍坊市海德盐产品销售有限公司与高密市盐务局行政处罚一审行政判决书
15	（2015）中行初字第162号	王连北与郑州市城市公共交通客运管理处一审行政判决书
16	（2015）中行初字第163号	刘涛与郑州市城市公共交通客运管理处一审行政判决书
17	（2015）中行初字第166号	刘玉芳与郑州市城市公共交通客运管理处一审行政判决书
18	（2015）中行初字第161号	孙春梅与郑州市城市公共交通客运管理处一审行政判决书
19	（2015）中行初字第164号	杨刚永与郑州市城市公共交通客运管理处一审行政判决书
20	（2015）中行初字第165号	王开放与郑州市城市公共交通客运管理处一审行政判决书
21	（2015）宁行初字第16号	南京发尔士新能源有限公司与南京市江宁区人民政府市容环境卫生管理行政决定案行政判决书
22	（2014）穗中法行初字第149号	深圳市斯维尔科技有限公司与广东省教育厅、广联达软件股份有限公司其他一审行政判决书
23	（2014）松行终字第7号	松原市正兴出租汽车服务有限公司交通行政许可一案行政判决书
24	（2014）鼓行初字第16号	钟启扬与福建省道路运输管理局一审判决书
25	（2013）中行初字第201号	张民与郑州市城市公共交通客运管理处履行法定职责一审行政判决书
26	（2013）中行初字第205号	田双林与郑州市城市公共交通客运管理处履行法定职责一审行政判决书

续表

序号	案　号	案件名称
27	（2013）中行初字第202号	程建华与郑州市城市公共交通客运管理处履行法定职责一审行政判决书
28	（2013）中行初字第159号	王增俊与郑州市城市公共交通客运管理处案
29	（2013）中行初字第158号	王长征与郑州市城市公共交通客运管理处案
30	（2010）山行初字第9号	南化盐业（福州）有限公司焦作分公司与焦作市工商行政管理局山阳分局管理纠纷案
31	（2009）浙嘉行终字第24号	平湖市南市白蚁防治站与平湖市规划与建设局行政命令二审行政判决书

5.12.3　被告涉嫌行政垄断行为具体类型

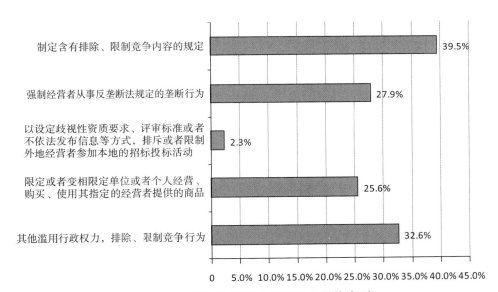

图 5-17　被告涉嫌行政垄断行为具体类型

如图5-17所示，在本书统计的45件被告涉嫌行政垄断行为的案件中，被告涉嫌制定含有排除、限制竞争内容的文件的案件17件，占39.5%；被告涉嫌强制经营者从事《反垄断法》规定的垄断行为的案件12件，占27.9%；被告涉嫌以设定歧视性资质要求、评审标准或者不依法发布信息等方式，排斥或者限制外地经营者参加本地招标投标活动的案件 1 件，占 2.3%；被告涉嫌限定或者变相限定单位或者个人经营、购买、使用其指定的经营者提供的商品的案件 11 件，占 25.6%；被告涉嫌其他滥用行政权力，排除限制竞争行为的案件 14 件，占 32.6%。

从以上分析得出，在被诉的 43 件涉及行政垄断的反垄断行政诉讼中，被告涉嫌制定含有排除、限制竞争内容的文件的案件约占 39.5%，位居第一位；被告涉嫌强制经营者从事《反垄断法》规定的垄断行为的案件约占 27.9%，位居第二位；被告涉嫌限定或者变相限定单位或者个人经营、购买、使用其指定的经营者提供的商品的案件约占 25.6%，位居第三位。前述三种行为是目前我国行政垄断中，最主要的行政垄断手段和方式，有关行政机关和法律、法规授权的具有管理公共事务职能的组织，在制定有关文件过程中，应当开门立法，听取有关意见，没有经过公平竞争审查的文件不得出台和实施，不得强制经营者从事《反垄断法》规定的垄断行为，以及限定或者变相限定单位或者个人经营、购买、使用其指定的经营者提供的商品，聘请有关专业人士做好参谋顾问，就有关职权涉及的行政许可、行政查处、行政管理等，邀请有关《反垄断法》专业人员讲座、论证和研讨，提升执法管理水平和应对反垄断行政诉讼的能力。

立法机关在反垄断中对各类行政垄断行为（包括具体性行政行为和抽象性行政垄断行为）作了禁止规定，但《反垄断法》本身并没有对行政相对人因行政机关滥用行政权力排除、限制竞争而侵害自身合法权益如何救济作出规定。由于行政诉讼对抽象行政行为和具体行政行为作出区分，而行政垄断往往又是地方政府以红头文件或规章制度的形式出现，并不是针对某一个企业的具体行政行为，所以，行政垄断往往难以进入诉讼渠道。法院不能受理抽象行政行为，反垄断机构也没有直接处理的权力，最后往往导致"没人管"。❶ 2014 年 11 月 1 日，《行政诉讼法》作出较大的修改，《最高人民法院关于执行〈中华人民共和国行政诉讼法〉若干问题的解释》第 13 条第 1 款规定：被诉的具体行政行为涉及其相邻权或者公平竞争权的，公民、法人和其他组织可以依法提起行政诉讼。《行政诉讼法》的修改直接把"认为行政机关滥用行政权力排除或者限制竞争的"行为纳入到受案范围中，使得行政垄断行为将进入行政诉讼

---

❶ 周东旭．王晓晔：行政垄断案件为何罕见 [N]．财新周刊，2014-09-15．

的范围。❶

表 5-16　被告涉嫌制定含有排除、限制竞争内容的案件

序号	案　号	案件名称
1	（2014）盱行初字第0004号	金为发与盱眙县运输管理所行政撤销、行政许可一审行政判决书
2	（2015）宁行初字第9号	金为发与江苏省商务厅行政批准一审行政判决书
3	（2016）渝03行终113号	垫江县经济和信息化委员会与垫江县东渝燃气有限公司其他行政行为上诉案
4	（2015）丰行初字第329号	吴丁亚与北京市公安局公安交通管理局丰台交通支队西站大队行政处罚一审行政判决书
5	（2015）中行初字第162号	王连北与郑州市城市公共交通客运管理处一审行政判决书
6	（2015）中行初字第163号	刘涛与郑州市城市公共交通客运管理处一审行政判决书
7	（2015）中行初字第166号	刘玉芳与郑州市城市公共交通客运管理处一审行政判决书
8	（2015）中行初字第161号	孙春梅与郑州市城市公共交通客运管理处一审行政判决书
9	（2015）中行初字第164号	杨刚永与郑州市城市公共交通客运管理处一审行政判决书
10	（2015）中行初字第165号	王开放与郑州市城市公共交通客运管理处一审行政判决书
11	（2015）宁行初字第16号	南京发尔士新能源有限公司与南京市江宁区人民政府市容环境卫生管理行政决定案行政判决书

---

❶　《行政诉讼法》（1989 年）第 2 条规定："公民、法人或者其他组织认为行政机关和行政机关工作人员的具体行政行为侵犯其合法权益，有权依照本法向人民法院提起诉讼。"《行政诉讼法》（2014年）第 2 条规定："公民、法人或者其他组织认为行政机关和行政机关工作人员的具体行政行为侵犯其合法权益，有权依照本法向人民法院提起诉讼。前款所称行政行为，包括法律、法规、规章授权的组织作出的行政行为。"第 12 条第 1 款规定：　"人民法院受理公民、法人或者其他组织提起的下列诉讼：……（八）认为行政机关滥用行政权力排除或者限制竞争的，……"

续表

序号	案　号	案件名称
12	（2014）穗中法行初字第 149 号	深圳市斯维尔科技有限公司与广东省教育厅、广联达软件股份有限公司其他一审行政判决书
13	（2014）松行终字第 7 号	松原市正兴出租汽车服务有限公司因交通行政许可一案行政判决书
14	（2014）鼓行初字第 16 号	钟启扬与福建省道路运输管理局一审判决书
15	（2013）中行初字第 201 号	张民与郑州市城市公共交通客运管理处履行法定职责一审行政判决书
16	（2013）中行初字第 159 号	王增俊与郑州市城市公共交通客运管理处案
17	（2013）中行初字第 158 号	王长征与郑州市城市公共交通客运管理处案

5.13　原告申请行政复议情况

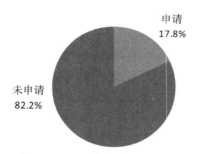

图 5-18　原告申请行政复议情况

如图 5-18 所示，在本书统计的 45 件反垄断行政诉讼案件中，原告在提起行政诉讼前申请行政复议的案件 8 件，占 17.8%；原告未申请行政复议的案件 37 件，占 82.2%。

从以上分析得出，原告未申请行政复议的案件居大多数，仅少部分案件在行政诉讼前经过行政复议程序，目前未发生经营者集中的反垄断行政诉讼案件。

反垄断执法机构作出的行政处罚属于可复议的具体行政行为，复议程序应适用《行政复议法》《行政复议法实施条例》。此外，国家工商总局和国家发改委还就其各自受理、审查行政复议申请专门制定了《国家工商行政管理总局行政复议程序规则》和《国家发展和改革委员会行政复议实施办法》。对反垄断行政处罚而言，行政复议并非行政诉讼的前置程序。申请人既可以选择行政复议，也可以选择直接提起行政诉讼。申请人应在收到行政处罚决定书之日起60日内提起复议，或在3个月内直接向人民法院提起行政诉讼。

《反垄断法》中的涉及经营者集中的案件，行政复议属于前置程序。《反垄断法》第53条规定："对反垄断执法机构依据本法第28条、第29条作出的决定不服的，可以先依法申请行政复议；对行政复议决定不服的，可以依法提起行政诉讼。"

表 5-17　原告申请行政复议的案件

序号	案　号	案件名称
1	（2016）京 0102 行初 1070 号	山东鸿信会计师事务所有限公司与国家工商行政管理总局等其他一审行政判决书
2	（2015）穗中法行初字第 454 号	袁奕丰与广东省通信管理局、工业和信息化部不服行政复议决定 2015 行初 454 一审行政判决书
3	（2014）金婺行初字第 39 号	马文华与金华市工商行政管理局一审行政判决书
4	（2016）鲁 0785 行初 7 号	广饶鸿烨盐业有限公司与高密市盐务局行政处罚、行政复议一审行政判决书
5	（2014）珠中法行终字第 61 号	刘其煌与珠海市物价局其他二审行政判决书
6	（2014）深中法行终字第 54 号	陈书伟与深圳市市场监督管理局其他二审行政判决书
7	（2013）浙湖行终字第 30 号	湖州金能达印染有限公司与浙江省湖州市盐务管理局行政处罚二审行政判决书
8	（2013）浙湖行终字第 21 号	湖州金能达印染有限公司与浙江省湖州市盐务管理局行政处罚二审行政判决书

5.14 一审法院地域分布

5.14.1 行政地域

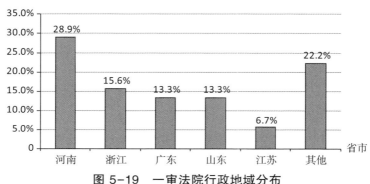

图 5-19 一审法院行政地域分布

如图 5-19 所示，在本书统计的 45 件反垄断行政诉讼案件中，一审法院在河南的案件最多，共计 13 件，占 28.9%；其次是一审法院在浙江的案件 7 件，占 15.6%；一审法院在广东的案件 6 件，占 13.3%；一审法院在山东的案件 6 件，占 13.3%；一审法院在江苏的案件 3 件，占 6.7%；一审法院在其他省份的案件 10 件，占 22.2%。

从以上分析得出，法院审理的案件与被告地域是一致的，被告多的地区法院审理的案件就相对多。

5.14.2 原告所在地及被告所在地占比

在本书统计的 45 件反垄断行政诉讼案件，一审法院均为被告所在地法院。

5.15 一审法院级别管辖

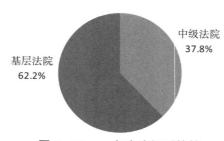

图 5-20 一审法院级别管辖

如图 5-20 所示，在本书统计的 45 件反垄断行政诉讼案件中，一审案件在基层法院的共计 28 件，占 62.2%；一审案件在中级人民法院的 17 件，占 37.8%。

就法院级别管辖的确定，作出具体行政行为的机构是市政府的直属机构，对其有管辖权的法院应当是其所在地的基层人民法院。地域管辖是在级别管辖的基础上解决同级人民法院之间受理第一审行政案件的权限分工，行政诉讼的地域管辖可以分为一般地域管辖和特殊地域管辖。一般地域管辖是指适用于一般行政案件、按照一般标准确定的管辖。地域管辖的一般标准是：行政案件原则上由最初作出具体行为的行政机关所在地人民法院管辖。该标准包含两层含义：首先，行政诉讼中地域管辖的确定一般遵循"原告就被告"的原则，公民、法人或其他组织应该向被告行政机关所在地人民法院起诉；其次，公民、法人或其他组织应该向最初作出具体行政行为的行政机关所在地人民法院起诉，之所以加"最初"这一限定，是因为有些行政案件是经过行政复议的，这时客观上存在两个行政机关，需要予以明确。特殊地域管辖是指适用于特殊案件，按照特殊标准来确定的管辖。行政案件是复杂的，有时因为某种特殊因素的存在，根据一般标准来确定地域管辖可能会导致不公平，因此需要按照特殊标准来确定管辖。行政诉讼中的特殊地域管辖具体包括以下三种：（1）经复议的选择管辖，可以按一般标准由原行为机关所在地法院管辖，也可以由复议机关所在地法院管辖，根据原告的选择来确定。至于行政复议机关改变原具体行政行为包括：一是对原具体行政行为所认定的主要事实和证据的变更；二是变更原具体行政行为所适用的规范性文件，对定性产生影响；三是变更处理结果。（2）因不动产提起诉讼的，由不动产所在地人民法院专属管辖。（3）对限制人身自由的行政强制措施不服而提起诉讼的，由被告所在地或原告所在地管辖。原告所在地包括原告户籍所在地、经常居住地和被限制人身自由地。

表 5-18　一审在中级人民法院审理的案件

序号	案　号	案件名称
1	（2015）穗中法行初字第 454 号	袁奕丰与广东省通信管理局、工业和信息化部不服行政复议决定 2015 行初 454 一审行政判决书
2	（2015）宁行初字第 9 号	金为发与江苏省商务厅行政批准一审行政判决书
3	（2016）渝 03 行终 113 号	垫江县经济和信息化委员会与垫江县东渝燃气有限公司其他行政行为上诉案

续表

序号	案 号	案件名称
4	（2016）鄂 09 行初 4 号	应城市和和投资有限公司与应城市人民政府一审行政判决书
5	（2016）粤 15 行初 4 号	汕尾市真诚公共汽车运输有限公司与汕尾市人民政府其他一审行政判决书
6	（2015）宁行初字第 16 号	南京发尔士新能源有限公司与南京市江宁区人民政府市容环境卫生管理行政决定案的行政判决书
7	（2014）穗中法行初字第 149 号	深圳市斯维尔科技有限公司与广东省教育厅、广联达软件股份有限公司其他一审行政判决书

5.16 一审法院审理期限分布

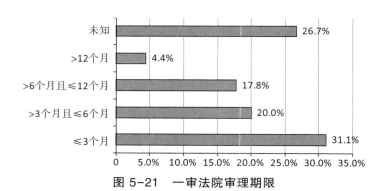

图 5-21　一审法院审理期限

如图 5-21 所示，在本书统计的 45 件反垄断行政诉讼案件中，一审审理期限在 3 个月以内的案件共计 12 件，占 31.1%；一审审理期限超过 3 个月且在 6 个月以内的案件 9 件，占 20.0%；一审审理期限超过 6 个月且在 12 个月以内的案件 8 件，占 17.8%；一审审理期限超过 12 个月的案件 2 件，占 4.4%；另有一审审理期限未知的案件 12 件，占 26.7%。

从以上分析得出，6 个月以内审结的案件和超过 6 个月审结的案件比例相当，各约占 50%。其中，一审审理期限在 3 个月以内的案件占 31.1%，这部分案件肯定是实体涉及反垄断法律问题，但在立案时并没有以垄断纠纷为案由，因此，基层法院适用简易程序审理，时限较短。

5.17 一审判决结果分析

5.17.1 一审判决结果

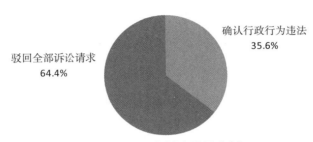

确认行政行为违法
35.6%

驳回全部诉讼请求
64.4%

图 5-22 审判决结果分析

如图 5-22 所示，在本书统计的 45 件反垄断行政诉讼案件中，一审判决驳回原告全部诉讼请求的案件 29 件，占 64.4%；一审判决确认被告具体行政行为违法的案件 16 件，占比 35.6%。从以上分析得出，全部驳回原告的诉讼请求和加上部分支持原告的诉讼请求，共约占 71%，说明反垄断行政诉讼案件中原告胜诉率不高，但总体又高于反垄断民事诉讼的比例。

表 5-19 一审判决确认被告具体行政行为违法或无效的案件

序号	案　号	案件名称
1	（2015）穗中法行初字第 454 号	袁奕丰与广东省通信管理局、工业和信息化部不服行政复议决定一审行政判决书
2	（2014）盱行初字第 0004 号	金为发与盱眙县运输管理所行政撤销、行政许可一审行政判决书
3	（2016）鄂09行初4号	应城市和和投资有限公司与应城市人民政府一审行政判决书
4	（2015）中行初字第 162 号	王连北与郑州市城市公共交通客运管理处一审行政判决书
5	（2015）中行初字第 163 号	刘涛与郑州市城市公共交通客运管理处一审行政判决书
6	（2015）中行初字第 166 号	刘玉芳与郑州市城市公共交通客运管理处一审行政判决书

续表

序号	案　号	案件名称
7	（2015）中行初字第161号	孙春梅与郑州市城市公共交通客运管理处一审行政判决书
8	（2015）中行初字第164号	杨刚永与郑州市城市公共交通客运管理处一审行政判决书
9	（2015）中行初字第165号	王开放与郑州市城市公共交通客运管理处一审行政判决书
10	（2015）宁行初字第16号	南京发尔士新能源有限公司与南京市江宁区人民政府市容环境卫生管理行政决定案行政判决书
11	（2014）穗中法行初字第149号	深圳市斯维尔科技有限公司与广东省教育厅、广联达软件股份有限公司其他一审行政判决书
12	（2013）中行初字第201号	张民与郑州市城市公共交通客运管理处履行法定职责一审行政判决书
13	（2013）中行初字第205号	田双林与郑州市城市公共交通客运管理处履行法定职责一审行政判决书
14	（2013）中行初字第202号	程建华与郑州市城市公共交通客运管理处履行法定职责一审行政判决书
15	（2013）中行初字第159号	王增俊与郑州市城市公共交通客运管理处案
16	（2013）中行初字第158号	王长征与郑州市城市公共交通客运管理处案

5.17.2　认定行政垄断情况

图 5-23　行政垄断认定情况

如图 5-23 所示，在本书统计的 31 件被告涉嫌行政垄断的行政诉讼案件中，一审法院认定被告构成行政垄断行为的案件共计 13 件，占比 41.9%；一审法院认定被告不构成行政垄断行为的案件共计 18 件，占比 58.1%。

从以上分析得出，一审法院认定被告构成行政垄断行为的案件约占 30.2%，说明原告的胜诉比例较高，这与反垄断行政诉讼中取证比反垄断民事诉讼简单，违法行为的判断也没有反垄断民事诉讼复杂有关，我国有关行政机关和法律、法规授权的具有管理公共事务职能的组织，只有重视行政垄断预防工作，后续的反垄断行政诉讼案件才会降低，胜诉率才会提高。

表 5-20　一审判决认定被告行为构成行政垄断的案件

序号	案　号	案件名称
1	（2016）渝 03 行终 113 号	垫江县经济和信息化委员会与垫江县东渝燃气有限公司其他行政行为上诉案
2	（2016）鄂 09 行初 4 号	应城市和和投资有限公司与应城市人民政府一审行政判决书
3	（2015）中行初字第 162 号	王连北与郑州市城市公共交通客运管理处一审行政判决书
4	（2015）中行初字第 163 号	刘涛与郑州市城市公共交通客运管理处一审行政判决书
5	（2015）中行初字第 166 号	刘玉芳与郑州市城市公共交通客运管理处一审行政判决书
6	（2015）中行初字第 161 号	孙春梅与郑州市城市公共交通客运管理处一审行政判决书
7	（2015）中行初字第 164 号	杨刚永与郑州市城市公共交通客运管理处一审行政判决书
8	（2015）中行初字第 165 号	王开放与郑州市城市公共交通客运管理处一审行政判决书
9	（2015）宁行初字第 16 号	南京发尔士新能源有限公司与南京市江宁区人民政府市容环境卫生管理行政决定案行政判决书
10	（2014）穗中法行初字第 149 号	深圳市斯维尔科技有限公司与广东省教育厅、广联达软件股份有限公司其他一审行政判决书
11	（2013）中行初字第 159 号	王增俊与郑州市城市公共交通客运管理处案

续表

序号	案　号	案件名称
12	（2013）中行初字第158号	王长征与郑州市城市公共交通客运管理处案
13	（2009）浙嘉行终字第24号	平湖市南市白蚁防治站与平湖市规划与建设局行政命令二审行政判决书

5.17.3 认定被告不构成行政垄断行为的原因

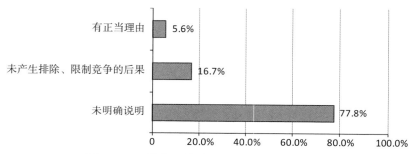

图 5-24 被告不构成行政垄断行为的原因

如图 5-24 所示，在本书统计的一审认定被告不构成行政垄断行为的 18 件行政诉讼案件中，一审法院认为被告具有正当理由的案件 1 件，占 5.6%；一审法院认为被告具体行政行为未产生排除、限制竞争后果故不构成行政垄断的案件 3 件，占 16.7%；另有 14 件案件判决书中未明确说明一审法院认定被告不构成行政垄断行为的原因。

从以上分析得出，法院认为被告具体行政行为未产生排除、限制竞争后果故不构成行政垄断的案件 16.7%，这是一个很好的信息，因为反垄断行政诉讼在我国仍然属于萌芽期，法院对于此类案件的审理没有经验，并且反垄断法与经济法相交织等，需要考量产业政策，审理难度较大，进行有关是否产生排除、限制竞争后果的分析更加疑难。当然，也存在很多不足，如约 78.0% 的案件在判决书中未明确说明一审法院认定被告不构成行政垄断行为的具体原因。这可能与承办法官年龄、工作量、背景等具有一定关系。

表 5-21　一审判决认定被告不构成行政垄断行为的案件

序号	案　号	案件名称
1	（2016）豫 0825 行初14 号	焦作市圣宝科技制钢有限公司与博爱县住房和城乡建设局城乡建设行政管理其他一审行政判决书
2	（2014）盱行初字第0004 号	金为发与盱眙县运输管理所行政撤销、行政许可一审行政判决书
3	（2015）宁行初字第9 号	金为发与江苏省商务厅行政批准一审行政判决书
4	（2016）粤 15 行初 4号	汕尾市真诚公共汽车运输有限公司与汕尾市人民政府其他一审行政判决书
5	（2016）鲁 0785 行初7 号	广饶鸿烨盐业有限公司与高密市盐务局行政处罚、行政复议一审行政判决书
6	（2015）温鹿行初字第 267 号	温州天平房地产估价所有限公司与温州市人民政府国有资产监督管理委员会一审行政判决书
7	（2015）丰行初字第329 号	吴丁亚与北京市公安局公安交通管理局丰台交通支队西站大队行政处罚一审行政判决书
8	（2015）高法行初字第 27 号	淮安市祥瑞盐化有限公司与高密市盐务局行政处罚一审行政判决书
9	（2015）高法行初字第 30 号	潍坊市海德盐产品销售有限公司与高密市盐务局行政处罚一审行政判决书
10	（2015）高法行初字第 31 号	潍坊市海德盐产品销售有限公司与高密市盐务局行政处罚一审行政判决书
11	（2015）高法行初字第 28 号	潍坊市海德盐产品销售有限公司与高密市盐务局行政处罚一审行政判决书
12	（2015）高法行初字第 29 号	潍坊市海德盐产品销售有限公司与高密市盐务局行政处罚一审行政判决书
13	（2014）松行终字第7 号	上诉人松原市正兴出租汽车服务有限公司因交通行政许可一案行政判决书
14	（2014）鼓行初字第16 号	钟启扬与福建省道路运输管理局一审判决书
15	（2013）中行初字第201 号	张民与郑州市城市公共交通客运管理处履行法定职责一审行政判决书

续表

序号	案　号	案件名称
16	（2013）中行初字第205号	田双林与郑州市城市公共交通客运管理处履行法定职责一审行政判决书
17	（2013）中行初字第202号	程建华与郑州市城市公共交通客运管理处履行法定职责一审行政判决书
18	（2010）山行初字第9号	南化盐业（福州）有限公司焦作分公司与焦作市工商行政管理局山阳分局管理纠纷案

5.17.4 消费者福利分析

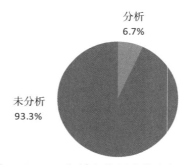

图 5-25　一审判决分析消费者福利案件占比

如图 5-25 所示，在本书统计的 45 件反垄断行政诉讼案件中，一审判决对被告具体行政行为对消费者福利的影响进行分析的案件 3 件，占 6.7%；在另 42 件案件中一审判决未对此进行分析，占 93.3%。

从以上分析得出，在反垄断行政诉讼中，一审判决对被告具体行政行为对消费者福利的影响进行分析的案件占 6.7%，这个比例是相当的低；在反垄断民事诉讼中，一审判决对被告行为是否影响消费者福利进行分析的案件占 15%，在考量消费者福利因素上反垄断民事诉讼超过反垄断行政诉讼一倍。反垄断法的意义体现在其追求的竞争过程本身以及与竞争相关的经济福利。如果不考量和分析是否影响消费者福利，笔者认为是不当的，建议司法机构在审理反垄断案件中多关注消费者福利。

表 5-22　一审判决分析消费者福利的案件

序号	案　　号	案件名称
1	（2014）穗中法行初字第 149 号	深圳市斯维尔科技有限公司与广东省教育厅、广联达软件股份有限公司其他一审行政判决书
2	（2014）珠中法行终字第 61 号	刘其煌与珠海市物价局其他二审行政判决书
3	（2014）深中法行终字第 54 号	陈书伟与深圳市市场监督管理局其他二审行政判决书

5.17.5　案件信息保密分析

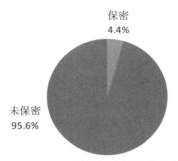

图 5-26　一审判决对案件信息保密情况

如图 5-26 所示，在本书统计的 45 件反垄断行政诉讼案件中，一审判决对案件信息进行保密处理的案件仅 2 件，占 4.4%；另 43 件案件均未对案件信息进行保密处理，占 95.6%。

从以上分析得出，进行保密处理的案件占少数，没有进行保密处理的案件占绝对多数。

表 5-23　一审判决对判决进行保密处理的案件

序号	案　　号	案件名称	保密信息
1	（2015）穗中法行初字第 454 号	袁奕丰与广东省通信管理局、中华人民共和国工业和信息化部不服行政复议决定 2015 行初 454 一审行政判决书	当事人手机号
2	（2014）穗中法行初字第 249 号	陈书伟与广东省发展和改革委员会政府信息公开一审行政判决书	涉案行政处罚决定书文号

5.18 二审上诉情况

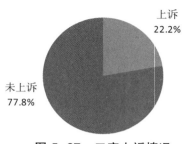

上诉
22.2%

未上诉
77.8%

图 5-27 二审上诉情况

如图 5-27 所示，在本书统计的 45 件反垄断行政诉讼案件中，只有 10 件案件当事人提起上诉，占 22.2%；另 35 件案件当事人均未提起上诉，占 77.8%。

从以上分析得出，反垄断行政诉讼的上诉率明显低于反垄断民事诉讼。结合前述可知，一审判决驳回原告全部诉讼请求的案件 29 件，占 64.4%；原告败诉以后没有提起上诉，说明原告的诉讼目的不在于案件的结果，而在于案件的影响和促进有关行政机关和法律、法规授权的具有管理公共事务职能的组织改变做法的希望。还有小部分案件属于试探性诉讼。

表 5-24 当事人提起上诉的案件

序号	案 号	案件名称
1	（2016）渝 03 行终 113 号	垫江县经济和信息化委员会与垫江县东渝燃气有限公司其他行政行为上诉案
2	（2014）珠中法行终字第 61 号	刘其煌与珠海市物价局其他二审行政判决书
3	（2014）松行终字第 7 号	上诉人松原市正兴出租汽车服务有限公司因交通行政许可一案行政判决书
4	（2014）深中法行终字第 54 号	陈书伟与深圳市市场监督管理局其他二审行政判决书
5	（2013）浙湖行终字第 30 号	湖州金能达印染有限公司与浙江省湖州市盐务管理局行政处罚二审行政判决书（1）

续表

序号	案　　号	案件名称
6	（2013）浙湖行终字第31号	湖州金能达印染有限公司与浙江省湖州市盐务管理局行政处罚二审行政判决书（2）
7	（2013）浙湖行终字第21号	湖州金能达印染有限公司与浙江省湖州市盐务管理局行政处罚二审行政判决书
8	（2009）浙嘉行终字第24号	平湖市南市白蚁防治站与平湖市规划与建设局行政命令二审行政判决书
9	（2015）昆行终字第154号	西双版纳旅游客运汽车有限公司与云南省工商行政管理局工商行政处罚二审行政判决书
10	（2015）亳行终字第00075号	亳州宝隆汽车销售服务有限公司与亳州市工商行政管理局工商行政处罚二审行政判决书

5.19　二审上诉人分布

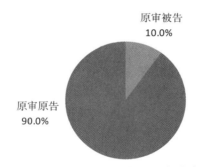

图 5-28　二审上诉人分布

如图 5-28 所示，在本书统计的 10 件当事人提起上诉的涉嫌垄断纠纷的行政诉讼案件中，9 件案件由原审原告提起上诉，占 90.0%；仅 1 件案件由原审被告提起上诉，占 10.0%。

从以上分析得出，原审原告因败诉率高，提起上诉的比例自然就高。

5.20　二审判决结果分析

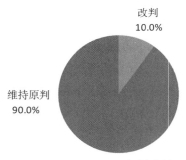

图 5-29　二审判决结果

如图 5-29 所示，在本书统计的 10 件当事人提起上诉的涉嫌垄断纠纷的行政诉讼案件中，仅 1 件案件由二审法院改判，另 9 件案件均判决驳回上诉、维持原判。

从以上分析得出，提起上诉并被改判的案件很少，10 件案件仅 1 件案件改判，即平湖市南市白蚁防治站诉平湖市规划与建设局侵犯企业经营自主权一案（二审案号（2009）浙嘉行终字第 24 号）。

原审认定，平湖市南市防治站自 2004 年 9 月取得个人独资企业营业执照和税务登记证后一直从事白蚁防治业务，开具经营服务性发票给建设单位。2007 年 2 月 3 日获得建设局颁发的平湖市白蚁防治企业备案认定书，后继续从事白蚁防治业务。2007 年 3 月 16 日，平湖市规划与建设局根据浙江省财政厅和中国人民银行杭州中心支行《转发财政部关于印发政府收支分类改革方案的通知》（浙财预字（2006）26 号），下发了《关于加强白蚁防治费征收管理的通知》（平建〔2007〕43 号），明确白蚁防治费属建设行政事业性收费，要求职能单位严格执行行政事业性收费制度，在办理行政许可手续中，加强监管。为此，不具备开具行政事业性收费发票资格的南市防治站不能开展相关经营服务业务。南市防治站多次向有关机构反映，平湖市规划与建设局于 2008 年 1 月 3 日作出《关于南市防治站来信反映经营权等有关事项的办理答复》。南市防治站不服，起诉请求撤销建设局的答复。

原判认为，平湖市规划与建设局针对南市防治站反映的经营权事项作出的有关答复内容，对南市防治站的权利义务会产生影响，属可诉的具体行政行为。《浙江省房屋建筑白蚁防治管理办法》第 3 条规定："本办法所称白蚁防治，是对新建（含改建、翻建、扩建）房屋建筑的白蚁预防处理和已建成房屋建筑的白蚁灭治"。浙江省财政厅和中国人民银行杭州中心支行 2006 年 10 月

12 日《转发财政部关于印发政府收支分类改革方案的通知》 （浙财预字
（2006）26 号）明确，根据浙江省实际，增设《浙江省地方政府非税收入分类
科目》，要求各地遵照执行。在《浙江省地方政府非税收入分类科目》中，将
白蚁防治费列入建设行政事业性收费收入。省财政厅、物价局 2007 年 6 月 4 日
《关于重新公布建设系统行政事业性收费项目和收费标准的通知》中，仍明确
白蚁预防费仍属行政事业性收费。并强调，未经省财政厅、省物价局批准同
意，各地、各有关部门不得擅自调整收费项目和收费标准或将其转为经营服务
性收费。浙江省建设厅 2007 年 12 月 27 日针对建设局有关白蚁预防费收执事项的
请示，作出《关于白蚁预防费执收事项的批复》，也明确白蚁预防费仍属行政
事业性收费，各级建设（房产）主管部门下属的白蚁防治机构要认真做好本辖区内
的白蚁预防处理工作。经建设（房产）主管部门备案从事白蚁防治的其他社会服
务机构，在开展白蚁灭治有偿服务时，须与受托单位或个人签订白蚁灭治合同，
并根据合同约定收取相应的白蚁灭治费用。从上述规范性文件可以看出，在浙江
省范围内，白蚁预防费由建设（房产）主管部门下属的白蚁防治机构收取，白蚁
预防业务由建设（房产）主管部门下属的白蚁防治机构来处理，目的是切实加强
白蚁防治管理，规划白蚁防治费征收管理，确保白蚁防治市场规划有序地健康发
展。上述规范性文件内容未与相关的法律、法规、规章相抵触。建设局针对南市
防治站的信访答复内容，有规范性文件为依据，南市防治站的诉讼请求不予支
持。原判依照《最高人民法院关于执行〈中华人民共和国行政诉讼法〉若干问题
的解释》第 56 条第 1 款第（4）项的规定，判决驳回南市防治站的诉讼请求。

　　南市防治站不服一审判决，提起上诉，请求二审撤销原判，撤销建设局的
答复，并认为：（1）建设局答复与《浙江省房屋建筑白蚁防治管理办法》规
定相抵触；（2）建设局的答复与建设部颁布的《城市房屋白蚁防治管理规定》
不符；（3）建设局的答复意见明显违反《反垄断法》第 8 条和第 32 条规定；
（4）浙江省财政厅的答复指出：经备案的具有白蚁防治资质的其他社会白蚁防
治服务机构，在提供白蚁防治有偿服务时可以根据与受托单位或个人签订的白
蚁防治合同收取相应的白蚁防治费用。南市防治站符合《浙江省房屋建筑白蚁
防治管理办法》第 6 条的规定。建设局的答复是为其下属建设行政事业性白蚁
防治机构继续垄断经营白蚁防治业务而作。

　　二审判决并未就被告于 2008 年 1 月 3 日作出《关于南市防治站来信反映
经营权等有关事项的办理答复》是否违反《反垄断法》进行确认，但确认
《关于加强白蚁防治费征收管理的通知》（平建〔2007〕43 号）违反了《浙江
省房屋建筑白蚁防治管理办法》的规定，确认平湖市规划与建设局侵犯平湖市
南市白蚁防治站经营自主权的行为违法。

做一名受欢迎的律师

（代后记）

律师做久了，经常会碰到认识或不认识的人直呼我为"大律师"，自己深感惭愧。因为至今从未取得诸如"大律师""名律师""十佳律师"或"优秀律师"之荣誉。被冠以此类称呼，涉不正当竞争之虚假宣传之嫌疑。因长期从事竞争法服务，对于网络不正当竞争格外关注，尤其是我们律师行业。网上以关键词"律师"进行搜索，冠以"大律师""名律师"的达千人以上，我至今也不知道"大律师""名律师"是如何评选而来，但宣传确实可以给自己带来光环。我了解到各律师协会有评选"十佳律师"或"优秀律师"之类，但此类律师都是行业中的精英，我辈从未被评选过，也没有参选过。所以，以后请务必不要给我冠以前述名号，直呼律师更好。因为我至今认为，"大律师""名律师""十佳律师"或"优秀律师"，都没有比"做一名受欢迎的律师"更好。

我更多的精力专注于实务研究，以独著或参著形式共出版了12本专业书籍，按一年一本至退休可以"著作等身"，因为此种专业的"超生"，自然而然的很多同行称我为"专家型律师"或"学者型律师"，其实我更加喜欢"专业律师"，非要加上什么专家的话，那也是"砖家"。现在"专家"太多，甚至到了泛滥的地步，此次司法部门要求对律师分级管理，我猜与个中应有不少牵连。"专家律师"一定是在一个行业内的大家，不仅有丰富的前沿理论知识，还有较强的实务经验。办一件争议金额较大案件、办一件典型案件、办一件有影响力的案件的律师，就称其为"专家律师"，我觉得此举不妥。现实中多数"专家律师"是专业的，但也有少数"专家律师"对行业产生负面影响，如"包在我身上""没问题"，最后出现的问题由于没有书面协议当事人口吃黄莲有苦说不出。

"学者型律师"是受人敬重的，既教书育人，又能办重大影响性的案件，而我既不教书（偶尔给学生们讲课绝不能被称为教授、学者律师），又没有办理特别重大疑难的影响性案件，所以，不足以担其名。就一名专业化的律师，"专家律师"和"学者型律师"是我追求之梦想，时至今日，事实已经证实，我是不可能实现的，而且也不想在有生之年为了虚名梦想受累，立志"做一名受欢迎的律师"更安心。

"做一名受欢迎的律师"应当是一名爱学习的人，律师职业之初，已将知识产权作为专业方向，尽管起初没有知识产权业务，但仍然不放弃，坚持学习知识产权法律和政策，坚持关注重大疑难的裁判，坚持向优秀的同行取经，坚持不放弃任何一个学习的机会，知识产权专业也正是在此种学习下取得进步。为兼顾竞争法律师业务，四十不惑来到魔都，竞争法领域的各种会议和讲座总少不了自己"苗条"的身影，我积极参与反不正当竞争法修改，反垄断指南修改，经常为高等院校学生讲授竞争法实务，每次讲授对于自己就是一次学习，经过两年多的发展，在竞争法领域稍有成效。逐渐得到竞争法领域学者和同行们的欢迎，受惠于行业内的专家学者们的帮助和支持，倍感欣慰。

说到律师专业化发展，很多律师认为专业越多越好，抱着"总有一专适合你"的心理，导致其擅长业务的介绍让人眼花缭乱。我认为专业应当越小越好，因为小就会精，因为精就会与众不同，越是疑难案件越应该找精于此领域的律师，因为多数律师解决不了。但对于专业律师的执业需要具备一定环境条件，就是当事人认可专业，对于当事人只要是律师，不考虑专业，专业对当事人来讲无任何价值和意义。专业同样的需要专业法官赏识，如果碰到不专业的法官，律师和他谈专业，也就是"秀才碰到兵，有理讲不清了"。为什么要谈专业？因为要做一个受欢迎的律师，受欢迎的律师至少应当是专业的。

在中国做律师难，做一名受当事人欢迎的律师更难，当事人第一句话往往是询问和承办法官的关系，而我苦于不是土生土长的本地人，认识的资源有限。而且从职业道德讲，即使有也不能告诉当事人，否则也是害了朋友，尤其对当事人更无必要，所以，建议当事人找律师就如找医生，你无必要要求你的医生一定要有关系才找他，而是因为医生的专业技能。当然，医生的专业技能当事人容易看得见，而律师的专业能力很难有形化，所以，我们在服务时，提供的可视化图表、工作报告、案件审结后归档卷宗、庭审中的 PPT，都是为让当事人放心和有不同的体验而做的努力。正因如此，很多的当事人帮助我们传播并推荐案件，每每接到当事人推荐而来的案件，我总感觉负担重重，生怕出现一丁点差错让当事人失望。

进而感悟到，受欢迎的律师也不要因为担心不受当事人欢迎而去奉迎当事人，我曾经就明确拒绝过当事人对案件代理指手划脚，律师是当事人的代理人，而不是相反。作为律师应该对案件负责，尽管也对当事人负责，但这并不代表任凭当事人乱指挥。基于此，我最后婉辞了此类案件的代理。此外，受欢迎的律师也要尽量劝当事人少打官司或不打官司，因为打官司的成本很高，时间、精力、金钱是必然要付出的，所以，我经常奉劝亲朋好友不要触犯法律，否则，无论是进医院还是进法院，都是不划算的事情，事情能协商解决尽量协商，即使相让一些也无妨。目前，仍然有人认为律师"吃了原告吃被告"，我也只是笑而不答。律师往往吃一方就已经精疲力尽，如一件案件必不可少经历法院立案难、庭审难、庭审多，所花时间较长，发生二审的，拖延的时间更长，个别案件三五才有判决年也是"正常"。以致当事人抱怨律师"拿人钱财，不替人消灾"。

说到打官司，就不得不提及律师费，民事诉讼法修改以后，对于公民代理人有条件限制以后，聘请律师就更多了。律师行业"谈钱伤感情，不谈钱没感情"，为什么？很多当事人认为律师没有成本的，以"老乡""朋友""亲戚"之名义，经常免费咨询或免费办理。有一位律师，其朋友从免费咨询结婚到免费咨询离婚，尔后还免费咨询财产继承。律师是一种职业，尤其专业律师在专业领域更加辛苦，几十年的日积月累，长期的不懈学习，工作"五加二"和"白加黑"，专业律师还得保证自己给出的专业意见是准确可靠的，每一个专业意见，都是用无尽的汗水和痛楚换来的，当事人应当尊重专业律师的劳动。应当自觉养成付费的好习惯，当然特别困难者，事前取得律师同意免费未尝不可，因为专业的律师，都是仁慈和有温度的人。

诉讼是律师的主要战场。在法律风险防范过程中，律师不是万能的，但没有律师又是万万不可能的，当事人对专业律师的作用应当有个清楚的认识，作为一名专业律师，我同样会案件败诉，在这个战场上从来没有"常胜将军"。如有些案件本身不可能胜诉，如没有经过许可，商业中使用了他人的著作权；作为高管，将用人单位商业秘密泄露给第三方；经营者通过会议签订价格同盟，等等。在此类情形下，任何人都难以改变案件结果。没有律师不想把案件代理得更满意，但案件发展过程是动态的、变化的，所以，即使你的案件没有达到预期，也请给专业律师多一份理解和包容。

做一名受法官欢迎的律师，多数法官是喜欢专业律师的，至少专业律师可以帮助解决案件中的疑难问题，尤其专业律师很多好的做法尤受法官喜欢，如庭前准备的疑难事实图表、案件时间关系图表、核心证据册、涉案电子文件的拷贝、疑难问题的归纳和整理、焦点问题的询问准备，相同案件或相似案件的判例搜集、判例引用的说明，案件涉及的法律法规摘录，案件主要事实的依据归纳和整理，等等。这不仅节约法官时间，更让庭审变得容易和顺利，专业律师更多的体现在专业细节方面。受法官欢迎的律师更不是奉迎法官，而是为了说服法官，把疑难问题简单明了，以维护当事人利益。

做一名受对方律师欢迎的律师，其实要得到对方欢迎是很难的，执业多年，始终感谢那些让自己成长的律师对手，因为有了他们的专业，迫使自己更加努力，不敢大意任何证据和事实的查明。让对手欢迎自己也是一种职业素养，首先，遵守法庭规则不迟到，我曾碰到一位律师开庭迟到三小时，即使因特殊原因迟到，也应当主动向对方道歉并求得对方理解，因为大家时间都很紧。其次，不进行人身攻击和语言侮辱，与案无涉的语言没有必要陈述，因为对方与你一样是律师，是代理人。再次，按当事人人数准备诉讼材料和证据，这是起码的职业尊重，千万不要不给对方准备证据清单和证据册，我曾多次碰到在法庭上因对方没有准备证据册只好自己去复印的情形。最后，在法庭上千万不要用笔指向对方发言，这也是特别不礼貌的举止，也不要在对方发言时随意打断，尽管对方陈述的事实有出入，应当在对方陈述完完毕后请求法庭给予时间反驳。做一名受对方欢迎的律师，其实没有想象中的那么难。

很多同行往往问我律师写书有用吗？赚了多少稿费？写专业书籍不赚钱，至于写书有什么用，记得我在安徽大学一次竞争法论坛上说过。首先，是我喜欢写；其次，是我每年办理的案件整体量不多，有时间写；再次，我睡眠不好，晚上不作点事情，会觉得六神无主；最后，自己犯过的错误不想让同行再错，经验能被别人借鉴就是一种社会贡献。我在行业内正因为如此而成为受欢迎的实务律师。在此纠正一个误导，出版专业书籍同样不能等同前面提及的专家律师、学者型律师。

受欢迎的律师一定是负责任的人，因此，我每本书虽然不是斟字酌句，但绝不会找枪手代写，或从其他书籍中抄袭，生怕对不起读者书费和时间，从而受到读者的指责，当然，也不能完全满足所有读者的需求，书籍中的部分观点仍值得商榷，部分论述不够全面，分析得不够透彻，尤其知识产权法和反不正当竞争法，两者边界是不一样的。反不正当竞争法和反垄断法，两者都姓"反"，都属于竞争领域，但两者边界同样不同，保护宗旨也不同，实务中的适用多有冲突和协调，知识产权法和竞争法新问题层出不穷，理论研究日新月异，国际化程度较高，多少会存在遗漏和遗憾，请专家学者和同行多赐教。

两年前我独自一个人来到上海，执业的同时开始撰写《中国反垄断行政执法报告（2008～2015）》，现在有了自己的一个团队，做任何事情都不容易，每一条路都会很遥远。为了坚持写作，我必须在他人入睡后再睡，在他人醒之前就醒，当回过头来，我们不会因为自己坚持了专业化之路而感到难过。我们会因为自己，没有将专业化坚定地走下去，而感到遗憾。不管是法官，还是专业律师，都一样。如果，你也正在十字路口徘徊，也许还有一种选择，那就是，专业的路上不回头，因为专业的路上不寂寞。

此本《中国反垄断行政执法和司法报告（2016）》与《中国反垄断行政

执法报告（2008~2015）》相比，我们增加了反垄断民事诉讼和反垄断行政诉讼数据，在编写体例方面，我们采取了新的编写方式，即同一问题不再沿袭原来将工商、发改委行政执法案件分开撰写，而是将同一问题放在同一节进行分析和论述，读者更加容易理解和掌握。因为需要搜集数据，而反垄断行政执法和审判数据公布均有滞后性，搜集分析又需要大量的时间进行表格制作和核对，导致今年出版时间稍迟。《中国反垄断行政执法报告（2008~2015）》成为了研究我国反垄断第一手基础资料，得到多位反垄断研究学者肯定和赞许。《中国反垄断行政执法和司法报告（2016）》出版同样得到上海交通大学凯原法学院常务副院长、国务院反垄断专家委员会委员王先林教授，浙江理工大学徐士英教授，上海交通大学凯原法学院李剑教授，上海交通大学凯原法学院侯列阳教授，上海政法学院丁茂中副教授，上海市高级人民法院丁文联法官等的支持和帮助，特此一并感谢。

专业化的道路没有尽头，但愿在您的关心和支持下，我们越来越强，越来越精业。

做一名受欢迎的律师，做一名受欢迎的专业律师！！！

是为后记。

2017 年 9 月 16 日于上海陆家嘴